Zum Buch:
Die Geburt des eigenen Kindes ist sicher eine der eindringlichsten Erfahrungen, die wir im Leben machen. Gleichzeitig ist sie jedoch auch der Beginn einer nie abreißenden Flut von Fragen und Momenten der Verunsicherung. Wie ernähre ich mein Kind richtig und wie fördere ich am besten seine Entwicklung? Was tun bei Schlafproblemen und wie standhaft bleiben in der Trotzphase? Wann und wie früh sollte ich meinen Sohn zum Kindergarten anmelden, und sollen wir unsere Tochter lieber früher oder später einschulen lassen?

Die Eltern-Uni beantwortet in 12 Semestern auf leichtfüßige und gleichzeitig kompetente Weise die kleinen oder größeren Fragen und Sorgen der ersten sechs Jahre. Neben zahlreichen Expertentipps zu Themen aus Medizin, Pädagogik und Psychologie steuert Fernsehmoderatorin Gundula Gause, selbst Mutter dreier Kinder, viele persönliche Tipps und Tricks aus ihrem eigenen Erfahrungsschatz bei.

Ein umfassendes und unverzichtbares Standardwerk und ein Mutmacher für werdende oder bereits krisengebeutelte Eltern – mit liebevollen Illustrationen von Tony Ross.

Gundula Gause, 1965 in Berlin geboren, ist Redakteurin und Fernsehmoderatorin. Als Mutter von drei Kindern, einer Tochter von neun Jahren, einem Sohn von acht Jahren und einem von ihrem Mann in die Ehe gebrachten Jungen im Alter von 22 Jahren, hat sie sich Themen wie Familie, Erziehung und der Entwicklung von Kindern gewidmet.

Tony Ross, 1938 in London geboren, studierte an der *Liverpool School of Arts*, lehrte an der *Manchester School of Arts*, arbeitete als Cartoonist und Grafiker und hat bis heute als Autor unzählige Bilderbücher veröffentlicht. Für seine Illustrationen erhielt er zahlreiche internationale Auszeichnungen.

GUNDULA GAUSE

in Zusammenarbeit mit Maren Franz

DIE ERSTEN 12 SEMESTER

Ihr Kind von 0 bis 6 Jahren

Wissenschaftliche Beratung:
Prof. Dr. med. Stefan Eber, Kinder- und Jugendarzt

Mit Illustrationen von Tony Ross

Pendo

Gundula Gause stiftet die Einnahmen aus der *Eltern-Uni*
u. a. dem Deutschen Kinderhilfswerk.

Wichtiger Hinweis:
Die im Buch veröffentlichten Informationen und Ratschläge wurden von den Autorinnen und dem Verlag in Zusammenarbeit mit Beratern mit größter Sorgfalt erarbeitet und geprüft. Eine Garantien kann jedoch nicht übernommen werden. Ebenso ist eine Haftung der Autorinnen, des Verlages oder der Berater für Personen-, Sach- oder Vermögensschäden ausgeschlossen. Bei Fragen oder Unsicherheiten sprechen Sie bitte unbedingt mit Ihrem Arzt. Es liegt in Ihrer Verantwortung, ob Sie den Ratschlägen in diesem Buch folgen wollen.

1. Auflage 2008

Copyright © Piper Verlag GmbH, München 2008
Ein Projekt der Montasser Medienagentur
Umschlaggestaltung: Hauptmann & Kompanie Werbeagentur, München-Zürich
Illustrationen: © Tony Ross 2008
Foto Gundula Gause: Thomas & Thomas
Layout: Irma Schick Design, www.irmaschick.com
Gesetzt aus der Meta Plus, Goudy und Birthday Greetz
Satz: BuchHaus Robert Gigler
Druck und Bindung: DzA Druckerei zu Altenburg GmbH, Altenburg
Printed in Germany
ISBN 978-3-86612-185-0

Inhaltsverzeichnis

Vorwort 8

1. Semester / 0–6 Monate »Hurra, unser Baby ist da!« 13

Willkommen im Leben! 14 • Das schönste Baby der Welt 17 • Traurig vor Glück 20 • Alles für mein Baby 22 • Ruhe für die kleine Familie 24 • Brust oder Fläschchen 26 • Wenn das Baby dauernd weint 36 • Schlaf, Kindchen, schlaf! 39 • Babypflege – ganz zärtlich! 42 • Richtig gewickelt 48 • Sanft ins Leben tragen 50 • Eine Familie wird geboren 54

2. Semester / 7–12 Monate »Neugierig auf die Welt« 57

Hoppla, jetzt komm ich! 59 • Spielplatz Wohnung 63 • Forschen mit Mund und Augen 65 • Nicht ohne meine Mama 67 • Wort für Wort 69 • Von der Brust zum Brei 72 • Gegen Zahnteufelchen 77 • Was du schon alles kannst! 79 • Der erste Geburtstag. Hurra, ich bin bald 1! 80

3. Semester / 13–18 Monate »Der kleine Imitator« 83

Vom Baby zum Kleinkind 84 • Jedes Ding hat seinen Namen 85 • Schritt für Schritt im Gleichgewicht 87 • Spielend Lernen und Begreifen 90 • Wie die Mama und der Papa 92 • Teddy, Kochlöffel und Bauklötze 93 • Pommes, Pizza und Spaghetti 94

4. Semester / 19–24 Monate »Zeit für (B)Engelchen« 99

Jetzt kommt die Trotzphase 101 • »Alleine machen« macht selbständig! 106 • Laufen, Springen, Rennen 109 • Saugen, Lutschen, Schnullern 110 • Adieu, lieber Schnuller! 112 • Mein Kind in guten Händen 114 • Der zweite Geburtstag. Hurra, ich bin bald 2! 120

5. Semester / 25–30 Monate »Zeit für Magie« 121

Auf dem Weg zum Ich 122 • Die kleine große Welt 126 • Ich bin der Mittelpunkt 127 • Die »magische Phase« 130 • Raus aus den Windeln 132

6. Semester / 31–36 Monate »Zeit zum Loslassen« 137

Festhalten und Loslassen 139 • Neugierig auf den Kindergarten 144 • Kindergärten – Die Qual der Wahl 148 • Mama, ich will zu dir 152 • Keine Angst vor dem Nachtschreck 153 • Der dritte Geburtstag. Hurra, ich bin bald 3! 156

7. Semester / 37–42 Monate »Zeit für den Kindergarten« 159

Jedes Kind hat sein eigenes Tempo 160 • Ab in den Kindergarten 162 • Sich in der Welt entfalten 165 • Ohne Spielregeln geht es nicht 167 • Kleine Wortkraftmeier 168 • Meins oder deins? 170 • Ganz schön clever! 171 • Läuse-Alarm 173

8. Semester / 43–48 Monate »Hurra, ich wachse« 175

Schau mal, wie groß ich schon bin! 177 • Jungen sind anders, Mädchen auch 179 • Das Erwachen der Sexualität 181 • Wenn mein Kind Probleme hat 185 • Keine Angst vor Kinderkrankheiten 188 • Der vierte Geburtstag. Hurra, ich bin bald 4! 191

9. Semester / 49–54 Monate »Du bist mein Freund« 193

Kontakte in der Familie 195 • Kontakte nach außen 199 • Knigge für Anfänger 202 • Sagen, Märchen und Erinnerungen 207 • Die Sendung mit der Maus 208

10. Semester / 55–60 Monate »Es lebe der Sport« 211

Bewegung: Immer höher, schneller, ausdauernder 212 • Alles Kopfsache: Wissensdurst 215 • Sicher auf der Straße 218 • Der fünfte Geburtstag. Hurra, ich bin bald 5! 221

11. Semester / 61–66 Monate »Das alles kann ich schon« 225

Bist du aber groß geworden! 226 • Hilfe, mein Kind ist anstrengend 229 • Gute Kommunikation 236 • Hilfe zur Selbständigkeit 238 • Ich hätte so gern ein Tier 241

12. Semester / 67–72 Monate »Auf dem Weg zur Schule« 245

Die Schule ruft 246 • Schulreife 250 • Das hilft: Fördern und vorbereiten 252 • Einkaufsliste für die Schule 257 • Umbruchphasen: Neue Ängste 260 • Der sechste Geburtstag. Hurra, ich bin bald 6! 262

Impfen? Ja, bitte! 268

Die wichtigsten Vorsorgeuntersuchungen auf einen Blick 277

Nachwort 284

Vorwort

»Drei Dinge sind uns aus dem Paradies geblieben: die Sterne der Nacht, die Blumen des Tages und die Augen der Kinder.«

Dante Alighieri, italienischer Dichter (1265–1321)

»Kinder sind das größte Glück auf Erden.« Diese Botschaft möchte ich Ihnen gerne zurufen! Das Glück, das die meisten frischgebackenen Mütter und Väter mit der Geburt ihrer Kinder erleben, gibt dem Leben eine neue, ganz eigene Dimension. Es liegt mir am Herzen, zunächst dieses ganz persönliche »Glücksbekenntnis« zu transportieren, denn mit diesem Buch möchte ich Lust auf Familie und Kinder machen.

Obwohl allseits bekannt und viel diskutiert – immer noch entscheiden sich zu viele Männer und Frauen zu selten für ein Kind. Dabei ist die Alternative Kind und Familie eine Lebensfacette, die eine enorme Bereicherung und Sinnerfüllung darstellt! Ich freue mich riesig mit Frauen in meinem Umfeld, Freundinnen, Bekannten und Kolleginnen, wenn ich von einer neuen Schwangerschaft erfahre. Neben allem Engagement im Beruf und in den vielfältigsten Bereichen werden Kinder eines Tages mit der wichtigste Lebensinhalt sein – und das nicht erst in der Zukunft, sondern mit dem Eintreten des eigenen Kindes in das Leben. In vielen Gesprächen auch mit hoch erfolgreichen Unternehmern und Managern, Politikern und Künstlern erfahre ich immer wieder, wie sehr den Menschen die »eigene Brut« am Herzen liegt. Und das ist eine schöne Erfahrung!

Die paradiesische Vorstellung von »Sternen, Blumen und Kinderaugen« ist allerdings nur eine Seite der Medaille. Die andere besteht in der immer noch schwierigen Vereinbarkeit von Familie und Beruf. Deswegen bleibt es trotz Elterngeld und vieler gut gemeinter familienpolitischer Absichtserklärungen, statistisch bei aktuell 1,37 Kindern pro Frau.

Berufstätige Eltern, die zwischen Hort, Kindergarten, Schule und Arbeit balancieren, nebenbei noch Küche und Haushalt stemmen, sind auf Hilfe angewiesen. Sie brauchen – wie es ein afrikanisches Sprichwort beschreibt – »ein ganzes Dorf, um ihre Kinder großzuziehen«. Das kann ich aus tiefstem Herzen bestätigen. Ich bin froh, mir ein funktionierendes »Netzwerk« aus Familie, Freunden und auch einer bezahlten Hilfe organisiert zu haben, denn die organisatorischen Herausforderungen einer Familie können tatsächlich ungeahnte Dimensionen annehmen.

Mit der *Eltern-Uni* haben Sie ein Buch in den Händen, das Sie – bei aller berechtigten Vorfreude auf Ihr Kind – auf diese Herausforderungen informativ vorbereiten möchte. In zwölf Semestern erfahren Sie alles Wichtige über die Entwicklung eines Kindes von der Geburt bis zum Schulbeginn mit all ihren Chancen und Problemen. Ich selbst habe diese zwölf Semester von der Windel bis zum Schultütenkauf quasi zwei Mal durchlaufen. Dabei half mir ein »Testlauf« mit unserem damals achtjährigen »Großen«, den ich mitgeheiratet habe. Was es aber tatsächlich bedeutet, aus »dem Gröbsten rauszukommen«, erlebte ich dann mit unseren gemeinsamen Kindern. Inzwischen besuchen beide die Grundschule, doch die Phasen von »Hurra, unser Baby ist da« über »Neugierig auf die Welt« bis »Auf dem Weg zur Schule« und die damit einhergehenden Gefühle, Gedanken, Sorgen und Hoffnungen sind mir immer noch sehr nah. Dabei steht eines im Vordergrund: die Erkenntnis, dass kein Kind wie das andere ist und allgemein verbindliche Handlungsanweisungen – auch in der vorliegenden Semesterform – immer nur einen Rahmen bilden können. Ein Rahmen, der ganz persönlich ausgefüllt werden muss. Beim »Großziehen« eines Kindes spielen Vernunft und Emotion, Konsequenz und leichte Hand, Ernsthaftigkeit und spielerische Muse eine große Rolle. Erst der geschickte und individuelle Mix solcher teilweise widersprüchlich wirkender »Erziehungs«-Ansätze bringt den Erfolg. Ihr Kind braucht seine ganz eigene, persönliche Unterstützung bei der Entwicklung zu einem neugierigen und lebensfrohen Wesen. Ich hoffe, dass ich Ihnen mit der *Eltern-Uni* dabei helfen kann.

An dieser Stelle möchte ich gerne Maren Franz danken, die mir bei diesem Buch zur Seite stand und die wie ich als Journalistin und damit als berufstätige Mutter ein rasantes »Doppelleben« führt. Gemeinsam haben wir uns dieses sensiblen und wichtigen Themas angenommen und unsere Erfahrungen und das Wissen gesammelt, um Ihnen ein unterhaltsames Lesebuch in Sachen Kinder & Erziehung zu präsentieren. Die wissenschaftliche Begleitung und kompetente Absicherung hat dabei Prof. Dr. med. Stefan Eber übernommen, ein international renommierter Kinder- und Jugendarzt.

»Erziehung bedeutet Beispiel und Liebe, sonst nichts.«
Diese Erkenntnis von Friedrich Fröbel, dem Begründer des ersten Kindergartens im Jahr 1837, war damals so wahr wie heute. So richtig diese über 170 Jahre alte Feststellung aber auch ist, so wenig kann sie Handlungsanleitung in allen konkreten Alltagsfragen unserer

Zeit sein. Unsere moderne, hektische und komplizierte Gesellschaft ist eben mit anno dazumal nicht mehr vergleichbar.

Als Nachrichtenjournalistin erlebe ich das täglich: Informationsflut, Kommunikationswust und Sensationslust beschleunigen unser aller Leben und lassen wenig Raum für Muße und ruhiges Nachdenken. Gerade das aber wären doch die Grundbedingungen für einen kindgerechten Erziehungsrahmen.

In meiner Doppelrolle als Mutter und Nachrichtenjournalistin fällt es mir oft schwer, über Gewalt und Missbrauch an Kindern zu berichten und dabei die gebotene professionelle Distanz zu bewahren. Wer kann schon bei solch schrecklichen Vorgängen, wie sie mit den Namen Kevin, Lea-Sophie und Michelle verbunden sind, unberührt bleiben? Vor allem im Wissen darum, dass hinter den Einzelschicksalen das unsägliche Leid tausender anderer Kinder steht, die ungenannt bleiben. Es gilt zwar der journalistische Grundsatz von Hanns Joachim Friedrichs: »Einen guten Journalisten erkennt man daran, dass er sich nicht gemein macht mit einer Sache, auch nicht mit einer guten Sache; dass er überall dabei ist, aber nirgendwo dazugehört.« Aber so recht der frühere Tagesthemen-Moderator auch hatte, ich möchte die Mutter sehen, die sich als Journalistin dabei emotional unbeeindruckt zeigt.

Im gleichen Zusammenhang muss auch das Thema Kinderarmut erwähnt werden. Ebenfalls eine Herausforderung unserer Tage – nicht nur in der sogenannten Dritten Welt, sondern auch in Deutschland. Fakt ist, dass in unserem reichen Deutschland etwa zweieinhalb Millionen Kinder als arm gelten. Trotz zunehmender staatlicher Transferzahlungen nimmt die Zahl der von Armut betroffenen Kinder sogar weiter zu: Als ich 1965 geboren wurde, war nur jedes 75. Kind unter sieben Jahren auf Sozialhilfe angewiesen. Heute, im Jahr 2008, ist es jedes sechste Kind. Dabei ist es müßig, darüber zu diskutieren, ob diese staatliche Hilfe zu niedrig ausfällt oder ob die Gelder in den Familien nicht bei den Kindern ankommen. Es bleibt die Botschaft einer zunehmenden Kinderarmut in einer reichen Gesellschaft.

Trotz dieser und vieler anderer Probleme beschreibt das vorliegende Buch eine heile Welt, die es auch heute geben kann. Und vielleicht habe ich mich auch gerade wegen dieser Probleme für dieses Buch entschieden. Kinder sind ein großes Geschenk – für uns Eltern und für die Gesellschaft. Und wenn *Die Eltern-Uni* dazu beitragen sollte, dass mehr Kinder diese »heile Welt« erfahren dürfen, weil sie in beispielhafter Liebe und Geborgenheit groß werden dürfen, dann ist das wichtigste Ziel erreicht.

Kinder, Familie und Beruf und dabei oft zu wenig Zeit, um allen Bereichen gerecht zu werden – und jetzt schreibt sie auch noch ein Buch. Das mögen Sie gedacht haben, als Sie *Die Eltern-Uni* zur Hand nahmen. Und wie recht Sie haben! Manchmal ist es wirklich schwierig, alles unter einen Hut zu bringen! Trotzdem, so viel Zeit muss sein: aus Verantwortung für ein gesundes und glückliches Aufwachsen unserer Kinder, für ihre und unsere Zukunft. Freuen Sie sich auf das neue Leben mit Ihrem Kind! Es kann die Tür zum Paradies aufstoßen, so wie die »Sterne der Nacht« und die »Blumen des Tages«.

1. Semester / 0–6 Monate

»Hurra, unser Baby ist da!«

Endlich ist er da, einer der größten und schönsten Augenblicke Ihres Lebens. Neun Monate haben Sie darauf gewartet, jetzt liegt ein winziges, nacktes Bündel auf Ihrem Bauch, es möchte sich warm und geborgen fühlen und Ihren wohlvertrauten Herzschlag spüren. Und Sie wissen nicht so recht, was Sie erwartet. Denn jetzt ist sie da: die erste Stunde Ihres ersten Semesters der Eltern-Uni! Es ist ein Moment unbeschreiblichen Glücks, aber auch großer Verunsicherung. Die Geburt des eigenen Kindes ist für die meisten Menschen die intensivste Erfahrung, die sie je in ihrem Leben machen werden. Wenn es einen Augenblick gibt, in dem man eine große universelle Kraft spüren kann, dann ist es dieses überwältigende Wunder des Lebens.

1. SEMESTER / 0–6 Monate

Ich hatte großes Glück in meinen beiden Schwangerschaften. Glücklich, dass »es« überhaupt geklappt hat, körperlich ohne große Beschwerden, war ich guter Dinge und freute mich auf die Entbindung und das Kind. Die Arbeit in der Redaktion und als Co-Moderatorin ging mir bis vier Wochen vor dem geplanten Geburtstermin problemlos von der Hand. Da mein erstes Kind sich entschieden hatte, zwei Wochen früher, mit erhobenem Kopf und bequem sitzend – also in Beckenendlage – auf diese Welt zu kommen, endete die erste Schwangerschaft ziemlich abrupt mit einem Kaiserschnitt. Aber was war ich glücklich mit meinem ersten Baby! Gesund und munter verbrachten wir die ersten Tage im Krankenhaus. Natürlich gingen mir jede Menge Fragen durch den Kopf: Wie wird sich das Kind entwickeln? Wie schaffen wir den Alltag, wie wird sich der »Neustart« im Job gestalten? Lustig war, als die Krankenschwestern erklärten, sie würden sich schon tagelang kaputtlachen, weil ich die Einzige auf der Station sei, die kein Fernsehen habe. Da wiederum musste ich lachen: Wieso sollte ich fernschauen, wenn ich doch die ersten Tage den kleinen neuen Erdenbürger – mein Kind – zum Anschauen hatte?

Willkommen im Leben!

Was lernt mein Kind jetzt alles?

Da liegt der kleine Winzling auf Mamas Bauch und weiß gar nicht, wie ihm geschieht. Alles ist neu und ganz anders als in der Geborgenheit seiner vertrauten Höhle, die er jetzt verlassen musste. Kaum ist er auf der Welt, beginnt schon sein lebenslanges Lernen. Was eigentlich gar nicht ganz richtig ist, denn das Lernen hat ja schon im Bauch seiner Mama angefangen: Trinken, Nuckeln, Strampeln, Hören und vieles mehr. Jetzt geht es gleich in einem ganz rasanten Tempo weiter. Die Wissenschaftler sagen: Nie wieder lernt ein Kind so viel Neues in so kurzer Zeit wie in den ersten Lebensmonaten. Ihr Neugeborenes liegt jetzt vielleicht noch ganz krumm – wie in Embryohaltung – in seinem Bettchen und schläft sehr viel. Doch es entwickelt sich von Tag zu Tag zusehends weiter. Bald wird es schon den Kopf selbständig wenden und den Blickkontakt mit Ihnen halten. Dann kann es die Beine von der Unterlage heben. Später beginnt es zu strampeln und zu rudern und kann in Bauchlage den Kopf heben, indem es sich dabei auf die Unterarme stützt. Und jeden Tag kommt eine neue Erfahrung dazu. Mit den Augen kann es Gegenstände verfolgen sowie die Mimik und Gesichtsform seines Gegenübers unterscheiden. Lächeln Sie, dann lächelt es zurück. Sie werden sehen, bald wird aus dem ersten vorsichtigen Lächeln ein strahlendes Lachen. Die verbale Kommunikation beschränkt sich aber in den ersten Wochen noch auf Weinen und Schreien in unterschiedlicher Intensität und Tonlage.

> **Am Rande**
> **SPICKZETTEL**
> Lassen Sie sich nicht von Praxishektik und Medizin-Kauderwelsch beeindrucken.
> Es geht nicht um Ihr Verhältnis zum Kinderarzt, sondern um Ihr Kind. Machen Sie sich vor dem Praxisbesuch klar, was genau Sie wissen wollen. Zur Not schreiben Sie sich einen Spickzettel.

Was macht der Arzt mit meinem Kind?
Oder: Was passiert bei der U1?

Doch bevor Ihr Kleines überhaupt die Schule des Lebens betritt, hat es schon seine erste Prüfung und wird benotet. Es ist die erste Vorsorgeuntersuchung, auch U1 genannt. Noch im Kreißsaal überprüft der Kinderarzt die Reflexe des Babys. Bei einer Hausgeburt oder ambulanten Geburt ist der Frauenarzt oder Hausarzt als Geburtshelfer für diesen Gesundheitscheck zuständig. Antwortet Ihr Baby auf bestimmte Reize mit einer entsprechenden Reaktion, weiß der Arzt: Es hat die Geburt gut überstanden, sein Gehirn und sein Nervensystem arbeiten normal. Die erste Untersuchung des Neugeborenen, der sogenannte Apgar-Test, findet unmittelbar nach der Geburt statt und wird nach fünf und nach weiteren zehn Minuten wiederholt. Nach einer Art Punktesystem werden Herzfrequenz, Atmung und Reflexe sowie Muskelspannung und Hautfarbe beurteilt. Aus dem Nabel entnimmt der Arzt oder die Hebamme Nabelblut und misst dessen PH-Wert. Dieser gibt Auskunft über die Versorgung Ihres Kindes während der Geburt mit lebenswichtigem Sauerstoff. Bei der Geburt muss das Baby auf die eigene Atmung umstellen und selbständig Luft holen. Der Arzt überprüft, ob das Neugeborene diese lebensnotwendigen Funktionen selbständig erfüllen kann.

Was bedeuten die Punkte bei der Untersuchung?

Im Idealfall liegt die Punktzahl des Neugeborenen zwischen neun und zehn Punkten. Doch viele Kinder erreichen nicht gleich die volle Punktzahl, sei es weil die Haut des Neugeborenen eine leicht bläuliche Färbung hat, die Nase noch nicht ganz frei von Schleim ist oder es noch einen kleinen Anstoß für die Atmung braucht – den berühmten ersten Klaps. In der Regel aber bekommen die meisten Kinder nach fünf- oder zehnminütiger Ruhephase die volle Punktzahl. Bei einer Bewertung unter acht Punkten erhält das Neugeborene eine gezielte medizinische Unterstützung. Bei weniger als fünf Punkten ist Eile geboten. Das Ärzte-Hebammen-Team wird jetzt schnell handeln, um das Kind medizinisch zu versorgen. Bei der Hausgeburt übernimmt die Hebamme diese Überprüfung und informiert im Notfall den Rettungsdienst. Die Werte lassen im Übrigen nicht direkt auf den

---

EXPERTENTIPP

Vitamin K

Bei den ersten drei Untersuchungen bekommen die Neugeborenen jeweils zwei Tropfen Vitamin K verabreicht. Vitamin K wird während der Schwangerschaft nur in geringen Mengen an das Ungeborene weitergegeben, sodass alle Neugeborenen nach der Geburt niedrige Vitaminwerte im Blut haben. Ein Mangel an Vitamin K kann zu Blutgerinnungsstörungen und Gehirnblutungen führen. Dieses lebensnotwendige Vitamin wird daher vorsichtshalber gleich nach der Geburt zugeführt.

späteren Gesundheitszustand des Neugeborenen schließen, sondern gewährleisten nur, dass Kinder, die medizinische Hilfe brauchen, diese auch sofort bekommen.

In Deutschland absolviert ein Kind bis zu einem Alter von 14 Jahren mindestens zehn Vorsorgeuntersuchungen, demnächst sollen es sogar 14 sein. Die Ergebnisse werden von der ersten Untersuchung an in ein gelbes Vorsorgeheft eingetragen, das für jedes Kind bei der Geburt angelegt wird. Die Termine für diese Untersuchungen (U1, U2, U3, ...) folgen zunächst relativ kurz aufeinander und ziehen sich dann mit der Zeit auseinander. Die meisten Mütter empfinden diese Termine nicht als eine lästige Pflicht, sondern als Chance, über kleine Probleme zu sprechen, für die man sonst sicherlich nicht extra zum Arzt gehen würde.

Am Rande
SECHS ZEHEN
Nach der Geburt machte die Kinderkrankenschwester noch im OP einen Abdruck des kleinen Fußes meiner Tochter. Sie und mein Mann erschraken: sechs Zehen! Ein Blick auf den Fuß versicherte beiden: Es sind nur fünf an jedem Fuß. Da war wohl was verrutscht – also noch ein Abdruck. Als der dann nur vier Zehen zeigte, weil wieder verrutscht, war die Stimmung im OP ziemlich gut!

Das schönste Baby der Welt

Wieso ist mein Kind so zerknittert?

Das hat die Natur wirklich prima eingerichtet: Für die meisten Eltern ist ihr Kind das schönste Baby der Welt. Die Wirklichkeit sieht aber anders aus. Statt dem sauberen, properen, faltenfreien Baby, das man aus der Windelwerbung kennt, liegt da ein verschrumpeltes, noch mit der unansehnlichen »Käseschmiere« und mit Blut und Schleim bedecktes, fremdartiges Wesen. Das Gesicht ist eventuell durch eine Saugglocken- oder Zangengeburt gerötet, schief und verschwollen, und die Nase kann durch die Geburt wie bei einem Boxer ganz platt gedrückt sein. Aber all diese kleinen »Hässlichkeiten« sind nur von kurzer Dauer und lediglich auf den »Geburtsstress« zurückzuführen. Bereits nach einigen Stunden verschwinden die Knitterfalten von selbst.

Ist mein Kind gesund?

Nachdem die Aufregung der Geburt abgeklungen ist, werden die neugeborenen Babys in aller Ruhe vermessen, gewogen, gewaschen und auf sichtbare Fehlbildungen wie Hasenscharte oder Gliederfehlstand untersucht. Die Mutter darf sich in dieser Zeit ausruhen und den Schwestern, Hebammen oder dem Partner dabei zusehen, wie ihr Baby versorgt wird. Anschließend wird der Säugling seiner Mutter auf den nackten Oberkörper gelegt, die ihn nun an sich schmiegen und betrachten kann. Meist macht sich das Neugeborene gleich auf die Suche nach der verlockend riechenden Brust und versucht zu trinken, was oft auch klappt. Diese erste Nahrungsaufnahme ist für das neugeborene Baby von größter Wichtigkeit. Zum einen lernt das Kind auf diese Weise die richtige Technik beim Saugen und stimuliert dadurch die Milchbildung, zum anderen versorgt vor allem die erste Milch den Säugling mit allen notwendigen Antikörpern und Nährstoffen in optimaler Zusammensetzung.

Was passiert bei der U2?

Zwischen dem dritten und zehnten Tag, oft noch im Krankenhaus, wird der Säugling ein zweites Mal untersucht. Bei einer ambulanten Geburt kommt der Kinderarzt zu Ihnen nach Hause. Diese Neugeborenen-Basisuntersuchung soll mögliche Krankheiten (vor allem angeborene Herzfehler) ausschließen oder rechtzeitig erkennen. In vielen Geburtskliniken führt der Arzt während dieser U2 auch eine Ultraschalluntersuchung der Hüfte durch, mit der sich frühzeitig eine Hüftgelenksunreife (Hüftdysplasie) ausschließen lässt. Bei einem auffälligen Befund wird der Kinderarzt oder der Kinderorthopäde das Tragen einer »Spreizhose« anraten. Durch einen kleinen Piks in die Ferse des Kindes werden ein

---

BABY-TALK

Blaue Augen

Haben alle Babys blaue Augen? Nein! Bei der Geburt ist die Pigmentierung der Regenbogenhaut mit dem Farbpigment Melanin noch nicht abgeschlossen. Die Farbe Hellblau enthält die wenigsten Farbpigmente und kommt daher bei vielen Kindern vor. In den nächsten sechs Monaten lagern sich dann vermehrt Pigmente ein und das Auge bekommt seine eigentliche Farbe. Einige Kinder, vor allem dunkelhäutige oder südländische, haben bereits bei der Geburt eine höhere Pigmentdichte und damit schon als Säugling dunklere Augen.

paar Tropfen Blut für den Guthrie-Test, ein Blutscreening, abgenommen. Diese Blutuntersuchung kann frühzeitig wichtige Hinweise auf Erkrankungen und Stoffwechselstörungen geben. Neuerdings wird zusätzlich ein frühes Hörscreening empfohlen. Auch hier gilt: Rechtzeitig erkannt und behandelt, lassen sich viele spätere Komplikationen vermeiden.

Hörst du mich? Siehst du gut? Spürst du mich?

Um eine mögliche Hörstörung frühzeitig zu erkennen, wird in vielen Geburtskliniken vor der Entlassung das Hörvermögen mittels spezieller Tonlagen (evozierte Potenziale) bestimmt. Falls nicht, sollte dies der Kinderarzt veranlassen. Bei der U2 ertastet der Arzt auch vorsichtig die Fontanelle, die empfindliche Stelle des Schädels. Hier sind die Knochen noch nicht vollständig geschlossen, damit sie sich bei der Geburt leicht gegeneinander verschieben können. Danach werden die Fußstellung, die Reflexe und die Wirbelsäule kontrolliert, Lunge und Herz abgehört. Auch die Augen des Säuglings werden untersucht, um auszuschließen, dass sich das Baby bei der Geburt über die Mutter mit Chlamydien infiziert hat. Chlamydien sind Bakterien, die in den Schleimhäuten siedeln und schlimmstenfalls zur Erblindung des Kindes führen können.

> **EXPERTENTIPP**
> **Vitamin D**
> Nach etwa sieben Tagen bekommt das Baby prophylaktisch Vitamin D in Tabletten- oder Tropfenform, um die Mangelkrankheit Rachitis zu verhindern und die Kalziumeinlagerung in Knochen und Zähne zu verstärken. Meist sind die Tabletten gleichzeitig mit Fluoriden angereichert, die den Zahnschmelz der bereits im Kiefer angelegten Zähne stärken und damit widerstandsfähiger gegen Karies machen.

Ein Augenmerk richtet der Kinderarzt auch auf die sogenannten Neugeborenen-Reflexe des Kindes, die typisch für die ersten Lebenstage sind und sich kurze Zeit später verlieren:
Suchreflex: Berührt man das Kind an der Wange, dreht es suchend den Kopf, bewegt dabei schmatzend den Mund und beginnt sofort zu saugen, sobald es die Brust findet.

> **BABY-TALK**
>
> **Kraftprotz**
>
> Unglaublich: Das neugeborene Baby hat so viel Kraft, dass es sein eigenes Körpergewicht halten könnte, wenn es sich an einem Seil festhalten würde.

Moro-Reflex: Bei plötzlicher Erschütterung der Unterlage oder bei leichtem Zurückfallen des Kopfes schnellen die Arme nach vorne und kreuzen sich vor der Brust. Dieser Reflex hilft den Kindern, sich bei Gefahr schnell an der Mutter festzuklammern.

Greifreflex: Berühren Sie die Handinnenfläche des Neugeborenen sanft, krümmen sich sofort die Finger und umklammern Ihren Finger. Im Laufe des vierten Lebensmonats wird dieser Reflex vom bewussten Greifen abgelöst.

Traurig vor Glück

Sind wir überforderte Eltern?

Endlich, nach so langer Zeit der Vorbereitung, ist es nun so weit. Sie kommen mit Ihrem neugeborenen Kind nach Hause. Gerüstet mit guten Tipps der Hebammen und viel Liebe beginnen Sie die ersten Schritte in ein ganz neues Leben. Doch manchmal wandelt sich die Euphorie der ersten Stunden in ein Gefühl der Unsicherheit und Überforderung. Trösten Sie sich, das geht den meisten Müttern und Vätern so.

Sie sind trotzdem liebevolle, perfekte Eltern, auch wenn Sie sich überfordert fühlen. Windeln, Stillen – all diese Dinge, die uns so idyllisch und gemütlich bei anderen erscheinen, werden zur reinen Nervensache. Haben Sie Geduld mit sich und Ihrer Umgebung. Die Souveränität der anderen Eltern, die Sie vielleicht vor Augen haben, ist in der Regel ebenfalls mühsam erarbeitet. Akzeptieren Sie einfach die ersten unruhigen Tage und nehmen sich viel Zeit für das Baby, aber auch für sich und Ihren Partner.

Babyblues oder Depression?

Voller Vorfreude bereiten sich die Mütter neun Monate lang auf die Geburt vor. Aber statt der Glückseligkeit erfasst einige Frauen der sogenannte »Babyblues«. Das Gemeine daran: Diese Heulphase kommt ganz unerwartet. Es sind nicht wenige Mütter, die unter diesen starken Gefühlsschwankungen nach der Entbindung leiden. Sie sind hypersensibel, brechen bei Kleinigkeiten schnell in Tränen aus, zum Beispiel, wenn der Partner die falschen Windeln besorgt, schlagartig das Chaos einzieht und unmotiviert Socken in der Ecke liegen. Nach zwei bis drei Tagen ist der Spuk dann meist wieder vorbei und die Frauen können sich ungetrübt ihrem Mutterglück hingeben.

Eine echte »postnatale Depression« bricht dagegen erst Wochen oder Monate nach der Entbindung aus. Sie kann mit schwerwiegenden Symptomen von Magenschmerzen und Niedergeschlagenheit bis hin zu Suizidgedanken einhergehen. Hier spricht man von einer »echten« Depression. Obwohl viele Frauen in dieses Gefühlskarussell geraten, reden nur die wenigsten über ihr Leid. Sie haben Angst, dem gängigen Bild der glücklichen, geduldigen und erfüllten Mütter nicht zu entsprechen und fühlen sich schuldig. Sprüche wie »Stell dich nicht so an, das sind doch nur die Hormone« helfen den Müttern nicht. Im Gegenteil, sie werten eine echte Krankheit ab und geben den Frauen das Gefühl, nicht ernst genommen zu werden. Eine postnatale Depression ist kein kleines »Wehwehchen«. Eine gute Familienanbindung und viele helfende Hände, die der Mutter unter die Arme greifen, können dazu beitragen, die Symptome zu lindern. Bei schweren Depressionen helfen geschulte Psychologen, die Probleme anzugehen.

EXPERTENTIPP

Trauer-Hormon

Ein Hormon, das Überforderungssymptomatik auslöst, gibt es nicht. Dieses Gefühl einer starken Belastung tritt nur bei Frauen in hochentwickelten Industrienationen auf. Naturvölker kennen keinen Babyblues.

1. SEMESTER / 0–6 Monate

Alles für mein Baby

Was brauche ich als Grundausstattung?

Wer will schon am ersten Tag nach der Entlassung aus der Geburtsklinik panisch durch die Kaufhäuser rennen, um Windeln, Strampelanzüge oder Einwegwaschlappen einzukaufen? Besser Sie haben eine Grundausstattung für die erste Zeit bereitliegen. Während der Wartezeit in der Schwangerschaft macht das Einkaufen fürs Baby ohnehin mehr Spaß.

> **Am Rande**
> ### AUSFLUG NACH HAUSE
> Übrigens: Ein Teil der Erstausstattung gehört mit in die Krankenhaustasche. Am besten nehmen Sie auch schon die Babytrageschale fürs Auto mit in die Klinik, dann können Sie das Kind ganz ohne Hektik auf seinen ersten Ausflug nach Hause vorbereiten.

Basic I – Kleidung

* 2 Pakete Wegwerfwindeln der kleinsten Größe
* 1 Set Mullwindeln (eignen sich auch als Spucktuch und als Kleiderschutz beim Stillen)
* 7 Baumwoll-Bodys, lang- oder kurzärmlig je nach Jahreszeit. Bodys haben den Vorteil, dass nichts verrutscht. Höschen und Hemdchen können Sie natürlich ebenso verwenden (nicht die kleinste Größe [52] kaufen, die meisten Kinder passen gleich nach der Geburt schon in Größe 58)
* 3 elastische Nabelbinden und Mullkompressen für die Nabelversorgung (Trockene Heilmethode)
* 4 Strampler (am Bein aufknöpfbar) oder Wickeljäckchen und Hose
* Je nach Jahreszeit eine Ausfahrgarnitur mit Fellschühchen oder Socken
* 1 kleine Fleece- oder Baumwolldecke zum Einwickeln (ca. 50 x 50 cm)
* 1–2 Mützen – dicke oder dünne, je nach Jahreszeit

Basic II – Schlafen

- *Babybett, Körbchen oder Wiege*
- *1 Matratze aus Kokosnussfasern, Schaumgummi oder Latex (auf pestizidfreie Ware achten)*
- *2–3 Laken und Bettgarnituren*
- *2–3 wasserdichte Moltonunterlagen als Matratzenschoner*
- *1 Schlafsack oder 1 leichtes Kopfkissen oder eine Wolldecke als Oberbett. Anfangs benötigt man kein Kopfkissen, sondern nur eine gefaltete Mullwindel.*
- *Eine Seitenstütze oder ein zusammengerolltes Handtuch zum Abstützen des Köpfchens*

Basic III – Pflege

- *1 rutschfeste Windelunterlage, eventuell mit einer Wärmelampe*
- *2 kleine Schüsseln mit mehreren Waschlappen für Gesicht und Windelbereich*
- *Plastikbadewanne oder Badeeimer, Badethermometer und 1 kleine Flasche Speiseöl*
- *Flauschige Handtücher*
- *Abgerundete Nagelschere, Watte, Feuchttücher, Kosmetiktücher*
- *Fieberthermometer*
- *Geruchsdichter Windeleimer*

1. SEMESTER / 0–6 Monate

Basic IV – Unterwegs

* *Altersgerechter Autositz (Achtung: Kindersitze, die vor 1997 produziert wurden, sind nicht mehr zugelassen)*
* *Mobiler Sonnenschutz am Fenster verhindert das Aufheizen und schützt die empfindlichen Augen des Babys.*
* *Kleines Notset mit Wegwerf-Windelunterlagen, Feuchttüchern, Windeln, Ersatzkleidung und Plastiktüte für die Entsorgung der »Stinkbombe«. Immer ins Auto legen und nach Gebrauch wieder nachfüllen.*

Am Rande
DOPPELT HÄLT BESSER
Ein Notfallset kann ich jeder Mutter nur empfehlen. Meines hat mir aus so mancher Patsche geholfen. Als ich einmal beim Einkaufen mein Kind in die auf dem Einkaufswagen aufliegende Babyschale gelegt hatte, musste ich später feststellen, dass ich da wohl eine Wasserpfütze übersehen hatte. Der Einkaufswagen hatte im Regen gestanden. Und da ich wie immer in Eile war, hatte ich mein Kind, ohne zu schauen, mitten in die Pfütze gesetzt.

Ruhe für die kleine Familie

Wann ist Babywatching angesagt?

Auch wenn es schwerfällt – verzichten Sie während der ersten Zeit in der Geburtsklinik und zu Hause möglichst auf Besuch. Gute Freunde werden von sich aus so einfühlsam sein, Sie die erste Zeit in Ruhe zu lassen. Bei allen anderen Besuchern unbedingt einen Riegel vorschieben. Ihr Baby ist keine Zirkus-Sensation. Verhindern Sie den »Babywatching-Tourismus und bestimmen Sie selbst den Zeitpunkt, wann Sie bereit sind, Besuch zu empfangen. Die erste Zeit ist nur für Sie, Ihren Partner und das Kind da. Sie haben genug zu tun, um als kleines Team gut zusammenzuwachsen. Lassen Sie die Wäsche ruhig mal ungebügelt liegen. Und nehmen Sie jede Unterstützung an, die sich Ihnen bietet. Viele Frauen möchten gleichzeitig perfekte Mütter, Partnerinnen und Hausfrauen sein. Überlegen Sie doch, stundenweise eine Haushaltshilfe zu engagieren. Unter bestimmten Umständen werden die Kosten sogar von den Krankenkassen übernommen, zum Beispiel bei Mehrlingsgeburten. Auch hilfsbereite Nachbarn, Freunde und Verwandte sollten Sie nicht ausbremsen. Jeder weiß doch: Helfen dürfen sorgt für ein gutes Gefühl bei den Helfern. Gönnen Sie ihnen das doch! Schreiben Sie Einkaufslisten und Erledigungszettel. Denn der Einkauf mit Kind und Kinderwagen kostet viel Kraft. Versuchen Sie, die Arbeit auf viele Schultern zu verteilen.

Muss Mama immer funktionieren?

Gestehen Sie sich selbst auch Schwächen ein und Belastungsgrenzen zu und gönnen Sie sich Ruhe- und Entspannungsphasen. Sobald Ihr Baby glücklich schläft, vergessen Sie Staubsauger und Bügelbrett und nehmen sich Zeit für sich selbst. Ihre Ruhe und Entspannung überträgt sich unmittelbar auf Ihr Kind. Babys entwickeln ziemlich schnell »Antennen« für die Stimmungen ihrer Mütter. Spüren sie Stress und Nervosität, reagieren sie ebenfalls unruhig. Ein Teufelskreis aus quengeligen Kindern und gestressten Müttern beginnt. Viele Schreianfälle und Schlafstörungen lassen sich auf diese sich gegenseitig hochschaukelnde Unruhe zurückführen. Wenn Sie sich also auch Zeit für sich nehmen, tun Sie das Beste für sich und Ihr Kind. Zudem benötigen Sie Ruhe zum Stillen. Starker Stress kann die Milchbildung vermindern und sogar versiegen lassen. Legen Sie die Schlafenszeiten Ihres Kindes so, dass Sie selber von dieser »Auszeit« profitieren können. Nutzen Sie beispielsweise die Wachphasen Ihres Kindes für einen Ausflug mit dem Kinderwagen und legen Sie Ihr Kind dann anschließend schlafen.

EXPERTENTIPP

Mannomann

Nach der Geburt des Kindes kommen sich viele Männer wie das fünfte Rad am Wagen vor. Sie stehen unsicher neben der offensichtlich engen Verbundenheit zwischen Mutter und Kind. Binden Sie Ihren Partner unbedingt mit ein und vermitteln Sie ihm das Gefühl, eine noch größere Rolle in Ihrem Leben zu spielen als bisher.

Brust oder Fläschchen

Stillen – das pure Glück?

Das Bild einer glücklichen Mutter, die liebevoll ihr Baby beim Stillen im Arm hält, steht für den Inbegriff von Liebe und Geborgenheit. Die Werbung macht es uns vor: Jede Mutter fühlt Glück und Zufriedenheit, wenn sie ihrem Kind beim Trinken zuschaut, die kräftigen Saugbewegungen spürt und das Kind ganz nah und sanft im Arm hält. Pures Glück? Nun ja, dazu später mehr. Neun Monate lang wurde Ihr Baby im Mutterleib optimal versorgt. Jetzt nach der Geburt liegt die Verantwortung für die richtige Zusammensetzung der Nahrung ganz bei Ihnen. Sie sorgen nun täglich mehrmals dafür, dass Ihr Baby alle wichtigen Nährstoffe erhält. Gerade im ersten Lebensjahr spielt die Ernährung eine große Rolle, denn das Verdauungssystem Ihres Kindes »lernt« erst noch, die wichtigen Bestandteile der Nahrung zu verwerten. Auch wenn bei Erwachsenen Abwechslung im Speiseplan zum kulinarischen Genuss gehört, für die Ernährung Ihres Kindes gilt das nicht. Im Gegenteil: Je mehr verschiedene Lebensmittel Sie ihm anbieten, desto größer wird die Gefahr, dass das noch anfällige Immunsystem überfordert wird und sich Allergien und Nahrungsmittelunverträglichkeiten ausbilden können.

Was spricht für das Stillen?

Die Natur hat es uns eigentlich leicht gemacht: Die Muttermilch ist genau auf die Bedürfnisse eines Säuglings eingestellt. Stillen ist nach wie vor die gesündeste und beste Art, das Neugeborene zu ernähren. Vom ersten Schluck an versorgen stillende Mütter ihre Kinder optimal, schützen sie durch die positiven Inhaltsstoffe der Muttermilch vor Allergien und Infektionen und sorgen

---

EXPERTENTIPP

Stillkinder

Experten sind sich einig: Stillen ist die beste Art, das Baby in den ersten sechs Monaten zu ernähren. Die Muttermilch enthält alles, was ein Säugling braucht, in optimaler Zusammensetzung. Zudem ist sie immer in der richtigen Temperatur verfügbar. Gestillte Babys sind außerdem robuster und weniger anfällig für Krankheiten.

dafür, dass die Kleinen später nicht zu dick werden. Zudem ist die Muttermilch immer verfügbar, kostenlos und muss nicht aufwändig zubereitet, sterilisiert oder gewärmt werden. Kindern wird durch die körperliche Nähe zur Mutter Geborgenheit und Sicherheit vermittelt.

Mache ich alles richtig?

Fast alle Mütter können stillen! Und dennoch geben viele Mütter, die vorher fest vorhatten, ihr Kind lange zu stillen, schon nach kurzer Zeit gefrustet auf. Gründe dafür gibt es viele: schmerzende Brüste, entzündete Brustwarzen, lustlos saugende Babys und die Angst der noch unsicheren Mama, dass ihr Kind zu wenig Milch bekommen und dadurch schlecht gedeihen könnte. Dazu kommt das umständliche Wiegen vor und nach dem Stillen, erst die linke Brust, dann die rechte Brust, oder war es andersrum? Vor lauter Regeln und Vorschriften und im ständigen Bemühen, alles richtig zu machen, überhören viele Mütter die wichtigste Stimme, die ihres eigenen Mutterinstinkts. Lernen Sie wieder auf Ihr Bauchgefühl zu achten. Die Hebamme, die in der ersten Zeit auch zu Ihnen nach Hause kommt, ist die ideale Ansprechpartnerin, um echte Probleme rund ums Stillen zu erkennen und zu lösen. Sie wird Ihnen helfen, sich von Ihrem eigenen Erwartungsdruck zu befreien und sich einfach Ruhe und Zeit für das Stillen zu nehmen. Meist klappt es nach einer gewissen Zeit der Eingewöhnung und der richtigen Hilfestellung.

Kann ich Stillen lernen?

Trösten Sie sich – beim Stillen sind alle Mütter Anfängerinnen. Und nicht nur das: Obwohl Säuglinge mit einem angeborenen Saugreflex auf die Welt kommen, müssen auch sie erst die richtige Technik erlernen. Sie helfen

---

Am Rande

OASEN DER RUHE UNTER DEM FRISEURUMHANG

Ich habe meine beiden Kinder jeweils ein halbes Jahr stillen können. Zunächst klappte es gut in Ruhe ritualisiert zu Hause, – mit einem Glas Wasser in Reichweite machten wir es uns gemütlich. Als ich nach etwa sechs Wochen wieder zu arbeiten begann, stellte ich Portionen abgepumpter Muttermilch in den Kühlschrank »für den kleinen Hunger zwischendurch«. Und da ich wie alle Mütter in der Stillzeit zwischendurch auch Milch loswerden musste, brachten mir entweder mein Mann oder meine Mutter das Baby während meiner Arbeitszeit in die Maske. Versteckt unter dem Friseurumhang waren dann Mutter und Kind glücklich – und keiner hat's gemerkt!

1. SEMESTER / 0–6 Monate

Ihrem Kind dabei, wenn Sie es möglichst direkt nach der Geburt an die Brust legen. Stillen zu lernen braucht Zeit, für Mutter und Kind. Nehmen Sie sich diese Zeit. Kaum liegt das Baby nach der Geburt auf dem nackten Oberkörper der Mama, wird es die Brust suchen und zu nuckeln beginnen. Damit stimuliert der Säugling im Körper der Mutter einen Hormonkreislauf, der die Milchbildung aktiviert und reguliert. Manche Frauen spüren daher gerade in den ersten Tagen beim Anlegen des Säuglings ein unangenehm schmerzhaftes »Ziehen« bis in den Unterleib.

EXPERTENTIPP

Oxytocin

Beginnt das Kind an der Brustwarze zu ziehen, wird unter anderem das Hormon Oxytocin ausgeschüttet. Es bewirkt, dass sich die Milchdrüsen zusammenziehen und die Milch austreten kann. Oxytocin beschleunigt zudem eine Kontraktion der Gebärmutter und dadurch die Rückbildung der Gebärmutterschleimhaut.

Warum ist die Vormilch so wichtig?

Kolostrum, das ist die erste gelbliche Vormilch, ist ein Wundermittel, Babys echter Powerdrink! Das Kolostrum enthält Proteine, Vitamine und Mineralien in größerer Konzentration als die ausgereifte Muttermilch und zudem wenig Fett. Diese Zusammensetzung hilft dem Verdauungstrakt des Kindes bei der Umstellung auf die eigene Nahrungsaufnahme und -verwertung und kann vom Säugling besser aufgenommen und verarbeitet werden als Ersatzmilch auf Kuhmilchbasis. Neben den nahrhaften Elementen enthält das Kolostrum zudem unzählige Abwehrstoffe, die das Immunsystem des Kindes stärken und unterstützen. Neugeborene sollten unbedingt direkt nach der Geburt an die Brust angelegt werden, damit sie das wertvolle Kolostrum genießen können. Selbst wenn Ihr Kind nur wenig von der Vormilch trinkt, reicht ihre Konzentration aus, um das Kind ausreichend zu ernähren. Zudem pflegt es die empfindliche Brusthaut und schützt sie vor kleinen Verletzungen, wenn Sie die Milchreste nicht abwischen, sondern auf der Haut antrocknen lassen.

Bekommt mein Baby alles, was es braucht?

Auch wenn Ihr Baby in den ersten Tagen abnimmt, ist dies völlig normal und nicht auf mangelnde Ernährung zurückzuführen. Der Übergang vom Kolostrum zur reifen Muttermilch kann von einem Tag bis zu zwei Wochen dauern. Die Milch verliert dabei ihre sämiggelbe Farbe und erscheint dünnflüssiger, obwohl sie einen höheren Fett- und Kohlehydratgehalt beinhaltet. Neben den Nährstoffen enthält die Muttermilch jetzt auch mehr Wasser, um das Kind neben den Nährstoffen auch gleichzeitig mit der nötigen Flüssigkeitsmenge zu versorgen. Eine zusätzliche Gabe von Tee oder Wasser ist daher nicht nötig.  Nach dem Anlegen wird das Kind sanft aufgerichtet und an die Schulter gelehnt, damit es aufstoßen und die beim Trinken geschluckte Luft wieder loswerden kann. Das sogenannte Bäuerchen können Sie beschleunigen, indem Sie Ihrem Kind sanft mit der flachen Hand am Rücken hochstreichen. Klopfen und Schuckeln sind noch Relikte unserer Urgroßeltern und werden von Hebammen nicht mehr empfohlen, da sie die Spuckneigung begünstigen. Nur noch in wenigen Kliniken bleiben die Kinder nachts in der Säuglingsstation. Dort bekommen sie die Flasche oder werden mit einem Schnuller beruhigt. Wer das nicht möchte, sollte bei der Wahl des Geburtsortes darauf achten, dass die Klinik »Rooming-in« anbietet. Das heißt, dass Sie Ihr Kind auch nachts bei sich behalten dürfen.

Was hilft mir beim Stillen?

* Stillrituale schaffen. Nehmen Sie sich gerade in der ersten Phase viel Ruhe und Zeit zum Stillen. Schaffen Sie eine entspannte Atmosphäre. Schalten Sie alle Lärmquellen wie TV, Radio und Telefon aus.

1. SEMESTER / 0–6 Monate

* Vergessen Sie Waage und Stoppuhr beim Stillen. Stillen Sie nach Bedarf und nach Gefühl. Das Kind trinkt genau so viel, wie es braucht. Wenn Sie unsicher sind, können Sie es zur Kontrolle ab und zu vorher und nachher wiegen, aber bitte nicht bei jeder Mahlzeit.
* Manche Kinder nuckeln und ziehen nur an der Brustwarzenspitze, ohne zu trinken. Um gut trinken zu können, muss das Kind unbedingt auch einen Teil des dunkel pigmentierten Vorhofes mit in den Mund nehmen. Überlisten Sie Ihr Baby, indem Sie seine Lippen leicht mit der Warze berühren, und wenn es dann den Mund aufmacht, ziehen Sie es schnell an die Brust, sodass es praktisch die Warze samt Vorhof mit dem ganzen Mund zu fassen bekommt.
* Heute desinfiziert man die Brustwarze nach dem Stillen nicht mehr, sondern lässt einfach Speichel- und Milchreste an der Brustwarze antrocknen. Die Muttermilch hat zudem pflegende und »desinfizierende« Eigenschaften und hilft der empfindlichen, zarten Haut der Brustwarze, sich zu regenerieren. Lassen Sie die Milch an der Brust trocknen und verwenden Sie luftdurchlässige Stilleinlagen, um die Haut zu regenerieren. Noch ein Trick: Nach dem Trinken dem Kind sanft den kleinen Finger in den Mundwinkel schieben. Dies löst das entstehende Vakuum und schont die sensible Brustwarze.
* Schmerzen, Hautrötungen und heiße Stellen können auf einen Milchstau hinweisen, bei dem ein Teil der Milch im Milchkanal nicht abfließen kann. Die Folge: Es bilden sich vermehrt Bakterien und eine Entzündung entsteht. Ein Milchstau kann auftreten, wenn sich der Stillrhythmus des Babys verändert, wenn das Baby plötzlich durchschläft und eine oder zwei

Mahlzeiten überspringt. Manchmal führt aber auch das Anlegen des Kindes in der immer unverändert gleichen Position zu einem Milchstau, da auf diese Weise nur ein Teil der Milchgänge geleert wird. Die Brust kann dann so hart und prall werden, dass das Kind nicht mehr trinken kann. Streichen Sie in diesem Fall die Milch sanft mit den Fingern aus, bevor Sie das Baby anlegen. Quarkwickel und kühlende Umschläge lindern die Schmerzen.

> BABY-TALK
>
> ## XXXL-Brust
>
> Die Größe einer Brust wird durch ihren Fettanteil definiert. Beim Stillen kommt es aber einzig und allein auf das Drüsengewebe an, und das ist bei allen Frauen gleich angelegt. Zart gebaute, filigrane Frauen können ihre Babys daher ebenso gut stillen wie Frauen mit einer XXXL-Brust.

* Quengelnde, unzufriedene und weinende Babys werden eventuell beim Stillen nicht mehr satt. Vielleicht macht das Kind einen Entwicklungs- oder Wachstumsschub durch und braucht dadurch jetzt mehr Nahrung? In der Regel passt sich die Milchbildung der Mutter innerhalb von ein paar Tagen diesem Appetit an. Legen Sie das Kind so häufig wie möglich an und wechseln Sie die Stillpositionen, damit alle Bereiche der Brust stimuliert werden.
* Babys wollen nicht schmusen, sie wollen trinken und zwar sofort, ohne Rücksicht auf die empfindliche, zarte Haut ihrer Mutter. Schmerzen beim Stillen sind deshalb gerade in den ersten Tagen nicht ungewöhnlich. Sind die Brustwarzen nach einigen Wochen immer noch wund und empfindlich, kann dies aber auch an der falschen Technik liegen. Ziehen Sie das Kind beim Stillen immer ganz dicht an sich heran, damit der Säugling nicht nur an der Brustwarzenspitze saugt.
* Das Kind hat keine Lust zu trinken: Manchmal irritieren die Kinder stark riechende Kosmetika, verzichten Sie deshalb während der Stillphase möglichst auf Deo und Parfüm.

Der Mensch ist von Natur aus bequem. Das ist auch bei Ihrem Baby so. Lernt das Baby, dass die begehrte Milch auch ohne große Saugleistung aus der Flasche kommt, verweigert es empört das anstrengende Saugen an der Brust. Wenn Sie das Stillen unterbrechen müssen, kann es passieren, dass Ihr Kind die Brust verweigert und sich abwendet. Sie können es aber wieder überlisten, indem Sie es im Halbschlaf anlegen. Versuchen Sie die abgepumpte Milch mit einem Löffelchen oder kleinen Becher zu füttern und konsequent auf Schnuller oder Fläschchen zu verzichten. Bieten Sie ihm stattdessen immer wieder die Brust an. Babys haben einen ausgeprägten Saugtrieb und werden zupacken, wenn der Hunger groß genug ist. Ein paar Tropfen an die Lippen des Kindes und die Brustwarze regen den Appetit zusätzlich an.

Was darf ich während der Stillzeit essen?

Eine ausgewogene, gesunde, frisch zubereitete Nahrung versorgt Mutter und Kind ausreichend mit Nährstoffen. Gute Nachricht für die schlanke Linie: Stillen verbraucht 700 Kalorien am Tag. Stillende Mütter verlieren daher meist ganz spielend die letzten Schwangerschaftsrundungen. Doch bei aller Liebe zur Figur: Während der Stillphase sind Diäten absolut tabu, da beim Abbau der Fettzellen auch das in ihnen zwischengelagerte Schwermetall wieder in den Blutkreislauf und über die Muttermilch in den jungen Organismus des Kindes gelangt. Ideal für stillende Mütter sind kalziumreiche Lebensmittel wie Kefir und Joghurt. Manche Babys reagieren empfindlich auf den Speiseplan der Mutter, vor allem auf Zwiebeln, starke Gewürze und Knoblauch. Gerade wenn ein Elternteil oder beide Allergiker sind, sollten stillende Mütter vorsichtig mit Soja, Nüssen, Eiern und Zitrusfrüchten sein. Beobachten Sie Ihr Kind genau, wie es auf diese Lebensmittel reagiert. Kaffee, Medika-

EXPERTENTIPP

Alkohol

Vorsicht bei Alkohol! Alkohol kann im kindlichen Organismus großen Schaden anrichten, da die junge Leber den Alkohol noch nicht selbständig abbauen kann. Vor allem die sensiblen Nervenzellen im Gehirn können dadurch geschädigt werden. Wenn Sie sich hin und wieder mal ein Gläschen Sekt oder Bier gönnen wollen, sollten Sie es nach dem Stillen trinken, damit sich der Alkohol bis zur nächsten Stillmahlzeit wieder abbauen kann.

mente, Nikotin und Alkohol sind No-Go. In sehr seltenen Fällen kann das Baby auf Kuhmilchnahrung der Mutter reagieren. Da Milchprodukte lebensnotwendige Stoffe für die Muttermilch liefern, sollten Sie unbedingt Ihren Arzt fragen, bevor Sie darauf verzichten. Statt zu Kaffee und koffeinhaltigen Getränken sollten Sie zu Kräuter- oder Früchtetee und vor allem stillem Mineralwasser greifen. Kümmel- und Fencheltee wirken sich positiv auf die Verdauung Ihres Kindes aus und helfen ihm bei Verdauungsbeschwerden und Blähungen. Vorsicht bei kalten Getränken vor dem Stillen, sie bewirken, dass sich die temperaturempfindlichen Milchgänge in der Brust zusammenziehen, sodass Ihr Kind stärker saugen muss. Das könnten Sie schmerzlich merken.

Was tun, wenn das Stillen nicht klappt?

Nicht jede Mutter kann oder will stillen: Ist sie dann keine gute Mutter? Quatsch! Eine Mutter, die ihr Baby liebevoll mit der Flasche füttert, muss kein schlechtes Gewissen haben. Mit der sogenannten Muttermilchersatznahrung steht Ihnen eine breite Produktpalette zur Verfügung, die Ihrem Kind alle lebensnotwendigen Nährstoffe für ein gesundes Wachstum bereitstellt. Hauptbestandteil der Ersatzmilch ist »adaptierte« Kuhmilch, die der Muttermilch und ihrer natürlichen Zusammensetzung an Eiweiß, Mineralstoffen und Fetten angeglichen ist. Dazu wird das Kuhmilcheiweiß aufgespalten und mit ungesättigten Fettsäuren angereichert. Um den jeweiligen Bedürfnissen der Entwicklungsphasen des Kindes gerecht zu werden, gibt es drei verschiedene Gruppen, die europaweit die gleiche Bezeichnung tragen: Pre-Nahrung, HA-Nahrung sowie Folgenahrung 1 und 2. In den ersten sechs Lebensmonaten sollte möglichst nur hypoallergene (»HA«) Milch ins Fläschchen kommen.

Was steckt in welcher Milch?

Pre-Nahrung bezeichnet die erste Stufe der Säuglingsernährung. Die Pre-Milch ist den Bedürfnissen eines Neugeborenen angepasst. Sie kann aber auch gut das ganze erste Jahr hindurch gegeben werden. Der Kohlenhydratanteil der Pre-Milch stammt alleine aus Milchzucker.

Folgenahrung 1 enthält außer dem Milchzucker (Lactose) auch Stärke und sättigt dadurch mehr. Gerade in der Wachstumsphase werden Kinder schneller satt und schlafen in der Regel auch länger durch.

Folgenahrung 2 ist von ihrem Eiweißgehalt der Kuhmilch näher als der Muttermilch. Durch die zugesetzten Zucker wie Fruktose, Traubenzucker oder Kristallzucker enthält sie mehr Kalorien und schmeckt viel süßer. Nach Meinung der Ernährungsexperten ist die Folgemilch 2 nicht unbedingt notwendig. Sie sollte im ersten Halbjahr nicht gefüttert werden, da sie die Kinder zu früh an einen süßen Geschmack gewöhnt und zudem eine hohe Kalorienmenge liefert.

Das als **Folgemilch 3** bezeichnete Milchpulver ist umstritten. Die Mütter bezahlen im Prinzip viel Geld für gezuckerte Kuhmilch. Fragen Sie im Zweifelsfall Ihren Kinderarzt.

HA (Hypoallergene Nahrung) ist ein spezielles Produkt für Kinder mit Allergierisikio (wenn ein Elternteil oder beide Eltern unter allergischem Asthma, Heuschnupfen oder Neurodermitis leiden). Basis dieser Milch ist Kuhmilch, deren Eiweißverbindungen jedoch stärker aufgespalten sind, damit sie leichter die Darmwand des Kindes passieren und vom kindlichen Immunsystem nicht als Fremdkörper klassifiziert und angegriffen werden. Die HA-Milch kann zwar das Ausbrechen einer Allergie nicht verhindern, aber sie hilft, das Risiko einzudäm-

men. Da Kuhmilch die Grundlage dieser Nahrung ist, wird sie von Kindern, die bereits eine Allergie gegen Kuheiweiß ausgebildet haben, nicht vertragen.
Spezial-Nahrung bietet sich bei Kindern an, die schon als Säugling auf Kuhmilcheiweiß oder auf Gluten, den Eiweißbestandteil von Weizen, Roggen und Gerste, stark allergisch reagieren. Für sie gibt es spezielle Ersatzmilch auf Soja- oder Reisbasis. (Ziegenmilch wird nach neueren Erkenntnissen nicht mehr zur Säuglingsernährung empfohlen.) Leider reagieren etwa 40 Prozent dieser Kinder ebenfalls allergisch auf Sojaprodukte, für sie wäre das Stillen nach wie vor die einfachste und beste Lösung. Durch die späte Einführung von Gluten (nach dem achten Lebensmonat) zur Säuglingskost ist die schwere Glutenunverträglichkeit (Zöliakie) seltener geworden. Sie sollten bei allen Säuglingsnahrungen vor dem achten Monat unbedingt auf den Hinweis »Glutenfrei« achten.

Gerade beim wenige Wochen alten Säugling, dessen Verdauungssystem noch nicht ganz ausgereift ist, kann die Milch im Magen-Darm-Trakt einen kleinblasigen, trägen Schaum bilden, der über mehrere Stunden stabil bleibt. Die im Milchschaum eingeschlossenen Gase können nicht entweichen und drücken schmerzhaft auf die Darmwand. Bei Kindern, die häufig unter diesen Bauchschmerzen leiden, können ein paar Tropfen eines »Entschäumers« in jede Flaschenmahlzeit gegeben werden. Der Wirkstoff löst rein physikalisch die im Milchschaum eingeschlossenen Luftbläschen auf und diese können dann entweichen. Auch ungesüßter Fenchel-Anis-Tee kann die Verdauungsprobleme lindern.

Wenn das Baby dauernd weint

Was fehlt meinem Kind?

Wie soll eigentlich ein Baby auf sich und seine Bedürfnisse aufmerksam machen? Das Leben mit ihm wäre viel einfacher, wenn es schon sprechen könnte. »Mama, bitte gibt mir die Brust, ich habe Hunger!« Oder: »Lass mich in Ruhe, ich bin müde.« Doch vorerst können Neugeborene diese und andere Bitten und Beschwerden nur in einer einzigen Form vortragen: als Geschrei. Das allerdings wirkt höchst eindrucksvoll. Mit der Zeit lernen Sie diese Sprache kennen und können gut abschätzen, ob das Kind hungrig, wütend oder müde ist. Zur Beruhigung: Nur in seltenen Fällen hat Ihr Kind wirklich starke Schmerzen. Da es jedoch zwischen Einsamkeit und wundem Po noch nicht differenzieren kann, schreit es aus Leibeskräften, bis Mama die Ursache gefunden und behoben hat.

> **Am Rande**
> **WINDELTEST**
> Es gibt einen alten Hebammentrick, der sich bewährt: einfach die Windel am Bein mit dem Finger wegheben und prüfen, ob sie nass ist. Das spart eventuell unnötige Auspackaktionen – und damit Zeit!

Was will mein Baby mir sagen?

Hunger: Gerade in den ersten Wochen ist Hunger wohl der häufigste Grund für das Schreien Ihres Babys. Es wird sich sofort beruhigen, wenn Sie ihm Brust oder Flasche geben.

Windelwechsel: Das unangenehme Nässegefühl oder ein leicht geröteter Po reichen aus, um Ihr Baby zum Schreien zu bringen. Also schnell ein Blick in die Windel. Gerade bei Neugeborenen erfolgt der Stuhlgang in sehr kurzen Zeitintervallen, sodass die Windel ziemlich oft gewechselt werden muss.

Bauchschmerzen: Blähungen und unverdaute Milch können das Kind ziemlich plagen. Die akuten Schmerzen lassen sich mit leichter Bauchmassage, Fenchel-Kümmel-Tee und dem Fliegergriff lindern. Beim Fliegergriff trägt man das Kind auf dem Unterarm liegend. Stillende Mütter sollten auf blähende Lebensmittel verzichten. Halten Sie den Stillrhythmus von drei bis vier Stunden ein. Wenn Sie Ihr Baby zu früh anlegen, vermischen sich frische und halbverdaute Milch im Magen des Kindes und das kann Probleme verursachen.

Überreizung: Manche Kinder schlafen besonders gut, wenn sie mitten im größten Trubel sind. Andere Kinder werden dann unruhig, nervös und übermüdet. Gerade bei Familienfeiern reagieren sie mit Geschrei auf die äußere Unruhe und die wachsende Nervosität der Mutter. Ziehen Sie sich in einen ruhigen Raum zurück oder drehen Sie mit dem Kinderwagen eine längere Runde, bevor sich die Situation hochschaukelt. Die Ruhe wird auch Ihnen guttun.

Übermüdung: Der Grund für den nachmittäglichen oder abendlichen Schreianfall (gerade in den ersten drei Monaten) liegt meist in einer Reizüberflutung des Kindes. Versuchen Sie dann nicht, Ihr Kind zu bespielen, Sie erreichen damit nur, dass Ihr Kind noch mehr schreit. Auch Herumtragen hilft nicht. Sie werden zunehmend unruhig, nervös und gereizt, was sich wiederum auf Ihr Kind überträgt. Ein Teufelskreis, den man am besten mit Ruhe durchbricht.

Temperatur: Auch wenn Ihr Kind schwitzt oder friert, kann es mit Tränen reagieren. Fühlen Sie vorerst, ob Hände und Füße warm genug sind. Bessere Auskunft geben allerdings Nacken und Bauch. An diesen Stellen sollte Ihr Baby eine warme angenehme Temperatur haben. Feuchte Nackenhaare und gerötete Gesichtshaut sind ein sicheres Indiz für eine zu hohe Temperatur. Nehmen Sie die zusätzliche Decke weg oder ziehen überflüssige Kleidungsstücke aus. An die Temperatur angepasste Kleidung lässt Ihr Kind schnell wieder lachen.

Langeweile: Für Ihr Baby sind Langeweile und Einsamkeit genauso schmerzlich wie Hunger oder ein wunder Po. Wenn es Sehnsucht nach Kontakt hat, wird es dies lauthals verkünden. Geben Sie Ihrem Kind Nähe und Geborgenheit. Für die soziale Bindung ist diese erste Zeit des Vertrauens sehr wichtig. Nehmen Sie Ihr Kind deshalb so bald wie möglich in den Arm, wenn Sie das Gefühl haben, Sie werden vermisst. Eltern, die sicher und schnell auf das Geschrei ihrer Kinder reagieren, stärken die emotionale Bindung.

Wie viel Schreien ist normal?

* In der Neugeborenen-Zeit schreien Säuglinge im Durchschnitt etwa 100 Minuten täglich.
* Nach sechs Wochen beträgt die tägliche Schreidauer etwa 150 Minuten.
* Nach vier Monaten liegt sie noch bei 60 Minuten am Tag.
* In den ersten drei Monaten schreien viele Säuglinge vor allem zwischen 16 und 22 Uhr.
* Die Schreigewohnheiten unterscheiden sich von Kind zu Kind erheblich. Manche schreien und nörgeln an einzelnen Tagen bis zu vier Stunden, andere weniger als eine Stunde. Von »exzessivem Schreien« oder »Schreikindern« sprechen die Fachleute, wenn sie mehr als drei Wochen lang an mehr als drei Tagen pro Woche länger als drei Stunden schreien oder nörgeln.

Weinen ist für Ihr Baby die einzige Möglichkeit mitzuteilen, dass ihm etwas nicht passt. Indem es schreit, kommuniziert Ihr Kind mit Ihnen – unter Umständen so lange, bis Sie reagieren. Oft eine harte Belastung für die Nerven der Eltern. Da die Schreiintensität im vierten Monat deutlich nachlässt, spricht man in den ersten Monaten gerne von »Dreimonatskoliken«. Dies stimmt aber nur begrenzt, denn Blähungen und Verdauungsprobleme sind nur selten die wahren Gründe fürs Geschrei. Nur bei jedem 20. Kind sind Bauchschmerzen der Anlass für die Lärmattacke, und doch werden nahezu alle »Schreikinder« auf ebendieses Symptom behandelt. Mit Milchzucker, Fencheltee, Fliegergriff und Medikamenten versuchen die verzweifelten Eltern ihr Kind zu beruhigen. Dabei sind die Blähungen meist nicht Ursache, sondern eher Folge des langen Schreiens, da Babys hierbei übermäßig viel Luft schlucken. Bei

---

BABY-TALK

Schreien lassen

Darf man Babys schreien lassen? Eindeutig nein. Dass Kinder mit Geschrei ihre Lungen kräftigen, ist genauso Unsinn wie die Warnung, dass Mütter, die schnell auf das Geschrei ihrer Kinder reagieren, diese verwöhnen und sich auf der »Nase herumtanzen lassen«. Man kann Kinder nicht durch zu schnelle Hinwendung »verwöhnen«. Im Gegenteil, wenn Sie rasch auf Ihr Kind eingehen, fühlt es sich verstanden und beruhigt sich.

EXPERTENTIPP

Signale

Ab und zu geben Babys Signale. Wenn sie zum Beispiel zwischen zwei Schrei-Attacken die Finger in den Mund stopfen und gierig daran saugen, heißt die richtige Übersetzung wohl höchstwahrscheinlich »Hunger«.

Schreikindern sollte man die Gründe für die innere Unruhe und Unzufriedenheit suchen. Das kann man am besten mit viel Ruhe, Vermeidung von Reizüberflutung und festen Schlafzeiten. Dunkeln Sie das Zimmer ab, schalten Sie Störgeräusche wie TV oder Radio ab und sorgen Sie für einen gleichmäßigen Tagesablauf mit festen Essens- und Schlafenszeiten.

Schlaf, Kindchen, schlaf!

Wie bringe ich mein Baby zum Schlafen?

Genau wie beim Schreien erwischt es manche Eltern bei Schlafproblemen härter, andere gar nicht. Denn die Schlafgewohnheiten von Neugeborenen unterscheiden sich von Anfang an erheblich. Neugeborene Kinder kennen noch keinen Nacht-Tag-Rhythmus. Sie müssen erst lernen, dass der Tag zum Essen und Erkunden da ist und die Nacht zum Schlafen. Neugeborene wollen etwa nach eineinhalb Stunden Wachsein wieder schlafen und haben etwa alle vier Stunden Hunger. Erst mit der Zeit erlernen sie den Nacht-Tag-Rhythmus und passen sich mit ihrem Ess- und Schlafverhalten diesem an. Manche Eltern machen sich aber völlig falsche Vorstellungen vom Durchschlafen. Vorerst bedeutet das nicht »von sieben bis sieben«, sondern nur von »elf bis fünf« oder bestenfalls von »zehn bis sechs Uhr«.

Was hilft beim Schlafenlernen?

Das Schlafverhalten eines Kindes ist sehr individuell. Manche Kinder schlafen gleich ein, wenn man sie in ihr Bettchen legt. Sie fallen sofort in einen tiefen, erholsamen Schlaf, aus dem sie erst nach Stunden wieder gut gelaunt erwachen. Andere Kinder brauchen Stun-

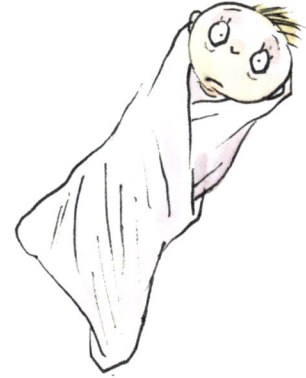

EXPERTENTIPP

Pucken

Reagieren Sie schnell auf erste Anzeichen von Unwohlsein, bevor Ihr Kind sich »eingeschrien« hat. Manchen Kindern hilft eine alte Beruhigungsmethode, das sogenannte »Pucken«. Dabei werden die Babys fest in Tücher gewickelt, was ihre Bewegungsmöglichkeiten einschränkt. Beim Tragen direkt am Körper der Mama oder des Papas entsteht ein sehr enger, körperlicher Kontakt. Leises Singen und wiederholtes Murmeln von Liebkosungen wirken sich beruhigend auf Ihr Kind aus.

den, um in einen unruhigen Schlaf zu fallen, aus dem sie schon nach kurzer Zeit wieder hochschrecken und übermüdet und schlecht gelaunt vor sich hin quengeln.

* Lassen Sie Ihr Kind im ersten Jahr mit im Elternschlafzimmer schlafen. Babys sind wesentlich entspannter, wenn sie die Nähe ihrer Eltern spüren. Und Sie können Ihr Kleines leichter stillen, indem Sie es ohne große Umstände einfach mit zu sich ins Bett legen. Stellen Sie die Wiege direkt neben Ihr Bett, dann können Sie das Baby nach dem Stillen behutsam zurück in seine Wiege legen, ohne dass Sie aufstehen müssen.

* Legen Sie Ihr Kind zum Schlafen immer auf den Rücken und stützen die Beine mit einem zusammengerollten Handtuch ab. Tagsüber, wenn Ihr Baby wach ist und Sie bei ihm sind, können Sie das Baby auch auf den Bauch legen. Dadurch stärkt sich die Nackenmuskulatur und die Hüfte wird gespreizt. In dieser Haltung sollte es jedoch nicht einschlafen, da die Bauchlage einer der Risikofaktoren für den »plötzlichen Kindstod« ist.

* Wenn Sie nachts zu Ihrem Kind gehen, um es zu füttern oder zu beruhigen, sollten Sie möglichst nur ein Schlummerlicht anmachen und nur leise mit dem Kind flüstern, damit es merkt, dass jetzt Nacht ist.

* In einem warmen Bettchen schläft das Baby meist schneller wieder ein. Wenn Sie Ihr Kind nachts zum Stillen herausnehmen und es beim Zurücklegen schreit, können eine Wärmflasche (mit lauwarmem Wasser) oder ein warmes Kirschkernkissen helfen, die das Bettchen angewärmt halten. Nehmen Sie die Wärmflasche unbedingt wieder heraus, bevor Sie Ihr Kind zurücklegen.

* Gleichmäßige Bewegungen, wie sanftes Schaukeln, wirken beruhigend und wiegen Ihr Kind sanft in den

Schlaf. Dafür eignen sich Babywiegen und Babyhängematten.

* Gutenachtritual: Führen Sie abends ein Ritual ein und halten Sie es konsequent durch. Das kann zum Beispiel so aussehen: Füttern oder Stillen, Bäuerchen machen lassen, kleine Abendtoilette, frisch wickeln und Schlafanzug anziehen, im abgedunkelten Zimmer auf dem Arm tragen, die Spieluhr einmal aufziehen und gemeinsam anhören, einen Gutenachtkuss geben, wach ins Bett legen und dann den Raum verlassen.
* Tagsüber kann das Kind in der Wiege oder dem Kinderwagen dösen oder schlafen, abends sollte es immer ins »richtige« Bett gebracht werden, damit es den Unterschied lernt. Aus diesem Grund empfiehlt es sich auch, in den ersten vier Monaten tagsüber nicht den Raum abzudunkeln, in dem das Kind schläft. Und auch wenn es schwerfällt: das Kind möglichst vier Stunden vor der »normalen« Schlafenszeit aus dem Nachmittagschlaf wecken, damit es abends ausreichend müde ist und sein Tag- und Nacht-Rhythmus nicht vollkommen durcheinandergerät.
* Ein getragenes T-Shirt oder ein Baby-Lammfell, das in verschiedenen Familienbetten Familiengeruch aufgenommen haben kann, wirken ebenfalls beruhigend, da sich das Kind durch bekannte Gerüche geborgen und sicher fühlt.
* Auch wenn es sehr schwer ist: Wacht Ihr Kind außer der Reihe nachts auf, geben Sie nicht dem Impuls nach, das weinende Baby aus seinem Bettchen zu nehmen und wieder in den Schlaf zu wiegen. Bleiben Sie einen Moment an der Seite des Kindes und reden Sie beruhigend auf Ihr Baby ein, streicheln Sie ihm sanft über den Kopf und decken es wieder zu.

Am Rande

SCHLAFPROBLEME

Die meisten Eltern können ein Lied von den Schlafproblemen ihrer Kinder singen. Wer über Wochen oder Monate Nacht für Nacht vier-, fünfmal oder öfter aus dem Schlaf gerissen wird, ist tagsüber der Verzweiflung nahe, weil er sich vor Erschöpfung kaum noch auf den Beinen halten kann. Schlafrituale können dem Baby beim Ein- und späteren Durchschlafen helfen. Ich habe zum Beispiel schon immer mit meinen Kindern zur Nacht ein kleines Gebet gesprochen. Zu Beginn werden sie es nicht verstanden haben, aber die gleichmäßige, ruhige Stimme wirkte sich beruhigend aus.

✱ Abends möglichst immer die gleiche Uhrzeit einhalten, in der Sie Ihr Kind ablegen und zur Ruhe kommen. Kinder entwickeln ein Schlaffenster, in dem sie müde sind und schlafen gehen können. Übergeht man dieses kurze Zeitfenster, sind sie wieder hellwach. In der Regel öffnet sich das nächste Schlaffenster erst etwa 60–70 Minuten später. Aus diesem Grund ist es so wichtig, die eingeführten Zeiten konsequent einzuhalten.

Babypflege – ganz zärtlich!

Was brauche ich für die Pflege?

Kinderärzte und Hebammen sind sich in diesem Punkt absolut einig: Die empfindliche Kinderhaut braucht weder tägliches Baden noch Eincremen. Im Gegenteil. Die Haut eines Säuglings ist noch unreif und muss ihren Säureschutzmantel erst aufbauen. Die Haut eines neugeborenen Kindes ist nahezu fünfmal dünner als die Haut eines Erwachsenen. Sie ist zudem bei weitem nicht so elastisch und produziert nur sehr wenig Talg und Fett, um die Oberhaut zu schützen. Da auch die Schweißdrüsen noch nicht richtig arbeiten, können Kinder ihren Temperaturhaushalt nicht adäquat regulieren. Zehn Jahre dauert es, bis sich Kinder ein »dickes Fell« zugelegt haben. Geben Sie der Haut Ihres Kindes genug Ruhe, sich auszubilden und stark zu werden und schützen Sie sie unbedingt vor der Sonne. Häufiges Baden, vor allem mit Badezusätzen, und ständiges Eincremen, wie es unsere Großeltern noch empfohlen haben, behindern die Ausbildung einer gesunden, starken Haut. Da sich Neugeborene kaum dreckig machen, reicht es vollkommen, wenn Sie Gesicht, Hände und den Po reinigen. Für diese tägliche »Katzenwäsche« reichen ein Waschlappen und eine Schüssel mit frischem, warmem Wasser.

Was muss ich täglich reinigen?

Gerade in der ersten Zeit und vor allem bei Stillkindern kann es ab und zu passieren, dass der Stuhlgang überaus häufig und in dünnflüssiger Konsistenz kommt. Und nicht selten quillt er auch mal aus der Windel und verschmiert den Rücken des Kindes. Keine Panik, da dieser frühe Stuhlgang nahezu keimfrei ist, brauchen Sie nicht gleich Ihr gesamtes Baby zu desinfizieren. Warmes Wasser und ein wenig Speiseöl reichen völlig aus, um auch starke Verschmutzungen ausreichend zu entfernen. Stellen Sie sich mehrere Gefäße mit Waschlappen bereit und verwenden Sie für die verschiedenen Körperregionen eigene Schüsseln und Lappen. Wenn Sie nur einen Waschlappen benutzen, waschen Sie Ihr Kind in der Reihenfolge Gesicht – Hände – Genitalien. Bei Mädchen immer vom Schamhügel in Richtung After wischen, damit keine Bakterien in die Harnröhre gelangen können. Die Scheide nur äußerlich sanft abwischen. Bei Jungen ist die Vorhaut im ersten Jahr mit der Eichel verwachsen. Bitte nicht zurückschieben, sonst kann es zu Verletzungen und Vernarbungen kommen. Achtung: Nackte Jungs lieben es, einen hohen Bogen zu pinkeln und die Mutter ganz schön begossen dastehen zu lassen. Kleiner Trick: Sobald Sie den Jungen aus seiner Windel befreit haben, sofort Papiertücher oder einen Waschlappen zwischen die Beine legen, um so die Reichweite der Aktion zu begrenzen.

Sind Wattestäbchen und Nagelschere erlaubt?

Wattestäbchen haben bei der täglichen Reinigung absolut nichts im Ohr oder der Nase des Kindes zu suchen. Neben der Verletzungsgefahr kann die Watte das empfindliche Innenohr irritieren und schmerzhafte Mittelohrentzündungen verursachen. Besser: Äußerlich sichtbare »Popel« mit einem zusammengerollten Papiertuch sanft entfernen. Auch eine Nagelschere ist in den ersten Wochen überflüssig. Die Nägel sind so weich, dass Sie diese problemlos abziehen können. Manche Mütter knabbern sie auch einfach ab.

Wie pflege ich den Nabel?

Der Rest der Nabelschnur, der beim Abnabeln zurückgeblieben ist, fällt nach ein paar Tagen ab. Damit der Nabel sich nicht infiziert, sollte er sauber und trocken gehalten werden. Mit dem ersten Baby-Bad sollten Sie deshalb warten, bis der Nabel verheilt ist. Bei der sogenannten »offenen Nabelpflege« heilt der Nabel oberhalb der Windel trocken ab. Dazu die Windel umschlagen und den Nabel mit Kompressen abdecken, damit die Windel nicht an der Wunde scheuert. Absonderungen des Nabels mit einem in Öl oder Muttermilch getränkten Wattestab sanft abwischen. Verkrustungen am Nabel belassen, wenn sie sich nicht leicht abstreifen lassen.

Wie bade ich mein Baby?

Für die meisten Babys ist ein Bad die pure Wonne, andere Babys schreien und winden sich vor Angst und Panik. Wichtig ist, dass Sie Ihr Kind fest im Griff haben, das gibt Ihrem Kind Sicherheit und Geborgenheit. Bereiten Sie möglichst vorher das Bad in Ruhe vor. Legen Sie Handtücher, Windel und Kleidung bereit. Sie können sie vorwärmen, indem Sie die Kleidung auf eine Wärmflasche oder unter eine Wärmelampe legen. Lassen Sie das Wasser mit einer Temperatur von etwa 37 °C in eine Babywanne oder einen Badeeimer ein. Ein paar Tropfen Mandelöl oder abgepumpte Muttermilch pflegen die trockene Haut, ansonsten sollten Sie gerade in den ersten Wochen auf jeden Zusatz verzichten. Bevor Sie das Kind nun ins Wasser gleiten lassen, sollten Sie den Windelbereich mit einem Feuchttuch oder Waschlappen schon vorreinigen. In der Badewanne werden dann zuerst die Extremitäten, dann Bauch, Rücken und Genitalien gereinigt. Auch die Hautfalten sollten Sie genau betrachten. Waschen Sie erst zum Schluss das Köpfchen mit einem frischen Waschlappen. In den ersten Wochen benötigen die feinen Haare keine spezielle Wäsche oder Shampoo, sondern können einfach mit Wasser gereinigt werden. Babys regulieren einen Großteil ihres Wärmehaushaltes über die große Hautoberfläche des Kopfes. Sie können sich schnell erkälten, wenn sich die Kopfhaut abkühlt. Trocknen Sie aus diesem Grund zuerst den Kopf ab und setzen Sie Ihrem Baby gleich eine wärmende, leichte Mütze auf. Praktisch sind auch Kapuzenhandtücher, mit denen man das Kind gut trocknen und einkuscheln kann. Nach dem Bad können Sie ab und zu die Haut Ihres Kindes mit einem reinen Öl oder einer parfüm- und zusatzstofffreien Creme verwöhnen. Ihr Kind wird dabei vor allem die zusätzlichen Streicheleinheiten genießen. Verwenden Sie eine Wärmelampe über dem Wickeltisch und runden Sie das Verwöhnprogramm mit einer sanften Babymassage während des Eincremens ab. Übrigens: Öfter als ein- bis zweimal in der Woche sollten Sie Ihr Kind nicht baden – seiner Hautgesundheit zuliebe!

Wie gewöhne ich mein Kind ans Baden?

Wenn sich Ihr Kind im Nass überhaupt nicht wohlfühlt, kann es sein, dass es spürbare Grenzen benötigt. Lassen Sie das Kind mit Po oder Beinen körperlichen Kontakt zu der Wanne aufnehmen. Besonders gut eignen sich hierfür die Babyeimer, in denen das Kind rundum Kontakt mit der Umgrenzung aufnimmt. Oder: Sie »überreden« Ihr Baby, mit Ihnen in die große Wanne zu steigen. Besonders wichtig für die Sicherheit Ihres Kindes, aber auch für sein Sicherheitsgefühl, ist der professionell-feste Griff der Eltern.

Wie halte ich mein Kind beim Baden?

Ausgangsposition ist natürlich das nackte Kind auf einer Unterlage. Schieben Sie nun Ihren Unterarm unter den Nacken Ihres Babys und umfassen sicher den Oberarm. Dadurch liegt der Kopf immer auf Ihrem Unterarm auf und kann nicht durchrutschen. Mit der freien Hand fassen Sie Ihrem Kind so unter das Gesäß, dass es praktisch auf der Hand sitzt. So können Sie Ihr Kind vorsichtig ins Wasser eintauchen und haben es auch bei größeren Strampelaktionen fest im Griff. Wenn Ihr Baby dann sicher in der Wanne liegt, können Sie die Hand unter dem Po sanft wegziehen und das Kind den Wannenboden berühren lassen. Mit der nun freien Hand oder einem Lappen können Sie das Kind jetzt waschen. Bereits nach einigen Minuten sinkt die Temperatur des Wassers merklich ab. Bei älteren Kindern kann man eventuell noch einmal warmes Wasser nachfüllen. Wickeln Sie das Kind sofort in vorgewärmte, flauschige Handtücher ein und trocknen Sie die Körperfalten wie Hals, Leisten und die Stellen hinter den Ohren sorgfältig ab, damit diese empfindlichen Hautareale nicht wund werden. Mit einer weichen Babybürste aus Ziegenhaar können Sie

---

EXPERTENTIPP

Trockenföhnen?

Manche Kinder lieben es, trockengeföhnt zu werden. Halten Sie genügend Abstand zur empfindlichen Kinderhaut, damit der heiße Luftstrom dem Kind nicht wehtut (Verbrennungsgefahr!). Legen Sie unbedingt Ihrem Jungen ein Handtuch zwischen seine Beine, damit er beim Weitpinkeln keinen Kurzschluss auslöst!

den zart wachsenden Flaum des Kindes »streichel-bürsten«. Das lieben übrigens auch glatzköpfige Babys. Den Milchschorf auf der Kopfhaut bitte nicht abkratzen oder abbürsten, sondern höchstens mit etwas Öl geschmeidiger machen, er fällt innerhalb der ersten 18 Monate von alleine ab. Babys brauchen eigentlich nicht eingecremt oder eingeölt werden. Wenn Ihr Kind extrem trockene Haut hat, reichen ein paar Tropfen Mandelöl ins Badewasser. Nach dem Baden kann eine Halbfett-Creme auf die Haut aufgetragen werden.

Wunder Po – was tun?

So rosig wie im Sprichwort sieht Babys Po leider nicht immer aus. Das hilft gegen das Wundwerden:

* Das Baby möglichst oft »unten ohne« strampeln lassen.
* Den Po vorsichtig mit lauwarmem Wasser reinigen.
* Mit einem Zusatz aus Eichenrindentee (aus der Apotheke) baden.
* Die Haut mit einer dünnen Schicht Zinksalbe schützen.

Ein wunder Po ist eine echte Belastung für das Baby. Heutzutage verwendet man jedoch kaum noch Puder und Cremes, deren Inhaltsstoffe empfindliche Haut zusätzlich irritieren können, sondern trocknet den Windelbereich gut ab. Massieren Sie die gerötete Haut Ihres Kindes dann mit reinem Speiseöl. Leicht gerötete Hautstellen im Windelbereich können nach Rücksprache mit dem Kinderarzt beispielsweise mit einer lebertranhaltigen Zinksalbe versorgt werden. Getränkte Öltücher sind für unterwegs ganz praktisch. Zu Hause können Sie mit Speiseöl getränkte Kosmetiktücher verwenden, die keinerlei unerwünschte Zusatzstoffe enthalten.

Richtig gewickelt

Wie habe ich mein Kind gut im Griff?
Nach dem Waschritual werden die Säuglinge wieder frisch gewindelt. Wie es geht? Legen Sie Ihr Baby dazu vorsichtig auf die Wickelauflage. Die frische Einmalwindel wird unter dem Po bereitgelegt und dann mit einer sanften Bewegung unter das Gesäß geschoben, indem Sie mit dem Arm durch die Beine des Kindes greifen, mit der Hand den rechten Oberschenkel umfassen und leicht anheben. Diese Bewegung belastet nicht die Fußgelenke und den oberen Rücken im Gegensatz zum sogenannten »Hasengriff«, bei dem man mit einer Hand beide Füßchen an der Fessel packt und mit dem Po in die Luft hebt. Diesen Griff sollte man lieber den Jägern und ihrer Beute überlassen. Nach dem Windeln ziehen Sie Ihrem frisch gewickelten Baby Kleidung oder einen Schlafanzug an. Beim Neugeborenen drehen Sie das Kind behutsam immer von der einen Seite auf die andere, sodass es nicht den Kontakt mit der Unterlage verliert; ältere Kinder können auch im Sitzen angezogen werden. Kleidungsstücke, die über den Kopf gezogen werden, sollte man immer von hinten nach vorne überstreifen oder ausziehen, damit der Kopf nicht aus Versehen ruckartig mit nach hinten gezogen werden kann.

> **EXPERTENTIPP**
> **Nie allein lassen!**
> Lassen Sie Ihr Baby auf dem Wickeltisch keinen Augenblick unbeobachtet oder gar allein. Viele Neugeborene sind schon vom Wickeltisch gestürzt, obwohl sie sich – scheinbar – noch nicht bewegen konnten. Tatsächlich zählen solche Unfälle zu den häufigsten im ersten Lebensjahr – oft mit schlimmen Folgen.

Windeln: Waschen oder wegwerfen?

Ein neugeborenes Kind benötigt täglich etwa sechs bis acht Windelwechsel. Später braucht es dann »nur noch« vier bis sechs Windeln. In der Regel sollten Sie Ihr Baby erst nach dem Füttern windeln, da es meistens während oder kurz nach dem Trinken in die Windel macht. Jedes Baby verbraucht etwa 5000 bis 6000 Windeln. Die meisten Eltern entscheiden sich für die praktischen Wegwerfwindeln und gegen Großmutters Stoffwindeln. Umweltbilanzen haben bisher keine eindeutigen Vorteile für die eine oder andere Methode ergeben. Wegwerfwindeln kosten bei der Produktion Erdöl und Holz und vergrößern nach Gebrauch die Müllberge. Stoffwindeln belasten bei der Baumwoll-Produktion die Umwelt ebenso wie durch den Energieverbrauch und die Waschmittelrückstände beim Waschen. Einen dritten Weg eröffnen Windeldienste, die es mittlerweile in vielen Städten und Gemeinden gibt. Sie bringen Ihnen saubere Windeln ins Haus und holen die verschmutzten zum Waschen ab. Diese Arbeit erledigen sie umweltschonend in Spezialmaschinen mit Spezialwaschmitteln. In den letzten Jahren haben sich alle Windelhersteller bemüht, die Einwände gegen ihre Produkte auszuräumen. Mit ungebleichten Öko-Windeln und Wickelhosen aus Baumwolle, Wolle oder Mikrofasern soll das Wickeln viel einfacher werden als mit Stoffwindeln. Allein die ersten zwei Jahre kosten Einwegwindeln für Ihr Baby mindestens 1500 Euro. Bei Kindern, die länger gewickelt werden, erhöhen sich die Kosten. Mehrwegwindeln kosten in diesem Zeitraum, die erhöhten Wäschekosten eingerechnet, nur etwa die Hälfte und lassen sich eventuell auch noch für Geschwister weiterverwenden.

Sanft ins Leben tragen

Wie fass ich's an, wie halt ich mein Baby fest?

Neugeborene Babys wirken so zart und zerbrechlich, dass viele Eltern unsicher sind und Angst haben, ihr Kind falsch zu halten oder ihm wehzutun. Dabei gibt es eine einfache Grundregel: Weil das Baby in den ersten drei Monaten sein Köpfchen noch nicht halten kann, ist es wichtig, dass Sie seinen Kopf und Rücken abstützen, damit Sie Ihr Baby liebevoll, aber sicher im Griff haben. Achten Sie dabei insbesondere auch auf die Wirbelsäule. Viele Mütter stützen zwar das Köpfchen, überfordern aber die Wirbelsäule und Rückenmuskulatur. Das Baby rutscht dann leicht in sich zusammen. Wenn Sie Ihr Kind aus dem Bettchen oder von der Wickelunterlage aufheben, sollten Sie es zunächst auf die Seite rollen, bis die Schultern leicht nach vorne fallen, damit der Kopf gestützt ist und der Rücken nicht überstreckt wird. Schieben Sie den ganzen Arm unter das Kind, um es hochzunehmen. Um eine Überdehnung des Rückens nach hinten zu verhindern, greift man dem bäuchlings liegenden Kind mit einem Arm durch die Beine unter den Bauch und mit der anderen Hand an die Brust, damit der ganze Körper auf den Armen aufliegen kann. Dieser Fliegergriff hilft den Babys bei Blähungen und Bauchschmerzen. Wenn Sie beim Tragen eine Hand zum Arbeiten benötigen, eignet sich der folgende Sitz, bei dem sich der Körper des Kindes an Ihren Oberkörper stützt: Nehmen Sie Ihr Kind in Sitzhaltung und mit Blick nach vorne in Ihre Armbeuge und halten Sie es mit einer Hand von vorne an Oberschenkel und Po fest. Auf diese Weise kann Ihr Kind alles sehen, Sie haben eine Hand frei und das Kind sitzt sicher in Ihrem Arm. Auf Dauer wird diese Haltung allerdings etwas schwer, für längere

---

Am Rande

SCHIEF ÜBER DIE SCHULTER UND GEGEN DIE ASYMMETRIE

Ich habe meine Kinder gern über meine Schulter gelegt. Weil die Kleinen bald mehr von ihrer Umwelt sehen wollten, haben sie sich früh bemüht, den Kopf zu heben – ein gutes Training für die Nackenmuskeln. Außerdem waren meine beiden Kinder etwas schief auf die Welt gekommen, sodass wir beim Tragen immer darauf achteten, dass sie gegen ihre Körperasymmetrie in die Welt schauen mussten.

Tragezeiten eignet sich dagegen der Hüftsitz. Sobald das Kind seinen Rücken und Kopf selber halten kann, etwa ab dem fünften Monat, kann man das Baby relativ bequem mit einem Arm auf der Hüfte tragen. Da die Hüfte einen Teil des Gewichts trägt, sollten Sie immer die Seite wechseln und sich nicht eine »Lieblingsseite« angewöhnen. Ziehen Sie das Kind eng an sich heran, setzen es sich seitwärts auf den Hüftknochen, und greifen mit einer oder beiden Händen um Po und Oberschenkel. Der Hüftsitz lässt sich auch mit etwas schwereren Babys und größeren Kindern relativ lange aushalten und hat den Vorteil, dass man die andere Hand frei hat. Kinder dürfen ruhig länger in dieser Position sitzen, zumal dabei noch die Hüfte gespreizt wird. Selbst größere Kinder lassen sich auf diese Art tragen, obwohl sie schon ziemlich Gewicht zugelegt haben. Man kann diese Stellung auch mit einem Tragetuch unterstützen und absichern.

> **BABY-TALK**
>
> ### Verwöhnen?
>
> Kann man Babys durchs Tragen »verwöhnen«? Nein, lassen Sie sich das nicht einreden. Das Tragen entspricht der natürlichen Haltung des Kindes, stärkt die Ausbildung der Rückenmuskulatur und stimuliert den Gleichgewichtssinn. Kinder kann man in den ersten Monaten nicht verwöhnen, im Gegenteil, intensiver Körperkontakt, Geborgenheit und Nähe geben Ihrem Kind Sicherheit und Liebe.

Was wird bei der U3 untersucht?

Nach etwa einem Monat überprüft der Kinderarzt zum ersten Mal die altersgerechte Entwicklung Ihres Kindes. Kopfumfang, Länge und Gewicht werden nun bei jeder der folgenden Vorsorgeuntersuchungen gemessen und in das gelbe Vorsorgeheft eingetragen. Im Mittelpunkt stehen bei der U3 das körperliche Gedeihen, die Entwicklung der Reflexe und des Muskeltonus sowie die Körperhaltung (der Arzt achtet dabei insbesondere auf die asymmetrischen Körperlagen) und der Blickkontakt. Einige der angeborenen Reflexe verlieren sich nun schon langsam, wie der Greifreflex, der sich jetzt in aktives Greifen umwandelt. Der Arzt kann sich anhand dieser Fähigkeiten einen Eindruck von der Entwicklung des Nervensystems machen. Er prüft, ob die Kinder eine Bewegung im Raum mit den Augen verfolgen und den Kopf

selbständig heben können, wenn sie auf dem Bauch liegen. Bei einer auffälligen Körperasymmetrie oder Kopfschiefhaltung kann der Kinderarzt bei dieser oder der nächsten Vorsorgeuntersuchung eine spezielle krankengymnastische Behandlung verordnen. Spätestens bei der U3 wird auch die Ultraschalluntersuchung der Hüfte durchgeführt oder der Erstbefund kontrolliert.

Was wird bei der U4 untersucht?

Spätestens zwischen dem dritten und vierten Monat, bei der U4, haben Eltern die Gelegenheit, mit ihrem Kinderarzt über die ganz alltäglichen Erfahrungen mit ihrem Baby zu sprechen wie Schlafen, Schreien oder Stillen und sich Rat einzuholen. Bei dieser Untersuchung wird der Arzt erneut das allgemeine Gedeihen, die Sinne, Reflexe und die körperliche Entwicklung Ihres Babys beurteilen: Lächelt es zurück, wenn es angelächelt wird? Verfolgt es bereits bewegliche Dinge mit den Augen? Reagiert es auf Geräusche oder wendet es gar seinen Kopf zu der Geräuschquelle hin? Kann sich das Kind schon abstützen und seinen Kopf selbständig halten? Wie reagiert es bei Lageänderungen (z. B. Schwebehaltung)? Bei nicht gestillten Kindern kann über die Einführung von erster Beikost (erst ab dem vierten bis fünften Monat, zunächst Karotte, Kürbis mit Reis) gesprochen werden.

Was kann mein Kind nun alles?

Das neugeborene Baby liegt noch überwiegend gekrümmt im Bettchen und schläft sehr viel. Mit der Zeit wendet es den Kopf selbständig und hält den Blickkontakt mit Ihnen. Es kann die Beine von der Unterlage heben. Später beginnt es zu strampeln und zu rudern und kann in Bauchlage den Kopf schon für kurze Zeit heben.

EXPERTENTIPP

Impfen

Mit der vollendeten neunten Woche (dritter Monat) beginnt die Grundimmunisierung (Impfen) des Babys gegen Diphterie, Tetanus, Keuchhusten, Kinderlähmung, ansteckende Hirnhautentzündung (Hämophilus), gegen Erreger schwerer Infektionen (Pneumokokken). Die Impfungen werden dreimal im Abstand von vier Wochen wiederholt. Mehr darüber auf den Sonderseiten am Ende des Buches.

Mit den Augen kann es Gegenstände verfolgen sowie die Mimik und Gesichtsform seines Gegenübers unterscheiden. Lächeln Sie, dann lächelt es zurück. Das Baby sendet eine Zündung für die Beziehung zu Ihnen aus. Sie werden sehen, bald wächst das Lächeln zu einem kehligen Lachen an. Die verbale Kommunikation beschränkt sich jetzt noch auf Schreie in unterschiedlicher Intensität und Tonlage.

Ab dem vierten Monat hält Ihr Kind seinen Kopf jetzt selbst und sicher und kann sich in Bauchlage auf die Unterarme stützen. Der Oberkörper streckt sich und das Baby versucht in dieser Lage erste Trockenübungen, indem es mit Armen und Beinen zu rudern anfängt. Es wird sich vom Bauch auf den Rücken rollen und jetzt immer mobiler werden. Wenn Sie ihm in der Rückenlage Ihre Hände reichen, kann es sich in den Sitz ziehen. Mit deutlichem Interesse betrachtet es seine Umwelt, interessiert sich für Farbenspiele und sich bewegende Objekte wie etwa ein Mobile. Ihr Baby beginnt Dinge von einer Hand in die andere zu nehmen und in den Mund zu schieben. Es nimmt mit Begeisterung Kontakt mit Ihnen auf und beginnt unverständliche Laute vor sich hin zu brabbeln und vor Begeisterung zu glucksen.

1. SEMESTER / 0–6 Monate

Eine Familie wird geboren

Bei allem Glück: Was tun gegen den Stress?

Das Baby ist da, alles läuft prima, nur mit Ihrem Partner gibt es immer wieder Zoff? Glückwunsch! Sie gehören zu der großen Mehrheit aller Paare, denen es bei ihrer ersten Elternschaft genauso geht. Das ist sogar wissenschaftlich erwiesen. Der Entwicklungspsychologe Professor Wassilios Fthenakis hat schon vor Jahren in einer Studie auf die enormen Belastungen einer Partnerschaft im ersten Lebensjahr des Kindes hingewiesen. Neuere Studien aus Amerika (Uni Seattle) unterstützen diese These und verweisen darauf, dass zwei Drittel aller Eltern während der Schwangerschaft deutlich zufriedener mit ihrer Partnerschaft sind als einige Monate nach der Ankunft des Babys. Die immensen Belastungen strapazieren auch gut funktionierende Partnerschaften und verändern sie grundlegend. Aus der vertrauten Zweisamkeit wird eine noch unbekannte »Dreisamkeit«. Machen Sie sich diese Veränderung rechtzeitig bewusst, am besten schon vor der Geburt des kleinen »Störenfrieds«. Dann kann die Veränderung der Partnerschaft eine große Chance sein, diese zu stärken und zu intensivieren. Zeiten der Veränderung sind auch Zeiten, die eingefahrenen Gleise zu verlassen. Sprechen Sie mit Ihrem Partner. Diese Aussprache wird umso wichtiger, je mehr die Kommunikation durch die Bedürfnisse und den Rhythmus des Kindes unterbrochen wird. Gemeinsames Essen, entspannende Momente, interessante Gespräche und gemeinsame Aktivitäten benötigen ein Höchstmaß an Organisation und Disziplin. Versuchen Sie, gemeinsame Zeiten, die nichts mit Ihrem Kind zu tun haben, fest in den Alltag einzuplanen und dieses mindestens einmal in der Woche auch wirklich einzuhalten. Die Verabredung mit Ihrem Partner hat einen ebenso hohen Stellenwert wie die optimale Versorgung Ihres Babys und sollte deshalb nicht leichtfertig verschoben werden. Das kann ein gemeinsamer Kinobesuch oder eine Fahrradtour sein. Genießen Sie die Stunden zu zweit, ebenso wie die Stunden zu dritt. Am meisten leiden junge Paare unter der verloren gegangenen Spontaneität und der ständigen Verantwortung für das Wohl des Kindes. Lassen Sie sich helfen und versuchen Sie, Ihr Baby stundenweise auch mal anderen freundlichen Händen zu überlassen. Großeltern reißen sich in der Regel um diesen Job.

Ist Papa nur Zaungast?

Ihr Kind beansprucht nun Ihr ganzes Denken und Ihre ganze Kraft. Vielleicht vergessen Sie dabei, die Beziehung zu Ihrem Partner zu pflegen, einfach, weil Sie davon ausgehen, dass er die Situation ebenso erfüllend empfindet wie Sie. Das kann sein, ist aber ziemlich unwahrscheinlich. Viele Männer fühlen sich nur als Zaungast in der plötzlich innigen Beziehung zwischen Mutter und Kind. Männer und Frauen leben in dieser ersten Zeit ganz dicht zusammen und trotzdem in weit auseinanderliegenden Parallelwelten. Traditionell geht gerade am Anfang der Mann arbeiten und die Frau versorgt das Kind. Das hat gar nichts mit fehlender Emanzipation zu tun, sondern schlicht und ergreifend damit, dass Männer nicht stillen können. Beide Partner erledigen ihren Job und doch kann es Ärger geben, wenn die Bemühungen des anderen nicht genügend anerkannt werden. Diese Konstellation müssen Sie sich ab und zu vor Augen führen und gemeinsam mit Ihrem Partner entschärfen. Versuchen Sie Zärtlichkeit und Zuneigung in den Alltag zu integrieren. Das kann ein liebes Wort, eine ge-

EXPERTENTIPP

Keine Lust mehr?
Die mangelnde Spontaneität nimmt auch der Sexualität die Luft. Erschöpfung, Angst vor Schmerzen und hormonell bedingte Lustlosigkeit bremsen die Libido der Frau. Sie fühlt sich ausgelaugt und fremdbestimmt, während sich der Mann zurückgesetzt und unwichtig fühlt. Damit sich aus diesen Problemen keine Aggression gegen den Partner entwickelt, brauchen beide viel Sensibilität und Toleranz.

fühlvolle Geste oder eine hilfreiche Hand sein. Und trösten Sie sich, je älter die Kinder werden, desto mehr Freiräume erobern auch Sie sich gemeinsam wieder Stück für Stück zurück.

Das erste halbe Jahr, das Sie gemeinsam mit Ihrer neuen, kleinen Familie erlebt haben, war sicherlich eine der ereignisreichsten und aufregendsten Zeiten Ihres Lebens. Glück und Frust, das erste Lachen und schlaflose Nächte, Zufriedenheit und Erschöpfung, große Seligkeit und ebenso große Beunruhigung, all dies sind die Begleitumstände, die junge Eltern in den ersten Monaten erleben. Doch langsam kommt wieder ein bisschen mehr Routine in den turbulenten Alltag der ersten Monate. Die neue Lebenssituation wird für alle selbstverständlicher und Sie können nun bereits viel gelassener mit kleinen Problemen umgehen. Nutzen Sie die entspannte Situation für ein Glas Wein zu zweit und genießen Sie gemeinsam die Entwicklungsschritte, die Ihr Kind durchläuft. In den kommenden Monaten wird es sich rasant vom Säugling zum Baby entwickeln.

2. Semester / 7–12 Monate

»Neugierig auf die Welt«

Das zweite Semester der Eltern-Uni ist geprägt von der »Zeit des Erwachens«. Ihr Kind wird neugierig auf die Welt. Der kleine Abenteurer fängt an, auf eigene Faust seine Umgebung zu erforschen. Wie Hänschen Klein zieht er in die Welt hinaus, kehrt aber immer in den sicheren, vertrauten Schoß der Familie zurück. Ihr Kind lernt zwischen vertrauten und nicht vertrauten Menschen zu unterscheiden. Das ist ein wichtiger Entwicklungsschritt im zweiten Semester. Auf Menschen, die es nicht so gut kennt, reagiert Ihr Kind mit Fremdeln. Freuen Sie sich auf das erste »Ma-Ma«, auf Guck-Guck-Spiele, Bilderbücher und den ersten Geburtstag. Lassen Sie sich von der Entdeckungslust und Begeisterungsfähigkeit Ihres Kindes anstecken und bestaunen Sie mit ihm die Wunder des Alltäglichen.

2. SEMESTER / 7–12 Monate

Jetzt beginnt eine wunderbare Zeit, die »Zeit des Erwachens«, in der Ihr aufgewecktes Kind mobiler und selbständiger wird. Das hat zwar auch anstrengende Seiten, aber Sie werden die einzelnen Entwicklungsschritte wie Etappensiege feiern und sich zu Recht mit Ihrem Kind freuen, das Tag für Tag die Welt erobert – und alle Anstrengungen einfach weglacht. Das erste halbe Jahr hat Ihr Baby ganz eng bei und mit Ihnen, Ihrer Familie und festen Bezugspersonen verbracht. Es hat Vertrauen und Sicherheit empfunden und sich dank dieser Erfahrung erstaunlich weit entwickelt. Seine motorische (körperliche), kognitive (geistige) und emotionale (gefühlsmäßige, soziale) Entwicklung ist atemberaubend. Die Befriedigung von Hunger, Durst und Langeweile wird nicht mehr mit Schreiattacken eingefordert, sondern auch mit Gabel, Becher oder anderen Gegenständen, die sich zum Krachmachen eignen. In dieser Zeit wird für Sie und Ihr Kind alles zur Premiere: die erste Banane, der erste Zahn und das erste geglückste »Mama« oder »Papa«. Ihr Kind wird immer aktiver und gleichzeitig ungeduldiger, wenn etwas nicht sofort so klappt, wie es sich das vorstellt. Ein Breilöffel kann da schon mal an der Tapete kleben und das Stofftier aus dem Kinderwagen fliegen. Lernen die Kinder krabbeln, muss man ständig hinterherflitzen und die Wohnung absichern. Sobald die Kinder etwas festhalten können, machen sie damit Krach oder schmeißen es weg. Lernen sie sprechen, hören sie gar nicht wieder auf. Jeder Tag bringt Neues und glückliche Überraschungen!

Hoppla, jetzt komm ich!

Erst eins, dann zwei, dann drei, dann vier ... was kann mein Baby alles?

Ihr Kind wird langsam mobil. Es stützt sich aus der Bauchlage auf die Hände und beginnt vorwärtszurobben. Es hopst begeistert, wenn Sie es auf die Beine stellen und an den Händen festhalten. Ihr Kind reagiert auf seinen Namen und beginnt Geräusche und Silben nachzuahmen. Es kann Fremde und Bekannte unterscheiden und reagiert auf unbekannte Personen zunehmend ängstlich und mit Fremdeln. So langsam kann es sich selbständig hinsetzen, gelangt über diese Position in den Vierfüßlerstand und beginnt mit den ersten Krabbelversuchen. Dann zieht es sich an den Möbeln hoch und geht ein paar Schritte seitlich an ihnen entlang. Einige Kinder können jetzt schon laufen, wenn sie sich an einer Hand festhalten können. Mit Hilfe des Pinzettengriffs lernt Ihr Kind, Gegenstände wie einen Löffel oder einen Wachsmalstift in der Hand zu halten. Es spricht jetzt schon die ersten Zweisilbenwörter, schüttelt bei einem »Nein« den Kopf, hebt beim Anziehen von selbst die Arme und schaut sich suchend um, wenn Sie fragen: »Wo ist der Papa?«

Entwickelt sich mein Kind altersgerecht?

In keinem Zeitabschnitt entwickeln sich die Fähigkeiten eines Kindes so explosionsartig wie im ersten Lebensjahr. Grundsätzlich aber gilt: Jedes Kind hat sein eigenes Entwicklungstempo. Eltern sollten sich deshalb nicht verrückt machen lassen, wenn bei ihrem Kleinen bestimmte Fähigkeiten noch nicht so gut ausgeprägt sind wie bei anderen Kindern. Und die leidigen Spielplatzgespräche (»Mein Kind kann dies, mein Kind macht das«) mögen zwar netter Zeitvertreib sein, häufig sorgen sie aber für Konkurrenzdenken statt für ein Miteinander. Bleiben Sie locker und lassen Sie sich nicht in einen Wettbewerb hineinziehen. Ihr Kind sollte vielmehr seine Bewegungsabläufe im eigenen Tempo und ohne Unterstützung ausführen dürfen. Jedes Kind hat seinen persönlichen Rhythmus. Unterstützen Sie Ihr Kind in seinen Bewegungen, aber erzwingen Sie nichts.

Was sind motorische, emotionale und kognitive Fähigkeiten?

Fachleute sprechen von der motorischen, emotionalen und kognitiven Entwicklung des Kindes. Was aber ist damit genau gemeint?

* Die **motorische Entwicklung** des Kindes meint die Veränderungen in der Bewegung, in der Koordination und im Gleichgewicht (Drehen, Krabbeln, Sitzen, Stehen). Die Fähigkeit des Menschen, sich gegen die Schwerkraft aufrecht zu halten und sich fortzubewegen, gehört zur sogenannten **Grobmotorik**. Zur **Feinmotorik** zählen die Entwicklungspsychologen die Bewegungen der Mimik und Gestik, die sprachliche Ausdrucksweise sowie das Malen und Schreiben.
* Die **emotionale Entwicklung** ist die Fähigkeit, Gefühle zu zeigen. So wird das Kind die Freude über das Wiedererkennen eines Menschen mit einem Lächeln ausdrücken. Genauso artikulieren sich aber auch negative Gefühle wie Angst oder Ärger in der Mimik des kleinen Gesichts oder im Weinen des Babys. Insbesondere ist in dieser Zeit das Fremdeln (Acht-Monats-Angst) ein Beweis für einen Fortschritt in der emotionalen Entwicklung eines Kindes.

* Der Begriff **kognitive Entwicklung** beschreibt die geistige, intellektuelle Entwicklung eines Kindes. Es sind dies die Funktionen, die ihm helfen, Gegenstände und Personen in seiner Umgebung zu erfassen und zu erkennen. Zu diesen Funktionen zählen das Denken, die Wahrnehmung, die Sprache sowie das Gedächtnis.

Wie entwickelt sich die Grobmotorik meines Kindes?

Aus dem strampelnden Baby wird jetzt ein neugieriges Kind, das aktiv seine Umwelt wahrnimmt und begeistert mit Ihnen kommuniziert. Schritt für Schritt erlernt es Fähigkeiten, die es langsam dazu befähigen, sich in den Sitz und dann in die aufrechte Lage zu bringen. Diese Entwicklung beginnt mit der aktiven Drehung in die Bauchlage und dem Aufstützen mit Hilfe der Unterarme. Aus diesem Drehen und Rollen kommen die Kinder in eine Vorwärtsbewegung. Dabei entwickeln manche höchst individuelle und interessante Fortbewegungsarten. Es gibt Kinder, die werden jetzt zu regelrechten Raketenkrabblern und düsen durch die Wohnung. Andere krabbeln gar nicht, sondern robben mit beachtlichem Tempo vorwärts. Es gibt auch Kinder, die sich kaum bewegen, um dann plötzlich schon die ersten Schritte zu machen. Die Art des Krabbelns hängt auch mit der Beschaffenheit des Bodens zusammen. Parkett und andere glatte Böden reduzieren die Reibung und beschleunigen das Krabbeln und Robben. Sie erweisen sich aber als schmerzhaft hart und rutschig bei den ersten Steh- und Laufversuchen. Teppiche bremsen dagegen die Krabbler in ihrer Geschwindigkeit, geben aber dafür einen besseren Halt beim Hochziehen.

EXPERTENTIPP

Ganz normal

Bis zum Ende des zehnten Monats können sich die meisten Babys aufsetzen und frei sitzen. Ungefähr im neunten, zehnten Monat starten die Kinder ihre ersten Versuche, sich an Möbeln oder Erwachsenenbeinen hochzuziehen. Die ersten Schritte machen die Schnellsten mit neun Monaten, die meisten mit 13, andere mit 16 oder 18 Monaten. Das alles ist normal.

2. SEMESTER / 7–12 Monate

Was wird bei der U5 untersucht?

Auch das zweite Halbjahr beginnt mit einer Vorsorgeuntersuchung, der U5, die zwischen dem sechsten und siebten Monat stattfindet. Ihr Kind hat jetzt schon große Fortschritte gemacht und sich zum aktiven Baby gemausert. Die meisten Babys können sich schon ganz gut von der Rückenlage in die Bauch- oder Seitenlage drehen und den Kopf aus dieser Position heben. Der Kinderarzt wird Ihnen bei der U5 gezielte Fragen stellen und Tests durchführen, die zeigen, ob sich Ihr Baby altersgerecht entwickelt. Teilen Sie ihm Ihre Beobachtungen unbedingt mit, auch oder gerade wenn Sie das Gefühl haben, Ihr Kind könnte noch Defizite haben. Es geht nicht darum, vor dem Arzt zu glänzen, sondern darum, Ihr Kind optimal und vor allem rechtzeitig zu fördern. Kinder entwickeln sich unterschiedlich schnell. Er kann Ihr Kind aufgrund seiner Beobachtungen gut beurteilen und bei fehlenden Reaktionen oder Entwicklungsverzögerungen Rat geben. Schielen muss ausgeschlossen sein. Anhand einer Tabelle überprüft der Kinderarzt zudem das Wachstum und die Gewichtszunahme des Kindes. Wiegt es zu wenig für seine Größe oder zu viel? Auch in diesem frühen Alter gibt es übergewichtige Kinder, die zu viele Kalorien übers Milchfläschchen aufnehmen und vom Arzt eine Kalorienreduzierung verordnet bekommen.

> **Am Rande**
> ## VIERFÜSSLER
> Mein Sohn musste monatelang mit dem Spitznamen »Waran« leben. Er robbte reptilienartig wie ein Komodo-Waran am Boden entlang. Das spätere schwankende, zweibeinige Taumeln erlebte er so als Geschwindigkeitsrückschritt.

Spielplatz Wohnung

Wie mache ich die Wohnung kindersicher?

Sobald Babys anfangen zu krabbeln, wird die ganze Wohnung zum Spielplatz. Am liebsten spielen Kinder nämlich da, wo sich ihre Eltern aufhalten – also nicht im Kinderzimmer, sondern in der Küche, im Wohnzimmer und im Hausflur. Sie tun gut daran, diese Räume so herzurichten, dass Ihr Kind sich möglichst frei entfalten kann. Die ideale Wohnung für Krabbelkinder hat

* Platz zum Bewegen. Deshalb sollten Eltern unnötige und kippelige Möbel wegräumen.
* warme bespielbare Böden wie Holz und Kork, aber keine weichen Teppiche.
* Möbel, die das Kind beklettern kann. Gut eignen sich dazu Polster mit losen Kissen, Matratzen oder Schaumstoffelemente.

Je mehr sich der Aktionsradius Ihres Kindes erweitert, desto umsichtiger müssen Sie auch den Sicherheitsrahmen abstecken. Denn Babys im Krabbelalter wollen die Welt entdecken, in jede kleine Ritze ihre Finger stecken, sich überall hochziehen und vor allem alles in den Mund nehmen. Eine kindersichere Wohnung erspart Eltern manches Verbot und ihren Babys Frust. Bei allem Sicherheitsdenken sollten Eltern aber nur das beiseiteräumen, was wirklich gefährlich ist, und ihre Krabbler möglichst viel entdecken lassen. Damit sich Ihr Kind bei all seiner gesunden Neugier nicht verletzt, sollten Sie:

* Kindersicherungen in Steckdosen anbringen (Schutzeinsätze sind üblicherweise in Kinder- und Elektroläden erhältlich).
* Keine Kabel von Stehlampen oder Hi-Fi-Geräten offen liegen lassen.

BABY-TALK

Erst krabbeln, dann laufen?

Ist Krabbeln eigentlich die Vorstufe fürs baldige Laufen? Nein! Einige Kinder überspringen die eine oder andere Stufe auf dem Weg zum selbständigen Laufen komplett. Statt zu robben oder zu krabbeln, rutschen sie zum Beispiel wochenlang auf dem Hosenboden durch die Wohnung und stehen dann gleich auf.

2. SEMESTER / 7–12 Monate

- Putzmittel und andere Chemikalien, Kosmetika, Arzneien und Alkoholika sicher wegschließen.
- Keine scharfen Putzmittel verwenden.
- Keine Plastiktüten herumliegen lassen (Erstickungsgefahr!).
- Stiele von Töpfen und Pfannen auf dem Küchenherd nach hinten drehen.
- Elektrische Küchengeräte nach Gebrauch ausstecken.
- Schränke und Schubladen mit gefährlichem Inhalt mit Kindersicherungen ausstatten.
- Teure Bücher, Hi-Fi-Geräte, Computer, Gläser, Keramiken und Porzellan in Schränken und Regalen nach oben räumen.
- Aschenbecher, Streichhölzer, Feuerzeug und Tabakwaren außer Reichweite des Babys aufbewahren.
- Zimmerpflanzen wegräumen. Der Erdbereich von auf dem Boden stehenden Topfpflanzen kann mit alten Strumpfhosen unauffällig abgedeckt werden.
- Auf Tischdecken verzichten.
- Heiße Speisen und Getränke immer in die Mitte des Tisches stellen. Keinen heißen Kaffee oder Tee trinken, wenn Ihr Kind auf Ihrem Schoß sitzt, es greift garantiert nach der Tasse.
- Möbel gegen Umkippen, Regalbretter gegen Herausfallen fixieren.
- Treppen durch Gitter versperren.
- Teppiche und Läufer rutschsicher fixieren.
- Fenster und Balkontüren sichern, sobald das Baby sie erreichen kann.
- Scharfe Tischkanten abkleben!

> **Am Rande**
> **DER WOHNZIMMERTISCH**
> Nachdem wir jahrelang mit einem Wohnzimmertisch-Provisorium leben mussten (Pappkartons mit Tischdecke kaschiert), fanden wir endlich unseren Traumtisch mit scharfkantigen Eckteilen aus Messingguss. Sechs Monate später verklebten wir sie aus Sicherheitsgründen mit Pappe und legten wieder eine Tischdecke auf den Glastisch.

Forschen mit Mund und Augen

Wie entwickelt sich die Feinmotorik meines Kindes?

Bei neugeborenen Babys ist der Greifreflex stark ausgeprägt. Er verliert sich dann aber immer mehr zugunsten des aktiven Greifens und Festhaltens. Anfangs spielt Ihr Baby noch mit den Händen und betrachtet sie. Etwa im fünften Monat entwickelt sich daraus eine Hand-Augenkombination, die es zum Zugreifen befähigt. Mit Begeisterung nimmt Ihr Baby jetzt kleine Gegenstände in die Hand und betastet sie von allen Seiten. Es wechselt den Gegenstand von einer Hand in die andere und stopft das Objekt der Begierde schließlich in den Mund. Mit acht Monaten klatscht es bereits vor Begeisterung in die Hände und freut sich, wenn es Krach machen kann, indem es einen Topfdeckel auf den Boden haut. Kinder lieben in dieser Zeit alles, was Krach macht. Kleine PET-Flaschen ohne Etikett werden zu geliebten Rasselflaschen, wenn Sie sie mit Erbsen, Steinchen oder bunten Perlen füllen und fest zudrehen. Ihr Kind wird die Rassel Marke Eigenbau mit wachsender Begeisterung schütteln, betasten und auch mal auf den Boden werfen.

Die Handkoordination differenziert sich immer mehr, sodass ein Kind mit neun Monaten bereits kleine Nahrungsmittel wie Weintrauben zwischen Daumen und Zeigefinger packen und sich (mit dem sogenannten Pinzettengriff) in den Mund stecken kann. Mit diesem Griff, den außer uns nur die Menschenaffen beherrschen, kann das Kind später gezielt kleine Materialien wie Perlen oder einen Faden in die Hand nehmen.

2. SEMESTER / 7–12 Monate

Wie entwickeln sich die Sinne meines Kindes?

Bereits im Mutterleib erlebt das ungeborene Kind Reize, es hört und fühlt den Herzschlag der Mutter, spürt Bewegungen, lutscht am Daumen und kann schon Schmerzen empfinden. Wenn es dann auf die Welt kommt, ist es vielen Reizen von allen Seiten ausgesetzt. Interessiert nimmt das Kind sie auf, bei Überreizung wendet es den Kopf ab und wird müde. Schlafen hilft dem Kind, die Sinneseindrücke zu verarbeiten.

Sehen: Das neugeborene Kind kann bereits bei der Geburt Objekte im Abstand von 20 Zentimeter fokussieren. Dies ist meist der Abstand, mit dem es das erste Mal seiner Mutter in die Augen schaut. Nehmen Sie dazu Ihr Kind auf den Schoß und schauen Sie ihm direkt ins Gesicht (En-face-Position). Ihr Baby liebt es, Ihr Gesicht zu betrachten. Mit drei bis fünf Monaten kann es Mimik und Gefühle reflektieren und nachahmen. Lächeln Sie es an, lächelt es zurück. Es kann zunehmend Farben wahrnehmen, scharf sehen und betrachtet begeistert ein bewegliches Mobile. Es sieht inzwischen räumlich und kann mit der Hand gezielt nach Dingen greifen. Mit fünf bis sieben Monaten erkennt Ihr Baby Sie nicht mehr nur am Geruch und der Stimme, sondern auch an Ihren optischen Merkmalen. Es kann eindeutig fremde und bekannte Gesichter unterscheiden.

Gehör: Das Kind kann Töne immer besser auseinanderhalten. Hohe, leise Töne wirken beruhigend, dunkle, laute dagegen beunruhigend. Automatisch sprechen daher Erwachsene immer mit einer säuselnden Stimme, heben die Stimme dabei stark an und verfallen gerne in die sogenannte Babysprache.

EXPERTENTIPP

Loslassen

Das Zugreifen und Festhalten klappt jetzt schon ganz gut, anders das Loslassen von Dingen. Das fällt vielen Kindern jetzt noch schwer. Oft versuchen sie, ein Spielzeug oder ein Stück Brot mit heftig rudernden Armbewegungen loszuwerden. Erwachsene missverstehen das oft. Sie glauben, die Kinder wollten die Sachen mit Gewalt wegwerfen.

Nicht ohne meine Mama

Warum fremdelt mein Kind?

In Ihrer Nähe wird Ihr Kind ruhiger, Fremde dagegen interessieren es kaum. Dieses Verhalten ändert sich etwa im achten Monat, man spricht vom »Fremdeln« oder von der »Acht-Monats-Angst«. Auf fremde Gesichter reagiert es zunehmend ablehnend, manchmal sogar mit Gebrüll. Diese Phase ist ein wichtiger Entwicklungsschritt. Ihr Kind erkennt, dass es noch eine unbekannte Welt gibt, die es nun erkunden will. Seine geistigen Fähigkeiten sind inzwischen so gereift, dass es Bekanntes von Unbekanntem unterscheiden kann. Ihr Kind beginnt sich nun zeitweise von Ihnen zu lösen, es krabbelt außer Sichtweite und wagt sich ins Unbekannte, versichert sich aber immer wieder, ob Sie noch in der Nähe sind. Das Fremdeln ist ein starker, emotionaler Rettungsanker, der Ihr Kind davor bewahrt, einfach so auf Fremde zuzugehen oder sich komplett von den Eltern zu entfernen.

Auch wenn es Ihnen unangenehm ist, wenn Ihr Kind bei der Oma, die es bisher noch nicht so oft gesehen hat, in lautstarkes Brüllen verfällt: Respektieren Sie die Ängste Ihres Kindes und erzwingen Sie keinen unerwünschten Kontakt. Lassen Sie Ihrem Kind Zeit, den nicht vertrauten Menschen oder den Fremden erst einmal zu inspizieren; nach einer Weile fasst es Vertrauen und beginnt Nähe aufzubauen.

Übrigens gibt es Untersuchungen, die zeigen, dass die Kinder von Müttern, die unverkrampft und offen auf andere Menschen zugehen, weniger fremdeln. Kinder fremdeln meist nur gegenüber Erwachsenen und nicht bei anderen Kindern. Wenn Kinder ganz besonders stark fremdeln, machen sich die Eltern vielleicht Sorgen, dass

---

BABY-TALK

Dada und Bubu

Verzögert sich die Sprachentwicklung meines Kindes, wenn ich mit ihm Babysprache rede?
Nein, kurze Sätze und einfache Wörter können Ihrem Kind das Sprechenlernen erleichtern. Vor allem, wenn Ihr Kind die Wörter selber verwendet, freut es sich, wenn Sie darauf eingehen. Ihr Kind wird trotzdem richtig sprechen lernen, auch wenn es »Ham-Ham« zu essen bekommt, anschließend »Dada« geht und dann »Bubu« macht.

sich ihr Kleines zu einem Eigenbrötler entwickeln könnte. Keine Sorge: Das Fremdeln wird vergehen – früher oder später. Es ist ein normales Verhalten und ein ganz wichtiger Entwicklungsschritt.

Wie helfe ich meinem kleinen Fremdler?

Wie stark Kinder fremdeln, hängt von verschiedenen Einflüssen ab, und zwar von

* der Nähe der Eltern. Wenn sie dabei sind, lassen sich Babys eher auf Fremde ein.
* der Erfahrung der Kinder. Je mehr sie an den Umgang mit anderen gewöhnt sind, desto weniger fremdeln sie.
* dem Verhalten der Eltern. Babys spüren durchaus, wenn die Eltern einem Fremden distanziert begegnen.
* dem äußeren Eindruck des Fremden. Er verschreckt Babys umso mehr, je stärker er sich von den Eltern unterscheidet – zum Beispiel durch Körperbau, Stimme, Bart, Brille, intensiven Körpergeruch oder Parfüm.
* dem Verhalten des Fremden. Den schnellsten Kontakt finden zurückhaltende Besucher, die nicht direkt auf das Kind zugehen, sondern ihm selbst die Initiative überlassen.
* der Art der Kontaktaufnahme. Diese gelingt manchmal aus der Distanz und mit Hilfe eines Spielzeugs, eines Balls oder Stofftiers leichter. Wenn der Besucher einen Ball zwischen sich und dem Kind hin und her rollt, nimmt er Kontakt auf, wahrt aber trotzdem erst mal die Distanz.

> **Am Rande**
>
> **AUF MAMAS ARM**
>
> Die »Fremdelphase« meiner Kinder war mir weder unangenehm noch peinlich. Da ich wusste, was kommen musste, nahm ich sie bei Begegnungen mit neuen Gesichtern auf den Arm und damit in Kauf, dass Bluse oder Jackett wieder einmal ruiniert wurden. Ich erinnere mich gerne daran, wie die Kinder ihre Gesichter an meine Schulter drückten und vorsichtig um die Ecke lugten.

Wort für Wort

Wie entwickelt sich die Sprache meines Kindes?

In den ersten Wochen schreit Ihr Kind einfach, wenn ihm etwas nicht passt. Mit der Zeit kann Ihr Kind die Intensität, die Tonhöhe, später auch Klangqualität und den Rhythmus variieren und Ihnen so »sagen«, ob es Hunger oder eine volle Windel hat. Dazu entdeckt es nach einigen Wochen seinen Mund als Geräuschquelle und wird erste Schnalz- und Gurrtöne erzeugen. Nach zwei Monaten entwickelt sich bei allen Kindern die gleiche sogenannte erste Lallphase, unabhängig von ihrer Muttersprache. Laute wie ngä, ähä, ngrr findet man in allen Kulturkreisen, erst im fünften Monat kommen dann die sprachtypischen Silben dazu. Auch gehörlose Babys reagieren auf freundliche Ansprache mit fröhlichem Lallen, ein Indiz dafür, dass sich diese Lallphase unabhängig von wahrgenommenen Geräuschen entwickelt. Zwischen dem sechsten und zwölften Monat erlebt Ihr Kind dann die zweite Lallphase, bei der es Silben verdoppelt (mama, pa-pa) und aneinanderreiht (mamamam). Diese Aneinanderreihung von Silben findet sich ebenfalls bei allen Babys, unabhängig von ihrer Umgebung. Aus diesem Grund ist es nicht verwunderlich, dass die Namen der nächsten Verwandten der Babys in allen Sprachen durch verdoppelte Silben entstehen. Zum Beispiel: türkisch: Anne/Ana; chinesisch: māma; persisch: madar.

»Wau-Wau« und »Ham-Ham«. Darf ich mit meinem Kind in der Babysprache reden?

Obwohl das Babygebrabbel eigentlich noch keine inhaltliche Bedeutung hat, versucht Ihr Kind dadurch, mit Ihnen ins Gespräch zu kommen. Wichtig ist deshalb, dass Sie auf sein Gebrabbel eingehen und ihm die volle

---

EXPERTENTIPP

Rückhalt suchen

Zu fremdeln beginnen Kinder nicht erst im zweiten Halbjahr. Schon viel früher spüren sie, ob die Mutter, der Vater oder irgendjemand sonst sie auf den Arm nimmt. Sie reagieren dann entsprechend ruhig oder weinerlich. Dabei unterscheiden sie die Menschen um sich herum mehr durch ihr Körpergefühl und mit der Nase als mit den Augen. Allerdings verstärkt sich das Fremdeln bei manchen Babys im siebten oder achten, bei anderen erst im zehnten oder zwölften Monat.

EXPERTENTIPP
Singen und Hoppe-Reiter

Es gibt keine bessere Methode, Ihrem Kind das Sprechen schmackhaft zu machen, als das gemeinsame Singen von Kinderliedern und wiederholtes Aufsagen von traditionellen Kinderreimen. Ihr Kind wird auch nach dem zwanzigsten Mal »Hoppe-Reiter« begeistert »meeeeehr« rufen und dabei in die Hände klatschen. Mit Reimen wie »Das ist der Daumen …« lassen sich auch entspannt Wartezeiten, zum Beispiel beim Kinderarzt, überbrücken.

Aufmerksamkeit schenken, damit es die nachgeahmten Silben mit sinnvollen Inhalten und Verknüpfungen füllen kann. Auf dieser Grundlage entwickeln Sie gemeinsam mit Ihrem Kind eine ganz eigene Symbolsprache. Ham-Ham steht – ganz klar – für Essen, Wau-Wau für Hund, Dada für Spazierengehen, Ga-Ga für Ente oder Hei-ha für Schlafen. Mit der Verwendung der Symbolsprache, auch »Babysprache« genannt, knüpft Ihr Kind im Gehirn erste feste Verbindungen zwischen einem Symbolbegriff und seiner Bedeutung. Es entsteht eine Art Geheimsprache zwischen dem Kind und seinen engen Bezugspersonen. Sie gibt dem Kind Sicherheit. Erwachsene, die in der »Babysprache« mit ihrem Nachwuchs sprechen, werden manchmal belächelt, doch für die sprachliche Entwicklung, die ganz eng mit dem Hören zusammenhängt, ist diese langsame, deutliche und mit einem Singsang-Rhythmus gesprochene Sprache enorm wichtig. Ihr Kind braucht jetzt auch die Kombination aus dem gesprochenen Wort, Mimik und Zeichen, um »Sprache« zu verstehen.

Wie kann ich die Sprachentwicklung fördern?

Im zweiten Lebenshalbjahr beginnt Ihr Kind die gesammelten Wörter nun auszuprobieren. Liegt es alleine in seinem Bettchen oder auf der Krabbeldecke, erzählt es sich ununterbrochen etwas und lauscht gleichzeitig begeistert seiner eigenen Sprache. Ein in sich ruhendes Kind sollten Sie in dieser Phase natürlich nicht stören. Möchte es aber mit Ihnen ins Gespräch kommen, können Sie mit ihm das Sprechen spielerisch üben und es dadurch unterstützen und fördern.

✱ Schon auf dem Wickeltisch können Sie Ihrem Kind die Welt erklären. Beschreiben Sie Ihrem Kind alles, was Sie gerade machen. Benennen Sie alle Gegenstände, die Sie verwenden samt Farben und Geruch. Benennen Sie beim Füttern die Nahrungsmittel und beim Spazierengehen die Umgebung.

* Ebenso wichtig wie das Vorsprechen ist auch das Zuhören. Was nützt es, wenn Ihr Kind die ersten Wörter stolz vorträgt und keine Reaktion darauf erfolgt? Aktives Zuhören, mag es auch manchmal anstrengend und lästig sein, ist mindestens genauso wichtig wie aktives Vorsprechen.
* Kinder lieben Kinderverse und Lieder. Der Rhythmus und die immer wiederkehrenden Worte schulen das Sprachverständnis Ihres Kindes. Sprachanfänger lernen Sprache am besten durch Wiederholung. Singen Sie also Ihrem Kind vor, so oft Sie können. Sie meinen, Sie können nicht singen? Quatsch. Nie wieder werden Sie so eine begeisterte und unkritische Jury wie Ihr Kind bekommen, das jedes Lied frenetisch feiert und vor Begeisterung jauchzt und klatscht.
* Für Bücher ist man nie zu klein oder groß. Mit Büchern eröffnen Sie Ihrem Kind die Welt. Für Babys eignen sich waschbare Stoffbücher, die sie auch mal anknabbern können. Die Illustrationen sind einfach und auf die Komplementärfarben reduziert. Je älter Ihr Kind wird, desto mehr Informationen holt es aus den Büchern. Achten Sie auf die Qualität der Abbildungen, auf klare Farben und Konturen. »Lesen« Sie zusammen mit Ihrem Kind: »Das ist ein Hund, der macht Wau-Wau.« Wichtig sind sprachliche Wiederholungen. Mehrfaches Benennen von Farben und Formen in Bilderbüchern oder die Bezeichnung von Gegenständen, Tieren und Körperteilen gehören zu den ersten Lernvorgängen.
* Singen, sprechen, vorlesen: Kinder brauchen verschiedene Ansprachen und Reize. Beim Erlernen der

> **Am Rande**
> ### JEDER WIE ER WILL
> Ich habe mit meinen Kindern von Anfang an normal gesprochen und Babysprache vermieden. Auch wenn Logopäden und Pädagogen für eine gewisse Kindersprache plädieren mögen, mir als Journalistin, die über Wort und Formulierung gerne nachdenkt, ging »Hei-ha« und »Bubu« gegen den Strich.

Muttersprache sind die ersten fünf Jahre besonders wichtig. Danach sind Defizite nur schwer auszugleichen. Sprechen zu lernen, hat für Kinder einen großen Reiz, denn dadurch können sie sich besser verständigen und mit Ihnen kommunizieren. Je mehr Sie sich mit Ihrem Kind beschäftigen, desto schneller erlernt es die Sprache.

Von der Brust zum Brei

Wie stille ich ab?

Sie haben Ihr Kind jetzt vielleicht sechs Monate gestillt und denken ans Abstillen. Für viele Frauen ist das Abstillen mit einem Zwiespalt verbunden: Einerseits freuen sie sich über die neu gewonnene Unabhängigkeit. Andererseits denken sie mit Wehmut an die schöne Stillzeit zurück. Abstillen ist zugleich der erste Schritt des »Abnabelns« von Ihrem Säugling. Denn mit dem ersten Löffel Brei tritt Ihr Kind in die nächste Stufe der Selbständigkeit ein. Der Säugling mausert sich zum Baby und hat auch optisch viel mehr mit dem niedlichen Baby gemeinsam, das man aus der Windel- oder Gläschenwerbung kennt. Stillen ist aber nicht nur Nahrungsaufnahme. Es ist der lebendige Teil einer liebevollen Mutter-Kind-Beziehung, der auch die emotionalen Bedürfnisse des Babys befriedigt. Deshalb sollten Sie Ihr Kind nicht von einem Tag zum anderen entwöhnen. Nehmen Sie sich ruhig Zeit für das Abstillen und ersetzen Sie schleichend Mahlzeit für Mahlzeit mit anderer Nahrung. Je langsamer Sie abstillen, umso komplikationsloser verläuft das Prozedere bei Ihnen und Ihrem Kind. Wenn Sie ihm allmählich immer mehr feste Nahrung geben, stellt sich der Verdauungstrakt Ihres Kindes besser darauf ein. Das sanfte Abstillen ist auch für Ihre Brust besser. Die Milch geht ganz allmählich von selbst zurück. Überschüssige Milch sanft aus der Brust ausstreichen, nicht abpumpen, damit sich die Produktion der zurückgehenden Nachfrage anpasst. Geben Sie jeden Monat eine Stillmahlzeit auf. Die letzte Mahlzeit, die Ihr Kind an der Brust aufgeben wird, ist wahrscheinlich die vor dem Einschlafen. Denn das Saugen gibt dem Kind Geborgenheit und Entspannung. Ernährungswissenschaftler empfehlen, nach etwa sechs Monaten mit dem Zufüttern von fester Nahrung zu beginnen.

Mit welcher Mahlzeit beginne ich?

Nach etwa einem halben Jahr, bei manchen Kindern auch schon früher, können Sie eine Stillmahlzeit, meist die Mittagsmahlzeit, durch einen Gemüsebrei ersetzen. Die meisten Kinder bekommen bei uns traditionell zuerst einen reinen Karottenbrei. Im Laufe der weiteren Wochen wird der Karotte noch Kartoffel zugesetzt und anschließend etwa zweimal wöchentlich Fleisch. Wenn Sie die erste Nahrung selber herstellen wollen, sollten Sie auf kontrollierte Qualität und artgerechte Tierhaltung, bei der keine Antibiotika oder Wachstumshormone zugesetzt werden, achten.

Für den ersten Brei kochen Sie eine Karotte in etwas Wasser etwa 15 Minuten lang und pürieren sie anschließend unter Zugabe einiger Tropfen Fett (abwechselnd Keimöl und Butter). Später können Sie eine Pellkartoffel ohne Schale mitpürieren und ein Stück mageres Fleisch mit der Karotte zusammen in etwas Wasser dünsten.

Wie viel Abwechslung muss sein?

Kalbfleisch mit Blumenkohl? Hühnchen in Tomatenreis? Rindfleisch mit Gartengemüse? Im Supermarkt haben

EXPERTENTIPP

Ein Gläschen, bitte!
Gläschen oder selber kochen? Sie können mit gutem Gewissen auf die praktischen Gläschen zurückgreifen. So hat Karottenmus aus dem Glas vor den Karotten vom Markt neben der bequemen Lösung einen weiteren Vorteil: Die Produkte der Säuglingsnahrungshersteller unterliegen der Diätverordnung und bieten damit eine höhere Gewähr, dass sie keine Schadstoffe enthalten. Außerdem enthalten die Gläschen die Nährstoffe im ausgewogenen Verhältnis.

> **Am Rande**
> ## NUDELN FOREVER!
> Auch heute ist eines der Leibgerichte meiner Familie: Nudeln in Gorgonzola-Sauce mit Brokkoli. Den »Vorläufer« gab's für meine Kinder schon im Babygläschen: »Pasta Bambini« hieß die bevorzugte Wahl meiner beiden Kinder. Ich habe die »Gläschenphase« in bester Erinnerung. So unkompliziert wie nie war die Küche in diesen Jahren!

Eltern die Qual der Wahl. Völlig unnötig. Denn Babys wollen und brauchen längst nicht so viel Abwechslung beim Essen, wie es Erwachsene gewohnt sind. Ihr Kind liebt die Wiederholung und den bekannten Geschmack. Deshalb keine Experimente, bitte. Wenn ein Gläschen schmeckt, können Sie wochenlang die gleiche Sorte verwenden, außer es handelt sich um Spinat, den man aufgrund seines hohen Nitratgehaltes nur selten füttern sollte. In den ersten Wochen greifen Sie daher besser zu Monosorten, vor allem zu Karotten, dann zu Karotten-Kartoffelmischungen. Anschließend können Sie diese Kombination zusammen mit Fleisch ausprobieren.

Was gibt es für die Nacht?

Irgendwann ist Schluss mit Stillen und Fläschchen. Und auch die geduldigste Mutter ersetzt die Abendmilchmahlzeit durch einen Gutenachtbrei. Dieser besteht aus Getreide, in erster Linie aus Vollkornhaferflocken, die viel Eisen und gesunde Fettsäuren enthalten. Getreidekörner können vom Baby in dieser Zeit noch nicht verdaut werden, Flocken schon. Die Haferflocken werden in Vollmilch gekocht, bei allergiegefährdeten Kindern kann man auch spezielle HA-Milch oder Sojamilch verwenden. Runden Sie die Abendmahlzeit mit einem Schuss Vitamin-C-reichem Obst- oder Gemüsesaft ab, damit Ihr Kind das in den Flocken enthaltene Eisen besser aufnehmen kann. Wenn Ihr Kind noch sehr gerne nuckelt, können Sie den Brei auch in eine Flasche mit Breisauger geben, ansonsten füttern Sie diesen mit dem Löffelchen.

Was steckt drin im Fertigbrei?

Bei den Fertigbreien aus der Packung ist ein Blick aufs Etikett angebracht. Denn auch »kristallzuckerfreie«

Breie enthalten jede Menge Zucker in Form von Traubenzucker (Glucose), Haushaltszucker (Saccharose) oder Fruchtzucker (Fructose). Diese unnötig süßen Breie schädigen schon früh die Zähne und beeinflussen langfristig das Essverhalten der Kleinen, indem ihr Geschmack auf Süß programmiert wird. Grundsätzlich gilt: je einfacher die Zusammensetzung des Breis, desto besser. Die Lebensmittelindustrie ist nämlich äußerst kreativ im Erfinden von Zusätzen wie Schokoladenstückchen, Vanillegeschmack oder Nüssen.

Brei-Zeit: Wie geht es weiter?

Morgens kann weiter gestillt oder die Flasche mit Pre- oder Folgemilch gegeben werden.

Mittags wird dem Gemüse-Fleischbrei schon langsam anderes Gemüse beigemischt, das nicht mehr unbedingt püriert werden muss. Fenchel, Kürbis und Zucchini essen die Kleinen besonders gerne, Paprika, Spargel, Tomaten und Auberginen enthalten wenig Nitrat.

Nachmittags können Sie jetzt schon milchfreie Obst-Getreidebreie füttern, die mit Wasser gekocht werden. Nehmen Sie Bio-Obst der Saison wie Äpfel, Birnen oder Bananen, pürieren Sie das Obst und rühren ein paar Tropfen Keimöl unter. Kiwi, Zitrusfrüchte und Erdbeeren sollten Sie aufgrund ihres hohen Allergiepotenzials noch nicht füttern. Viele Kinder vertragen sie nicht gut und reagieren mit einem wunden Po oder Ausschlag. Abends bleibt das Kind bei seinem Getreide-Milchbrei. Das Verdauungssystem hat sich inzwischen an die verschiedenen Lebensmittel gewöhnt. Ihr Kind kann feste Nahrung jetzt auch schon zerbeißen und gut schlucken. Die in etwa gleich gewichteten Mahlzeiten können Sie bereits den Familienzeiten angleichen, sodass das Baby immer mehr am normalen Familienessen teilnehmen

---

EXPERTENTIPP

Nichts für Kinder!

Lebensmittel, auf denen »Für Babys oder Kinder« steht, sind keineswegs immer besonders gesund. Im Gegenteil. Seien Sie bei allen Produkten, auf denen sich dieser Zusatz befindet, besonders kritisch und überprüfen Sie die Zusammenstellung des Lebensmittels sorgfältig. Denn oft steht dieser Begriff nur für »besonders süß und teuer«, aber nicht für besonders gesund. Lassen Sie sich daher nicht von dieser Bezeichnung blenden, sondern hinterfragen Sie das Produkt kritisch.

kann. Führen Sie es langsam an Ihr eigenes Essen heran, indem Sie eine passende Portion abteilen, bevor Sie salzen und würzen. Kinder wollen jetzt ganz gerne zwischendurch etwas knabbern und dadurch auch ihre Zahnungsschmerzen lindern sowie das Beißen üben. Sie können Ihrem Kind kleine Obstschnitze, Vollkornzwieback, Reiswaffeln, Karotten oder Paprikastreifen anbieten.

Hier ist Vorsicht geboten – welche Regeln helfen jetzt?

Gerade wenn Ihr Kind jetzt weitgehend mit Ihnen am Tisch isst, gelten im ersten Lebensjahr ein paar Regeln:

* Keine Nüsse. Sie können Allergien auslösen. Zudem könnten sich Kleinkinder an ihnen verschlucken und in Erstickungsgefahr geraten.
* Honig bitte erst später! Honig kann das Bakterium *Clostridium botulinum* enthalten, dessen Sporen sich im Darm des Kindes ansiedeln und Muskelschwäche bis hin zur Atemlähmung auslösen können. Ältere Kinder sind nicht mehr anfällig und können Honig besser vertragen.
* Salz ist im ersten halben Lebensjahr absolut tabu, da es vom kindlichen Organismus nicht verarbeitet werden kann.
* Eier stehen im Verdacht, bei Kindern unter einem Jahr Allergien auszulösen. Warten Sie daher lieber mit dem Frühstücksei bis nach dem ersten Geburtstag.
* Fette brauchen Sie im ersten Lebensjahr nicht zu fürchten (wenn Ihr Kind normalgewichtig ist). Im Gegenteil, Kinder benötigen die essenziellen Fettsäuren für die steigenden Stoffwechselaktivitäten und die Ausbildung von Nervenzellen im Gehirn.
* Zucker und gesüßte Lebensmittel dagegen meiden. Sie verführen Ihr Kind zu einem »süßen« Geschmack und fördern sein Verlangen nach mehr süßen Lebensmitteln. Übermäßiger Zuckerkonsum schädigt zudem schon den sich gerade erst bildenden Zahnschmelz.

Gegen Zahnteufelchen

Jetzt schon Zähne putzen?

Bereits im Mutterleib werden die Knospen für die 20 Milchzähne gebildet, die Ihr Kind bekommen wird. Bis zur Geburt ist der gesamte Zahn samt Zahnschmelz und Krone bereits angelegt. Die ersten weißen Zähnchen stoßen nach etwa einem halben Jahr durch die Mundschleimhaut. Ab jetzt heißt es Kariesprophylaxe im weitesten Sinne betreiben, denn die Mundhöhle Ihres Kindes ist noch kariesfreie Zone.

Sobald die Zähne das schützende Zahnfleisch verlassen, werden sie von Keimen und Mikroben angegriffen. Der Zahnschmelz ist in dieser Zeit noch nicht vollständig ausgehärtet und sehr empfindlich. Dadurch kann sich schon bei Kindern Plaque an die Zähne anlagern, die den idealen Nährboden für zahnzerstörende Organismen bildet, indem sie Zucker in Säure umwandelt. Diese Säure entzieht dem Zahn Mineralien wie Kalzium und Phosphor und der Zahn wird an diesen Stellen regelrecht ausgehöhlt. Darin können sich Kariesbakterien niederlassen und ihr zerstörerisches Werk beginnen.

Aus diesem Grund müssen die Zähne von Anfang an richtig und vor allem sorgfältig gepflegt werden.

EXPERTENTIPP

Karies

Karies ist ansteckend und wird von den Erwachsenen auf die Kinder übertragen, indem sie zum Beispiel die Temperatur des Milchfläschchens im Mund testen, den Breilöffel ablecken oder den heruntergefallenen Schnuller im Mund »reinigen«, bevor sie ihn ihrem Kind wieder in den Mund stecken.

Auch das Zähneputzen muss früh geübt werden – was soll ich dabei beachten?

* Noch bevor sich die ersten Milchzähne zeigen, können Sie das Zähneputzen trainieren und Ihr Kind an einen Gegenstand im Mund gewöhnen. Massieren Sie mit einer weichen Gumminoppenbürste, einer sogenannten Lernbürste, regelmäßig das Zahnfleisch. Ihr Kind wird die durch-

2. SEMESTER / 7–12 Monate

> **Am Rande**
> **FRÜH GEWÖHNT SICH**
> Nehmen Sie Ihr Kind bei Ihren eigenen zahnärztlichen Routineuntersuchungen ruhig als Zuschauer mit in das Behandlungszimmer. Ihr Zahnarzt wird nichts dagegen haben und Ihr Kind gewöhnt sich rechtzeitig an die für es bedrohlich wirkenden Gerüche und Geräusche.

blutungsfördernde und spannungsabbauende Massage lieben, zumal sie die Schmerzen beim Zahnen lindern kann.

* Sollte allerdings das Putzen während des Durchbruchs Schmerzen bereiten, dann wischen Sie die durchbrechenden Zahnsegmente wenigstens mit einem Wattestäbchen ab. Gerade in dieser Zeit müssen Sie noch mehr darauf achten, dass Ihr Kind keine Karies fördernde, süße Kost zu sich nimmt.
* Keine gesüßten Tees und kein Apfelsaft!
* Nach Genuss von säurehaltigem Obst oder entsprechenden Säften dürfen Sie 20 Minuten lang die Zähne nicht putzen, da Sie sonst den durch die Nahrungszufuhr angeätzten Schmelz vor seiner natürlichen Remineralisation beschädigen würden.
* Mit einem Jahr können Sie die Zähnchen dann mit Babyzahnbürsten putzen. Mit zwei Jahren könnte sich Ihr Kind bereits selbst die Zähne putzen.
* Beißringe können das Zahnen erleichtern. Je nach Vorliebe des Kindes können Sie kühlbare Ringe aus elastischem Plastik verwenden, die inzwischen frei von schädlichen Weichmachern sind. Auch andere Materialien wie Holz oder Bernstein eignen sich hervorragend.
* Lokal anästhesierende Zahngels nehmen zwar die Schmerzen, können aber leicht abgeleckt und verschluckt werden. Zudem enthalten sie meist den Zuckerersatzstoff Sorbit, der in geringen Mengen ebenfalls in Säure umgewandelt wird und somit bedenklich ist.

Was du schon alles kannst!

Was sollte mein Kind wann können?

Die folgenden Fähigkeiten eines Kindes im Laufe der ersten zwölf Monate sind allerdings nur Anhaltspunkte, für die durchschnittlich in diesem Alter absolvierte Entwicklung. Kinder werden in einem eigenen, sehr individuellen Tempo groß, das ihnen viel Spielraum für persönliche Eigenschaften lässt. Gönnen Sie Ihrem Kind diesen Spielraum und genügend Zeit, Schritt für Schritt, größer zu werden. Vermeiden Sie direkte Vergleiche mit anderen Kindern in einer Altersgruppe. »Was, das kann dein Kind noch nicht? Meiner kann das schon ganz lange.« Das sind Sprüche, die man einfach überhören sollte. Die Erfahrung hat gezeigt, dass alle Kinder die wichtigen Schritte wie laufen, sprechen und rennen bis spätestens zum Kindergarten spielend bewältigen. Manche brauchen nur etwas mehr Zeit dafür als andere. Aus der Schnelligkeit der Entwicklung lässt sich übrigens nicht im Umkehrschluss auf Intelligenz, sprachliche Begabung oder motorisches Talent des Kindes schließen. Also lehnen Sie sich entspannt zurück und lassen andere Mütter ihre Wettkämpfe alleine bestreiten.

Mit neun Monaten können die meisten Kinder
* frei sitzen,
* Spielzeug intensiv mit Augen, Händen und Mund erforschen,
* Kettensilben mit dem Vokal a produzieren (ra-ra-ra-ra, ma-ma-ma-ma).

Mit zwölf Monaten können die meisten Kinder
* sicher stehen, indem sie sich an Möbeln oder Wänden abstützen,

---

EXPERTENTIPP

Rechte Hand, linke Hand

Ungefähr im achten Monat zeigen viele Babys deutlich, ob sie sich zu Rechts- oder Linkshändern entwickeln. Halten Sie Ihrem Kind ab und zu ein Spielzeug mitten vor den Körper und beobachten Sie, mit welcher Hand es zugreift. Bisher benutzte es beide Hände gleich häufig, jetzt zieht es immer öfter eine Hand vor.

* den Pinzettengriff beherrschen,
* Spielsachen finden, die Eltern vor ihren Augen verstecken,
* Silbenverdopplungen produzieren (Ma-Ma, Da-Da).

Was wird bei der U6 untersucht?

Mit knapp einem Jahr, also zwischen dem zehnten und zwölften Monat, findet die Jahresuntersuchung statt. Ihr Arzt überprüft die motorischen Fähigkeiten Ihres Kindes. Es sollte jetzt selbständig sitzen und stehen können. Die meisten Babys können sich schon durchs Krabbeln rasch fortbewegen und sich an Möbeln entlanghangeln oder mit Ihrer Hilfe ein paar Schritte gehen. Die feinmotorische Entwicklung befähigt Kinder, Spielzeug ineinanderzustecken und aus einer Tasse zu trinken. Das Seh- und Hörvermögen wird erneut geprüft, da es für die sprachliche Entwicklung von höchster Bedeutung ist. Kinder setzen zweisilbige Wörter jetzt schon sehr treffsicher ein.

Der erste Geburtstag
Hurra, ich bin bald 1!

Jetzt schon feiern?

Das zweite Semester der Eltern-Uni endet mit einem ganz besonderen Ereignis, dem ersten Geburtstag Ihres Kindes. Um ehrlich zu sein, ist dieser Geburtstag weniger ein Ereignis für Ihr Einjähriges als für Sie, die Mutter! Schließlich haben Sie vor einem Jahr etwas ganz Großes geleistet und können nun entspannt auf das erste Lebensjahr Ihres Kindes mit all seinen Höhen und Tiefen zurückschauen. Vielleicht laden Sie zum ersten

---

Am Rande

EIN TAG DER FREUDE

Die ersten Geburtstage meiner Kinder waren in erster Linie mir ein Fest. Natürlich haben wir im kleinen Kreis gefeiert. Großeltern und die nächsten Freunde kamen – meist auch mit ihren Kleinen – und wir freuten uns miteinander. Große Geschenke waren da gar nicht nötig.

Geburtstag Ihres Kindes auch Mütter ein, die Sie vielleicht in der Krabbelgruppe kennengelernt haben? Oder Sie feiern im engsten Familienkreis und genießen einfach nur das Beisammensein und Ihr Kind.

Welches Spielzeug eignet sich für Einjährige?

Zum ersten Geburtstag wollen Eltern, Großeltern, Tanten und Onkel gern etwas schenken? Das kann ihr Kind jetzt und auch in den nächsten Monaten gut gebrauchen:

* Bauklötze und Baubecher
* Laufwagen und Nachziehtier
* Autos zum Schieben und Beladen
* Ball
* Stoffbilderbücher
* Schmusetier und Schmusekissen
* Badewannenspielzeug

Wie viel Spielzeug braucht ein Baby?

Das Angebot an Babyspielzeug in den Spielwarengeschäften, Buchhandlungen und sogar Möbelläden ist schier unbegrenzt. Doch »braucht« ein Baby für seine Entwicklung wirklich so viele verschiedene Spielsachen? Fest steht: Kinder entwickeln ihre geistigen und motorischen Fähigkeiten durch Spielen. Im Vordergrund steht dabei aber nicht das Spielzeug sondern das spielende Kind. Im ersten Lebensjahr durchlaufen Babys die Entwicklung ihrer Sinne. Diese können Sie mit Spielsachen durchaus sinnvoll fördern und unterstützen. Entscheidend ist jedoch nicht die Anzahl der Spielzeuge, die Sie kaufen, sondern die Zeit, die Sie oder eine Bezugsperson sich für das Kind nehmen und die Sie mit ihm gemeinsam verbringen. Werden zu oft neue Spielzeuge angeboten, verlieren die »alten« schnell ihren Reiz. Mit dem Wunsch, dem Kind etwas Neues zu schenken, geben wir oft auch unserem Impuls nach, selber etwas Abwechslung beim Spielen zu bekommen. Beachten Sie zudem unbedingt die Altersangaben für die Spielsachen. Spielzeuge, die Ihr Kind überfordern, langweilen es und liegen bald unbeachtet in der Ecke. Entfernen Sie diese lieber rasch wieder, um sie zu einem späteren Zeitpunkt als »neues« Spielzeug hervorzuzaubern. Und bieten Sie Ihrem Kind immer erst dann ein neues Spiel an, wenn es an dem alten jegliches Interesse verloren hat. Halten Sie Maß! Kinder sind von den Bergen an Spielzeug oft schlicht und ergreifend überfordert. Da mag das einzelne Objekt noch so pädagogisch sinnvoll und entwicklungsfördernd sein – die Kinder können sich nicht mehr entscheiden, wenn die Auswahl zu groß ist, und verlieren das Interesse. Begrenzen Sie daher die Auswahl, die es zur Verfügung hat. Den Spruch »Weniger ist mehr« sollten Sie gerade bei der Spielzeuganschaffung beherzigen.

3. Semester / 13–18 Monate

»Der kleine Imitator«

Aus Hänschen Klein, dem Welt-Entdecker, wird jetzt im dritten Semester ein kleiner Imitator und ein Kommunikator. Mit seinen ersten richtigen Wörtern und kleinen Sätzen entdeckt Ihr Kind seine Sprache und damit seine Kommunikationsfähigkeit. Vor allem beim Sprechenlernen ahmt Ihr Kind Sie nach und ist begeistert von seinen neuen Fähigkeiten, mit Ihnen in direkten Kontakt zu treten. Dank seiner erweiterten motorischen Fähigkeiten lernt Ihr Kind, sich an seine Umgebung anzupassen. Es vergrößert »laufend« seinen Aktionsradius. Ihr Baby entwickelt sich zum Kleinkind.

3. SEMESTER / 13–18 Monate

Mein Sohn machte von Anfang an »keine großen Worte« – typisch Kerl! Es dauerte relativ lang, bis er zu sprechen begann. Doch dann war förmlich zu spüren, wie viel Spaß ihm das Eintauchen in diese neue Welt der Sprache machte. Auch mit dem Laufen ließ er es langsam angehen. Lange robbte er wie ein Waran am Boden entlang und ruinierte eigentlich all seine kleinen Hosen. Seine nur 17 Monate ältere Schwester war dagegen schon von Anfang an ein flinkes Mädchen: Sprechen und Laufen waren kein Problem für sie. So erlebte ich mit meinen Kleinkindern beide Extreme: den einen musste ich schleppen, der anderen hinterherrennen, auf dass sie nicht die Treppe runterstürzte – und das auch noch gleichzeitig. Eine anstrengende Zeit!

Vom Baby zum Kleinkind

Was wird mein Kind alles in den nächsten sechs Monaten entdecken?

Zwischen dem 13. und 18. Monat lernen die meisten Kinder das Laufen und sichere Stehen. Ihr Kind entdeckt die Treppe für sich und entwickelt sich zum unermüdlichen »Bergsteiger«. Nach oben kommt es schon alleine, die Treppe runter braucht es noch Hilfe. Unglaublich, was Ihr Kind jetzt schon kann und tagtäglich dazulernt: einen Becher selber halten und daraus trinken, Messer und Gabel benutzen sowie in einer Hand zwei verschiedene Gegenstände halten. Ihre alltäglichen Handlungen in Küche und Wohnzimmer sind besonders spannend. Ihr Kind versucht gern, Sie nachzuahmen und Ihnen nachzusprechen. Also Vorsicht beim Fluchen! Gegenstände und Personen bezeichnet es jetzt schon mit Ein-Wort-Sätzen, Tiergeräusche ahmt es nach. Mit Begeisterung schaut sich Ihr Kind auch schon alleine Bilderbücher an und kann sich eine Weile selbst beschäftigen. Die Betonung liegt hier auf »eine Weile«. Bitte erwarten Sie noch nicht zu viel. Mit seiner neu entdeckten Möglichkeit, sich sprachlich zu verständigen, erwacht auch sein Wunsch, sich mitzuteilen. Aber wehe, wenn Ihr Kind sich unverstanden fühlt! Einjährige können ihre Wünsche schon mit großer Vehemenz vortragen und verteidigen. Fremde Personen begrüßt Ihr Kind weiterhin mit Zurückhaltung. Dabei beobachtet es genau, wie Sie sich gegenüber anderen Menschen verhalten. Menschen, die es kennt, wie die Großeltern oder die Tagesmutter, vertraut es dagegen schon so weit, dass es auch mal allein bei ihnen bleibt. Mit anderen Kindern baut Ihr Kind noch keinen richtigen Kontakt auf, sie spielen eher nebeneinander als miteinander.

Jedes Ding hat seinen Namen

Wie entwickelt sich die Sprache weiter?

Jedes Kind hat sein eigenes Tempo, das gilt auch fürs Sprechenlernen. Die Muttersprache entwickelt sich nach einem ganz bestimmten Schema. Wie lange Ihr Kind für jede dieser Spracherwerbsstufen benötigt, hängt von ganz vielen verschiedenen Faktoren ab und hat nichts damit zu tun, ob das Kind später ein munterer Plapperer oder ein großer Schweiger wird. Die folgenden Zeitangaben sind lediglich Durchschnittswerte, die zur Orientierung dienen können und einen Überblick über die einzelnen Entwicklungsphasen bieten.

Ende des ersten Jahres kann Ihr Kind schon einige

Am Rande
OHNE WORTE
Um sich zu verständigen, nutzen Kinder auch nonverbale Kommunikationsmittel. Ist doch ganz einfach zu verstehen, was ein Kind sagen will, wenn es zum Beispiel auf eine Banane zeigt und dabei den Mund öffnet und schließt, oder wenn es beim Essen die Lippen fest zusammenpresst, oder wenn es die Arme hebt, um auf Mamas Arm genommen zu werden. Bei meinem Sohn war diese nonverbale Kommunikation viel stärker ausgeprägt als bei meiner Tochter.

Silben miteinander kombinieren und verbindet mit Ma-Ma und Wau-Wau gedanklich richtig auch die Mama und den Hund. Um den ersten Geburtstag herum ist es dann meistens so weit: Ihr Kind spricht sein erstes Wort. Ist diese große Hürde im dritten Lebenshalbjahr erst einmal genommen, explodiert die Sprachentwicklung nahezu. Täglich lernt und spricht Ihr Kind nun neue Wörter. Neugierig zeigt es auf einen Gegenstand und schaut fragend auf Ihre Lippen. »Das ist eine Kartoffel«, antwortet die Mutter nach dieser Aufforderung, und ihr Kind wird begeistert »doffel!« rufen. Am Anfang ist die Trefferquote zwar noch nicht bei hundert Prozent, aber dafür ist ein solches »Gespräch« sehr unterhaltsam. Ihr Kind entwickelt sich zum Sammler von neuen Wörtern, die es sorgfältig hortet und immer wieder hervorholt und testet, in welcher Situation sie passen. Dafür schleppt es Bilderbücher und Gegenstände herbei und zeigt – oft ganz ungeduldig – auf die einzelnen Abbildungen. »Is das?« wollen sie jetzt immer öfter von ihren Eltern wissen.

Aus seinen Schätzen, den gesammelten und gespeicherten Wörtern, bildet Ihr Kind jetzt Ein-Wort-Sätze. Ob daher wohl der Begriff Wortschatz kommt? Mit diesen ersten Worten, die ein Kind fest mit einem Inhalt verknüpft, beginnt das eigentliche Erlernen der Muttersprache. Bei der Ein-Wort-Sprache bezeichnet das Kind nicht nur einen Gegenstand, sondern einen ganzen Handlungsablauf. Zum Beispiel beim Essen: Sagt Ihr Kind »nug«, will es damit ausdrücken, dass es genug gegessen hat und satt ist. Das ist eigentlich ganz gut nachzuvollziehen. Manche Kinder versuchen sich Ende des dritten Halbjahres auch schon mal an Zwei-Wort-Sätzen wie »Mama Ahmm!«, für »Mama, nimm mich auf den Arm!«, oder »Mama domm!« für »Mama komm her«.

Verstehen können alle Kinder in diesem Alter viel mehr als selbst aussprechen.

Denn mit der Aussprache haben die Kinder jetzt noch Schwierigkeiten. Sie verschlucken Anfangsbuchstaben oder ganze Silben. Manchmal ersetzen sie schwierige Laute durch einfachere. So wird die Banane zur »Nane«, Spielplatz zum »Pipatz«, Klaus zum »Kaus«.

Aber Vorsicht! Mit falscher Kritik können Sie den Prozess des Spracherwerbs stören. Weniger ist mehr. Wenn überhaupt, sollten Sie Ihr Kind sanft korrigieren, indem Sie das Wort noch einmal korrekt wiederholen. Lassen Sie Ihr Kind aber nicht spüren, dass Sie es verbessern, sonst verliert es die Begeisterung am Sprechen. So geht es: »Wau wau put«, sagt Ihr Kind. »Ja, stimmt, dein Hund ist kaputt.«

EXPERTENTIPP

Einfache Sätze

Benutzen Sie gegenüber Ihrem kleinen Sprachlehrling eine einfache Sprache. Sprechen Sie langsam und verzichten Sie auf Vergangenheits- und Zukunftsformen. Je einfacher desto besser.

Schritt für Schritt im Gleichgewicht

Wie lernt mein Kind laufen?

Zwischen dem 13. und 15. Monat steht den meisten Eltern ein stolzes Erlebnis bevor: Etwa zwei Drittel aller Kinder machen jetzt die ersten freien Schritte. Breitbeinig, eher schwankend als gehend, überwinden sie zwei, drei Meter und stürzen sich dann der Mama in die ausgebreiteten Arme. Oder sie bremsen ihren Schwung an einem Möbel ab. Denn einfach stehen bleiben geht noch nicht, und auch Kurven klappen noch nicht. Die kleinen Gehlehrlinge bewegen sich noch ohne Bremse und Steuer. Manche Kinder laufen anfänglich noch mit weit ausgestreckten Armen, um so ihr Gleichgewicht zu stabilisieren. Sie sehen dabei aus wie kleine Seiltänzer. Puppenwagen oder Schiebewägelchen helfen Ihrem Kind dabei, die ersten Schritte sicher zu gehen. Kleine

Puppenmütter werden den Puppenwagen mit Begeisterung zum Spazierenfahren mitnehmen. Auch bei den kleinen Jungen steht der Puppenbuggy – bemannt mit einem Teddybär – jetzt hoch im Kurs.

Wie geht es die Treppe runter?

Treppen wollen erobert, Regale erklettert werden. Nichts ist mehr sicher vor dem Forscherdrang Ihrer kleinen Abenteurer. Jetzt geht es die Treppen rauf und runter. Runter klappt am besten mit dem Po voran, also rückwärts beim Abstieg. Egal, ob Bettkante, Sofa oder Treppe, der Abstieg ist rückwärts am sichersten. Sogenannte Lauflernhilfen für Kinder bergen mehr Gefahren als Nutzen. So bekommen die Kinder in ihnen eine zu große Geschwindigkeit und können schon mal auf die ungesicherte Treppe zusteuern. Lassen Sie Ihr Kind lieber in seinem eigenen Tempo laufen lernen. Sie können es unterstützen, wenn Sie ihm die Hände reichen und es führen. Spätestens bis zum Ende dieses Semesters hat Ihr Kind das sichere Stehen und freie Laufen erlernt.

Schuhe oder barfuß?

Kaum steht ein Kind halbwegs sicher auf seinen Beinen, rücken wohlmeinende Tanten mit den ersten Schuhen an. Doch die braucht Ihr Kind erst, wenn es nach draußen geht – als Schutz vor Kälte und Nässe. Drinnen machen auch Lauflernschuhe wenig Sinn. Beim Barfußlaufen entwickeln sich die Muskeln der kleinen Füße besser, außerdem kann Ihr Kind den Boden ohne Schuhe besser abtasten. Besser als Schuhe sind dicke Socken mit Noppen, mit denen man auch auf glatten Böden nicht ins Rutschen kommt. Schuhe für draußen sollten fest sitzen, aber den kleinen Füßen trotzdem

---

> **Am Rande**
>
> **DER REIZ DER LANGSAMKEIT**
>
> Als meine Tochter ihre ersten Schritte sicher laufen konnte, brachen wir zu einem gemeinsamen Spaziergang auf. Das war zunächst eine harte Geduldsprobe! Wir brauchten für 100 Meter etwa gefühlte zwei Stunden, da meine Kleine jeden Stein und jede Blume begrüßen musste. Jede Wolke, jedes Vogelgezwitscher entzückte sie – und nach einer Weile auch mich. Nachdem ich mich auf ihre Langsamkeit eingelassen hatte, konnte auch ich unsere Umgebung stärker wahrnehmen und tatsächlich die Langsamkeit genießen.

Bewegungsfreiheit lassen. Beim Kauf der ersten Schühchen lassen Sie sich am besten im Fachgeschäft beraten.

Immer nur im Schneckentempo?

Ihr Kind entdeckt nun die Freude an der Bewegung. Versuchen Sie, sich die Zeit zu nehmen und sich auf den Rhythmus und das Tempo Ihres Kindes einzulassen. Der Weg zum Briefkasten dauert plötzlich eine Stunde statt der üblichen zwei Minuten? Ja, das kann vorkommen. Vielen Erwachsenen fällt es schwer, sich im Schneckentempo zu bewegen. Tausend unerledigte Dinge gehen der Mutter durch den Kopf und so treibt sie ihr Kind zur Eile an. Verständlich, aber falsch. Denn dieses Schneckentempo ist für die Erfahrung Ihres Kindes von höchster Bedeutung. Es sieht und erlebt jetzt so vieles, das es fesselt: Gerüche, Farben, Raupen, Vögel, Autos … Vielleicht gibt es in Ihrem Umfeld jemanden, der mehr Zeit hat als Sie, der die langsamen ausgiebigen Spaziergänge sogar liebt, für den Zeit keine so große Rolle spielt? Großeltern oder befreundete Nachbarn im Rentenalter vielleicht?

EXPERTENTIPP

Spät, aber sicher!

Manche Kinder ziehen es vor, etwas länger durch die Wohnung zu krabbeln. Kein Grund zur Beunruhigung oder zu irgendwelchen Trainingsmaßnahmen. Denn Kinder laufen später sicherer, wenn sie ihrem eigenen inneren Programm folgen dürfen. Mit anderthalb Jahren haben die allermeisten Kinder den großen Schritt geschafft.

3. SEMESTER / 13–18 Monate

Spielend Lernen und Begreifen

Wie entwickelt sich die Feinmotorik meines Kindes?

Den Pinzettengriff, mit dem Ihr Kind Dinge gezielt greifen und benutzen kann, beherrscht es jetzt schon ganz präzise. Ihr Kind kann die Trinktasse beidhändig halten und eigenständig daraus trinken. Der Löffel trifft schon immer öfter den Mund. Und der Grießbrei wird nicht mehr nur auf dem Tisch verteilt, sondern auch gegessen. Hoch im Kurs stehen jetzt alle möglichen Nachahmungsspiele. Sie fahren sich mit der Haarbürste über den Kopf, halten den Telefonhörer ans Ohr und klatschen beim Backe-Backe-Kuchen wie die Eltern in die Hände. Bald ist jede freie Stelle im Kinderzimmer oder der Küche mit unzähligen Blättern voller Kritzeleien bedeckt. Gerade wenn Ihr Kind älteren Kindern beim Malen zuschaut, imitiert es diese Bewegung und ahmt sie begeistert nach. Dies bezeichnet man als **funktionelles Spiel**. Lassen Sie jetzt keine Malstifte herumliegen, Ihr Kind kann noch nicht zwischen Tapete und Zeichenblock unterscheiden und versteht nicht, warum Sie auf sein Meisterwerk auf dem hellen Teppich nicht begeistert reagieren. Ihr Kind lernt in dieser Zeit in erster Linie durchs Nachahmen von Handlungen, die es beobachtet. Mit Hilfe ständiger Wiederholungen festigt sich dann der Handlungsablauf.

Wie lernt mein Kind beim Spielen?

Haben Sie schon mal ein Kind beim Spielen beobachtet? Es kann etwas, was uns Erwachsenen verloren gegangen ist. Kinder können sich beim Spiel gleichzeitig entspannen und konzentrieren. Im zweiten Lebensjahr entfaltet Ihr Kind beim Spielen einen ganzen Fächer von ineinandergreifenden Verhaltensweisen, die seine geistige, sprachliche und soziale Entwicklung widerspiegeln. Spielen und Lernen sind in dieser Zeit für Ihr Kind dasselbe. Denn was für uns spielerisch aussieht, fördert gleichzeitig seine Fähigkeiten auf vielerlei Arten. Denken Sie nicht, dass Ihr Kind sich langweilt oder untätig ist, wenn es auf dem Boden liegt und eine Fliege an der Wand beobachtet. Für uns mag die Fliege langweilig sein, da wir auf einen großen Erfahrungsschatz im »Fliegenbeobachten« zurückgreifen können. Ihr Kind kann das aber noch nicht, es ist gerade erst dabei, seine Erfahrungsschatzkiste zu füllen. Das Erlebnis »Fliegenbeobachten« ist daher faszinierend, neu und mindestens so interessant wie die bunte Rassel. Wenn Ihr Kind bunte Schüsseln ineinanderstapelt oder Bauklötze in eine Schachtel legt, schult es sein räumliches Verständnis. Die Entwicklung des räumlichen Vorstellungsvermögens spiegelt sich zum Beispiel in der Abfolge der Bautechnik wider. Ihr neun Monate altes Baby kann Bausteine greifen und in eine Schachtel legen. Mit 15 Monaten beginnt es, die Bauklötze zu einem Turm aufeinanderzustapeln (vertikales Bauen). Erst gegen Ende des zweiten Lebensjahres baut es horizontal, also nebeneinander, und verbindet schließlich diese beiden Fähigkeiten mit 30 Monaten zur komplexen Bauweise. Diese Entwicklung läuft bei allen Kindern gleich ab, die Zeitspanne, in der es diese Phasen durchläuft, ist jedoch sehr individuell.

3. SEMESTER / 13–18 Monate

Wie die Mama und der Papa

Lernen durch Imitieren

Etwa um seinen ersten Geburtstag herum beginnt Ihr Kind damit, einfache Handlungen nachzumachen. Das passiert entweder direkt, indem es selber versucht, mit dem Löffel zu essen, oder verzögert, indem es erlebte Situationen nachspielt und beispielsweise seine Puppe mit den Löffel füttert. Diese Phase, in der Ihr Kind beginnt, seine Handlungen auf eine dritte Person oder einen Gegenstand zu übertragen, bezeichnen Pädagogen als **repräsentatives Spiel**. Die Puppe wird gefüttert, gebürstet und angezogen. Mit der Zeit wandelt sich die Rolle der Puppe, sie ist nicht mehr passiv, sondern wird in der Fantasie Ihres Kindes zu einer handelnden Person. Bei diesem **Nachahmungsspiel** spielt Ihr Kind eine von ihm selbst erlebte Handlung nach, »als ob« die Puppe lebte. Ihr Kind nimmt liebevoll die Puppe in den Arm und tröstet sie oder setzt sie aufs Töpfchen, lobt sie, wenn sie fein ins Töpfchen gemacht hat oder schimpft auch mal mit der ungezogenen Puppe, die nicht ins Bett will. Die Vorstellungskraft Ihres Kindes spielt jetzt zunehmend eine größere Rolle. Beim **symbolischen** Spiel ersetzt Ihr Kind die Bedeutung eines Gegenstandes durch eine andere. Die Puppen fahren jetzt mit dem Schuhkarton in den Urlaub (anstelle eines Flugzeugs) und Ihr Kind benutzt jetzt stundenlang die Toilettenpapierrolle als Handy.

> **Am Rande**
>
> **STOFFBÄR IM BETT**
>
> In dieser Zeit des repräsentativen Spiels setzte mein Sohn seinen Stoffbären auf die Toilette, weil er dringend Pipi musste. Leider fiel der Bär dabei ins Toilettenbecken. Entsetzt fischte er ihn wieder heraus und schüttelte ihn über den frischen Handtüchern trocken. Anschließend legte er seinen Stoffbären zum Trocknen und Aufwärmen unter weiche, kuschelige Decken und holte mich. Und so fand ich das pitschnasse Stofftier dann auch, nämlich auf meinen Kopfkissen, gut zugedeckt mit meiner Bettdecke.

»Der kleine Imitator«

Sprechen lernen am Telefon?

Zu den Lieblingsspielzeugen von Kleinkindern gehört das Telefon. Gleich, ob ein bemaltes Stück Holz als Handyersatz fungiert oder ob es sich um ein quietschebuntes Telefon mit Klingeltönen aus dem Spielzeugladen handelt, diese Telefone eignen sich hervorragend für alle »Als-ob-Spiele«. Hören Sie genau zu und Sie werden erleben, wie gekonnt Ihr Kind Sie beim Telefonieren imitiert. Manchmal legt es sogar Pausen ein und gibt seinem Fantasie-Gesprächspartner dadurch Zeit zum Antworten. Hat Ihr Kind so die Kommunikation mit einem unsichtbaren Gesprächspartner trainiert, wird der richtige Anruf von der Oma oder Patentante zu einem echten Erlebnis.

Teddy, Kochlöffel und Bauklötze

Welches Spielzeug braucht mein Kind?

Sobald Ihr Kind etwas anfassen und greifen kann, interessiert es sich verstärkt für Gegenstände und untersucht sie auf ihren Nutzwert. Sein besonderes Interesse liegt bei Dingen, mit denen es täglich in Berührung kommt. Spielzeug ist längst nicht so interessant wie Holzlöffel, Papierrollen und Kochtöpfe, die sich Ihr Kind mit großer Begeisterung schnappen wird. Stundenlang kann sich Ihr Kind mit dem Ausräumen von Schränken und Schubladen beschäftigen. Sie ersparen sich viel Stress, indem Sie auf dieses Verhalten eingehen. Weisen Sie Ihrem Kind eine eigene Schublade zu, die Sie mit allerlei alltäglichen Gegenständen füllen, wie Papierrollen, Holzlöffel, Plastikschüsseln. Metalltöpfe und Schaumbesen werden zum ersten Schlagzeug. Für ein Konzert damit brauchen Eltern gute Nerven! Versuchen

> **EXPERTENTIPP**
> **Ein- und Ausräumen**
> Überlassen Sie Ihrem Kind in dem Raum, in dem Sie am meisten Zeit verbringen, eine Schublade oder einen Korb mit Dingen, die es nach Herzenslust ein- und ausräumen kann. Und in der Kiste mit Spielzeug dürfen immer auch mal Teile entfernt werden, die Sie später wieder auftauchen lassen oder die Sie Ihrem Kind nur in besonderen Situationen geben, etwa wenn Sie in Ruhe telefonieren wollen. In dieser Kiste können sich Bauklötze, eine Kugelbahn und Bälle, eine Puppe oder Stofftier und einfache Bilderbücher befinden.

Sie, Ihr Kind immer mehr in Ihren alltäglichen Handlungsablauf mit zu integrieren. Wenn Sie in der Küche die Geschirrspülmaschine ausräumen und das Besteck in die Schublade sortieren, freut sich Ihr Kind, wenn es auch etwas in eine Kiste sortieren darf, zum Beispiel Stifte oder Bauklötze.

Pommes, Pizza und Spaghetti

Wie ernähre ich mein Kind gesund?

Waren das noch schöne Zeiten, als Sie Ihrem Baby im ersten Jahr alles vorsetzen konnten, was Sie wollten, und es gegessen wurde! Vorbei! Neben seiner Stimme hat Ihr Kind auch sein Stimmrecht entdeckt und fordert dieses lautstark ein. Kleinkinder legen Wert auf ihre Unabhängigkeit und vor allem auf Wahlfreiheit. Wenn sie jetzt Möhren, Zucchini oder Blumenkohl standhaft zurückweisen, hat das meist wenig mit dem Essen selbst zu tun. Vielmehr bekunden sie so ihren eigenen Willen. Sie sind von Natur aus misstrauisch, probieren Neues jetzt nur noch unter Protest aus und würden am liebsten wochenlang nur Nudeln mit Salzbutter essen. Und dabei ist gerade jetzt die ausgewogene Ernährung wichtig.

> **Am Rande**
> **STIMMT DAS?**
> Spinat ist gesund, weil er viel Eisen enthält! Nein. Durch einen Kommafehler wurde dem Spinat eine überdurchschnittlich hohe Menge Eisen angedichtet. Spinat hat zwar einen hohen Eisenanteil, ist aber aufgrund seines ebenfalls hohen Nitratgehalts nicht zum übermäßigen Verzehr geeignet.

Wie lernt mein Kind, gut zu essen?

Statt sich auf einen Machtkampf ums Gemüse einzulassen, vertrauen Eltern besser auf ihr eigenes Vorbild am Tisch und die Erfahrung von Kinderärzten: Jedes gesunde Kind isst, so viel es braucht. Am besten machen Sie ums Essen so wenig Aufhebens wie möglich:

* Essen soll Freude machen. Essen Sie deshalb möglichst oft gemeinsam und sorgen Sie für eine entspannte Atmosphäre am Tisch.
* Bieten Sie Ihrem Kind von allem an, was auf den Tisch kommt.
* Gestehen Sie ihm Vorlieben und Abneigungen zu.
* Laden Sie ihm keine Riesenportionen auf den Teller. Das provoziert nur Abwehr. Lassen Sie Ihr Kind lieber selbst entscheiden, was und wie viel es essen will.
* Aber: Billigen Sie ihm keine doppelte Portion Nudeln statt des verweigerten Gemüses zu.

EXPERTENTIPP
Baumaterialien
Kleinkinder verbrauchen am Tag zwischen 1000 und 1200 Kalorien. Auch wenn sie still im Bett liegen, ist ihr Grundumsatz relativ hoch, denn sie stecken ihre Energie nicht nur in die Körperwärme und Stoffwechselproduktion, sondern vor allem ins Wachstum. Daher braucht Ihr Kind in dieser Zeit alle gesunden »Baumaterialien« wie Kohlehydrate, Eiweiß und Fett in ausgewogener Menge.

Dem Selbstbestimmungsdrang Ihres Kindes können Sie bei den Zwischenmahlzeiten gut entgegenkommen. Bieten Sie ihm drei Alternativen an und lassen Sie Ihr Kind zwischen geschnittener Paprika, Karotte oder Apfelschnitzen frei entscheiden. Auch beim Essen wollen Kinder ihre erste Selbständigkeit ausprobieren und mit dem Löffel essen. Respektieren Sie diese Erfahrung, auch wenn anfangs viel danebengeht und Ihr Kind ewig für ein Schüsselchen Brei braucht. Lassen Sie Ihr Kind diese Erfahrung ungestört machen, umso schneller lernt es den Umgang mit dem Löffel und kann schon bald alleine essen. Anfangs landet allerdings so wenig

3. SEMESTER / 13–18 Monate

Brei im Mund, dass Sie mit einem zweiten Löffel zufüttern können. Für Ihr Kind ist dieses erste Löffeln ein Spiel, bei dem es Ihre Handlung nachahmt.

Wie lange muss ich das Essen noch pürieren?

In der Regel brechen die ersten Zähne mit etwa einem halben Jahr, die Schneidezähne mit einem Jahr durch. Ihr Kind kann jetzt daher schon Lebensmittel gut abbeißen. Die Backenzähne entwickeln sich im Laufe des zweiten Lebensjahres, ebenso wie die Kaumotorik. Es ist daher eigentlich nicht mehr nötig, die Nahrung extra zu pürieren. Trotzdem sollten Sie Fleisch und Salat in kleine Stücke schneiden, da die Backenzähne sich mit deren Zerkleinerung noch schwertun und Ihr Kind die Stückchen sonst unzerkaut schluckt.

Wie sinnvoll sind kleine Zwischenmahlzeiten?

Fünfmal am Tag Obst und Gemüse essen. So lautet eine Empfehlung der Gesellschaft für Ernährung. Dieser Aufruf für mehrere gesunde Zwischenmahlzeiten wird von manchen Eltern als Freibrief für süße Pausensnacks missverstanden. Manche Kinder werden zu Daueressern erzogen, denen zur Beruhigung, zum Ablenken oder aus reiner Langeweile ständig etwas zum Knabbern in die Hand gegeben wird. Doch statt Apfelschnitzen oder Paprikastreifen befriedigen sie ihren Appetit mit Süßigkeiten, Brezeln oder Reiswaffeln und haben zu den Mahlzeiten keinen Hunger mehr. Wenn Sie dagegen Süßes auf den Nachtisch reduzieren, wird es Ihnen die Bauchspeicheldrüse Ihres Kindes danken, die ansonsten ununterbrochen Insulin produziert.

Bei einer überwiegenden Ernährung mit Pizza, Pommes und Spaghetti kann es einerseits zum Mangel an Vitalstoffen und andererseits zu einer überhöhten

---

Am Rande

SÜSSES, BITTE!

Ein Tipp für alle, deren Kinder auf die süßen Verführer abfahren: Versuchen Sie's mit Naturjoghurts, die Sie mit frischem Obst zubereiten. Zu viel Süßes habe ich meinen Kindern schlicht verboten und zu große Monotonie in den Pasta-Gängen unterbunden. Zum Glück essen meine beiden gerne Blumenkohl, Brokkoli und Salat. Auch Tomaten zählen zu ihren Favoriten. Also: mit gutem Beispiel voran und dranbleiben!

»Der kleine Imitator«

Kinderernährung auf einen Blick:

* Durst löschen Kinder am besten mit stillem Wasser oder ungesüßten Früchtetees. Milch bleibt als wichtiger Kalzium- und Eiweißlieferant unverzichtbar. Kleinkinder brauchen mindestens einen Viertelliter täglich. Besser nicht: Die beliebte Apfelsaftschorle in der Nuckelflasche kann durch ihren hohen Säure- und Zuckeranteil bei Dauerumspülung der Zähne den Zahnschmelz massiv schädigen.
* Zweimal Fleisch in der Woche reicht, dazu zählt auch Fleischaufschnitt.
* Möglichst oft hochwertige, ungesättigte Fettsäuren verwenden (Omega-3-Fettsäuren).
* Die meisten Ernährungsexperten empfehlen, einen großen Anteil der täglichen Kleinkindnahrung mit kohlehydratreichen Lebensmitteln wie Kartoffeln, Reis oder Nudeln abzudecken.
* Der mengenmäßig größte Teil der Nahrung sollte allerdings aus vitamin- und ballaststoffreichem Obst und Gemüse bestehen.
* Eiweißlieferanten wie Fleisch, Fisch und Ei sollten im etwa gleichen Verhältnis wie Milchprodukte aufgenommen werden.
* Süßigkeiten, Gebäck und Chips nur in kleinsten Mengen anbieten.

Kalorienzufuhr kommen. Essen Kinder viele Produkte aus Weißmehl oder Zucker, nehmen sie überwiegend »Leerkalorien« zu sich. Das heißt, sie haben zwar Energie aufgenommen, aber keine Vitamine, Mineralien oder andere Nährstoffe. Isst das Kind ansonsten sehr ausgewogen, können diese Kalorienbomben verkraftet werden. Versuchen Sie Kompromisse zu finden, die Lieblingsspeisen mit gesunden Elementen verbinden.

Kinder essen am liebsten vertraute Lebensmittel. Dies ist scheinbar eine evolutionäre Sicherheitsvorkehrung, die verhindert, dass Kinder unkritisch alles probieren – wie giftige Pflanzen oder Pilze. Wundern Sie sich also nicht, wenn Ihr Kind sich empört zur Seite

3. SEMESTER / 13–18 Monate

EXPERTENTIPP

Obst und Gemüse satt

Die wichtigste Grundlage einer ausgewogenen Ernährung ist ausreichend Obst und Gemüse, und zwar nicht nur als Beilage oder Dekoration, sondern als Hauptgang. Mehr Kohlehydrate oder mehr Eiweiß, welche Fette? Bei diesen Fragen sind sich die Experten nicht so einig.

dreht, wenn Sie ihm eine Fenchelsuppe anbieten, die es noch nie vorher gegessen hat. Manche Kinder gehen mit ihrer Abneigung gegen Neues so weit, dass sie sich ausschließlich von ihrem einen Lieblingsessen ernähren könnten. Keine Angst: Irgendwann haben die kleinen Pastafans auch mal ihre Nudeln satt. Ernährungswissenschaftler sprechen dann von der sensorischen Sättigung. Ist diese erreicht, entwickelt Ihr Kind zunehmend Interesse an anderen Speisen. Sie können versuchen, Gemüse in Nudelform zu schneiden (mit Hilfe spezieller Geräte) und diese Gemüsespaghetti unauffällig mit unter die anderen zu mischen. Mit viel Geduld können Sie Ihrem Kind helfen, seine natürliche Skepsis gegenüber fremden Lebensmitteln zu überwinden, indem Sie ihm »Unbekanntes« wiederholt anbieten, ohne es zum Probieren zu zwingen. Eine Studie belegt, dass Ihr Kind etwa beim achten Mal die Nahrung »wiedererkennt« und nicht mehr ablehnt, sondern probiert. Also, durchhalten!

4. Semester / 19–24 Monate

»Zeit für (B)Engelchen«

Unglaublich, wie die Zeit vergeht. Gerade war Ihr Kind noch ein süßes Kuschelbaby, jetzt steuert es schon auf seinen zweiten Geburtstag zu. Es ist selbständiger und selbstbewusster geworden. Vorbei die Zeit der süßen Zweisamkeit zwischen Mama und Baby. Ihr Kind will runter vom Schoß und immer mehr von der Welt entdecken. Im vierten Semester müssen die Eltern lernen, loszulassen und Vertrauen zu haben in ihr kleines großes Kind. Und sie brauchen viel Geduld, wenn ihr Engelchen plötzlich zum unausstehlichen Bengelchen wird. Kleiner Trost: Das Trotzalter geht auch vorbei – früher oder später. Vielleicht können unsere Tricks helfen, die schwierige Phase zu überstehen.

4. SEMESTER / 19–24 Monate

Die von allen Eltern so gefürchtete Trotzphase habe ich mit meinem Sohn viel intensiver durchlebt als mit meiner Tochter. Der Kleine hat unsere Nerven ganz schön strapaziert. Die ganze Familie bekam zu spüren, wie er Grenzen suchte und auslotete. Was lassen Mama, Kinderfrau oder Großmutter durchgehen, was nicht? Zu dieser Zeit las ich den Spruch: Kinder, die keine Grenzen erfahren, an denen sie sich orientieren und halten können, verlaufen sich. Dieser Leitgedanke half uns allen, wenn wir merkten, dass er uns austrickste und es um die allseits angestrebte Konsequenz in der Erziehung geschehen war. Unsere Tochter entsprach dem Klischee, dass Mädchen irgendwie pflegeleichter und umgänglicher als Jungs sein können – auch in der Trotzphase. Schwierige Situationen habe ich mit beiden erlebt. Da half wirklich nur Zeit, Geduld und Liebe!

Jetzt kommt die Trotzphase

Warum will mein Kind nicht mehr kuscheln? Und dann wieder doch?

Ihr Kind hat jetzt schon eine ganze Menge gelernt: Laufen, springen, Treppe steigen und rutschen. Es kann einen Turm aus Bauklötzen bauen, sich selber anziehen und einen Reißverschluss öffnen. Seine Zwei-Wort-Sätze und richtigen Fragen verblüffen Sie jeden Tag aufs Neue. Gegen Ende seines zweiten Lebensjahres beherrscht Ihr Kind schon etwa 400 Wörter. Mit Buntstiften kann es senkrechte und waagerechte Linien zeichnen. Vorbei sind die gemütlichen Schmusestunden auf Mamas Schoß. Meistens jedenfalls. Denn während sich das Kind immer mehr abnabelt und selbständiger wird, tauchen bei ihm neue unbekannte Ängste auf. Vielleicht schläft das Kind jetzt schlechter ein, weil es sich im Dunkeln plötzlich fürchtet oder nicht allein sein kann. Oder es fühlt sich vernachlässigt, weil Mama mit einer Freundin Kaffee trinkt oder die Zeit mit ihrem Partner verbringt. Vielleicht wird es sich dann quengelnd dazwischendrängen oder den längst aufgegebenen Platz auf Mamas Schoß zurückerobern wollen.

Ist das noch mein Kind?

Zum Ende des zweiten Lebensjahres, etwa mit 19 Monaten, erkennen manche Eltern ihr Kind nicht wieder. Aus ihrem sanften Kuschellamm ist über Nacht ein richtiger Zornbock geworden. Die gefürchtete Trotzphase ist da. Selbst die liebevollsten Mütter und Väter bleiben davon nicht verschont. Irgendwann zwischen dem ersten Geburtstag und dem Kindergartenalter durchläuft (fast) jedes Kind diese Phase. Das Lieblingswort in dieser Zeit heißt: Nein! Fast alles, was von den Eltern kommt, lehnen die Kinder jetzt erst mal ab. Dabei geht es ihnen gar nicht unbedingt nur um ihre Wirkung auf Mama oder Papa. Vor allem wollen sie sich selbst damit ihres eigenen Willens und ihrer Unabhängigkeit versichern!

Manche Entwicklungspsychologen sind der Ansicht, die Trotzphase sei keine Entwicklungsphase, die ein Kind zwangsläufig durchlaufen müsse. Die Trotzphase sei vielmehr eine Ansammlung von Missverständnissen und ein Durchbrechen und Verletzen von Spielregeln. Das ist der Mutter oder dem Vater, die diese Phase mit ihrem Kind durchleiden, aber herzlich schnuppe. Für sie ist es jetzt nur wichtig, die Gründe für die große Wut zu verstehen und entsprechend zu handeln.

Warum versteht mich Mama nicht?

Eine typische Situation. Ihr Kind sitzt auf dem Kindersitz im Einkaufswagen und freut sich, dass es durch das Geschäft geschoben wird. Von seinem erhöhten Platz aus kann es alles gut betrachten. Guter Dinge fahren Sie mit Ihrem Kind an den Regalen entlang, greifen hier mal zu, mal dort, und legen Ihre Einkäufe in den Wagen. Ihr Kind ahmt diese Situation nach. Es greift nach den bekannten Süßigkeiten und wirft sie ebenfalls in den Einkaufswagen.

»Schau, Mami, das kann ich schon alleine«, will es damit der Mutter sagen. Doch die versteht gar nichts und legt die süßen Sachen zurück in den Verkaufsständer.

Das Kind, das auf Lob gehofft hatte, fühlt sich unverstanden und steigert sich in einen Wutanfall hinein. Statt eines Lobs für seine gelungene Imitation Ihres Verhaltens und der süßen Belohnung wird es von Ihnen zurückgewiesen und getadelt. Es schreit sich ein, kann die Situation nicht lösen und brüllt seine Verzweiflung heraus. Sehen Sie sich die kritischen Konfliktsituationen genauer an und versuchen Sie, diese zu entschärfen. Sie könnten beispielsweise Ihrem Kind die Sachen, die Sie wirklich kaufen wollen, in die Hand geben, damit es diese dann eigenständig in den Wagen legen kann.

Was läuft hier verkehrt?

Je wichtiger Rituale und feste Grenzen für Ihr Kind sind, desto stärker werden bei Verletzungen dieser Regeln die Wutanfälle ausfallen. Selbst, wenn ganz vertraute, einfache Rituale wie das Begrüßungsritual oder das Einschlafritual verändert werden, kann für manches Kind eine Welt zusammenbrechen. Lauthals protestiert es dann gegen solche Verletzungen. Was soll es auch tun, wenn es Mama oder Papa nicht erklären kann, was falsch läuft? Ihr Kind kann sich vor Wut zerreißen. Diese ohnmächtige Wut, dieses Beharren auf Ritualen und Durchsetzen eigener Ideen, kommt jetzt – gegen Ende des zweiten Lebensjahrs – besonders häufig vor. Die Kinder stützen sich in der Zeit des Selbständigwerdens auf vertraute Rituale und Spielregeln, die ihnen Halt geben. Sie können sie aber noch nicht verbal einfordern. Und die einfachste nonverbale Kommunikation besteht eben in dem Ausleben von Trotz.

Wie helfe ich meinem trotzenden Kind?

Versuchen Sie herauszufinden, warum Ihr Kind so trotzig reagiert. Besteht zwischen Ihnen irgendein Missverständnis? Haben Sie ein bestimmtes Ritual geändert? Kinder sehen auch in Handlungsabfolgen Rituale, die uns Erwachsenen ganz unwichtig erscheinen: Wie wir uns verabschieden, ob wir vor dem Essen beten, wer zuerst ins Auto steigt. Versuchen Sie die Situation aus Kinderaugen zu durchleuchten und zu entschärfen. Ihr

Kind ist in dieser Lebensphase ziemlich sensibel und nimmt kleine Regelbrüche äußerst wichtig. Trotzverhalten entsteht aus Missverständnissen, verletztem Selbstwertgefühl und enttäuschten Erwartungen beim Kind – aber auch beim Erwachsenen. Wer ein Lob erhofft und einen Tadel bekommen hat, fühlt sich ohnmächtig und ungerecht behandelt. Solche Gefühle brennen sich in die kleine Seele ein. Da Ihr Kind diese Ohnmacht jetzt noch nicht in Worte fassen kann, reagiert es verstärkt mit Wut. Suchen Sie am besten die Ursache für diese Wut, bevor die Situation eskaliert. Dann können Sie künftig solche Situationen vermeiden. Aber: Auch wenn Sie die Ursachen erkannt haben, sollten Sie auf die Forderung Ihres Kindes keinesfalls eingehen. Kommt Ihr Kind mit seinem Trotzverhalten zum Ziel, lernt es: »Wenn ich nur richtig wütend werde, kann ich meine Ziele durchsetzen.« Also verständnisvoll, aber konsequent reagieren – so bekommen Sie die Trotzreaktion am besten in den Griff.

Wie löse ich einen Wutanfall auf?

Im zweiten Lebensjahr können sich Kinder in Rekordgeschwindigkeit von »zuckersüß« bis »zum Davonlaufen« verändern. Mit diesen Zaubertricks können Sie aus Ihren kleinen Bengelchen wieder Engelchen zaubern.

* Bleiben Sie konsequent bei Dingen, die Ihnen wichtig sind. Akzeptieren Sie Kompromisse bei Nebensächlichkeiten. Ihr Kind will sich im Autokindersitz nicht anschnallen lassen? Keine Diskussion. Es möchte zum Einschlafen an jedem Finger einen Schnuller baumeln haben – warum nicht!

* Setzten Sie das Wort **Nein** nur sparsam, aber dann konsequent und entschieden ein. Ein dahingesagtes **Nein**, dem kein Regress folgt, bewirkt gar nichts und

»Zeit für (B)Engelchen«

schwächt die Wirkung des wichtigen Signalwortes ab. Versuchen Sie daher das Wort »Nein« nur in wirklich wichtigen Situationen einzusetzen. »Nein, nicht anfassen, die Herdplatte ist heiß – Finger weg!«

* Ruhe bewahren – bis zehn zählen und ablenken. Auch wenn Ihr Kind gerade Rumpelstilzchen spielt und sich vor Wut am liebsten in der Mitte durchreißen würde. Machen Sie es wie die Königin und bleiben ganz ruhig. Ruhe bewahren hilft besser als ausgetragene Machtkämpfe. Vorsicht mit Strafandrohungen – sie müssen dann auch wirklich durchgeführt werden und bringen meist nichts, sondern verstärken die Situation noch. Manchmal kann es auch helfen, aus dem Zimmer zu gehen, um sich selbst zu beruhigen. Oder Sie schicken das Kind auf einen festen Platz, bis es sich wieder beruhigt hat. Das sollte keine Bestrafung, sondern eine Auszeit sein.

* Manche Kinder lassen sich beruhigen, wenn man sie fest in den Arm nimmt und beruhigend und verständnisvoll mit ihnen spricht. Andere Kinder ertragen keine noch so gut gemeinte Berührung. Im Gegenteil: Eine erzwungene Umarmung erhöht bei ihnen sogar noch die Wut.

* Zweifeln Sie nicht an der Liebe Ihres Kindes zu Ihnen, im Gegenteil. Ihre Eltern-Kind-Bindung ist sogar sehr fest. Kinder fühlen sich nur in Gegenwart einer vertrauten Person so sicher, dass sie sich trauen, den Aufstand zu proben. Ihr Kind will Sie mit seinem Wutanfall nicht ärgern oder reizen! Es ist nur enttäuscht und genervt, dass nicht alles genauso klappt, wie es sich das in den Kopf gesetzt hat.

* Ihr Kind schließt sich Ihnen in dieser Zeit eng an. Es möchte Sie imitieren und nachahmen und an Ihren Alltagsdingen teilhaben. Beziehen Sie Ihren kleinen

---

Am Rande

EIN EINSAMER GANG ZUM SPIELPLATZ

Jahrelang verbrachten wir unsere Urlaube am Timmendorfer Strand. Da die Großeltern in Hamburg lebten, ging's auch mal am Sonntag für ein paar Stunden an die Ostsee. Einen Nachmittag werden wir nicht vergessen: Meine Tochter war etwa 20 Monate und an diesem Wintertag pummelig warm angezogen, unterwegs wie ein kleiner, hüpfender Ball. Nachdem wir schon eine gute Weile auf dem Spielplatz gefroren hatten, zog es die Familie weiter auf die Strandpromenade. Auf einmal stellten wir fest, dass ein kleiner, hüpfender Ball einfach in die andere Richtung marschierte – und schon ein gutes Stück des Weges allein hinter sich gebracht hatte. Unsere Tochter wollte nichts anderes als zurück auf den Spielplatz, was sie – so klein sie war – mit starkem Willen und einem kleinen Wutanfall auch einfach machte.

4. SEMESTER / 19–24 Monate

Gernegroß in jede Tätigkeit mit ein. Wenn Sie Wäsche zusammenlegen, kann Ihr Kind parallel dazu seine Spielzeugkiste sortieren. Sie wollen sich ausruhen und Zeitung lesen? Holen Sie Ihr Kind mit aufs Sofa und legen Sie ihm ein Bilderbuch auf den Schoß. Loben Sie Ihr Kind gezielt, wenn es eine aufgetragene Aufgabe gut meistert. Das stärkt das Selbstbewusstsein eines Kindes und streichelt seine Seele.

✱ Ihr Kind hat zwei Herzen in seiner Brust. Es möchte die Welt erkunden und alles alleine machen. Aber gerade aus diesem Freiheitsdrang entstehen Trennungsängste. Unterstützen Sie Ihr Kind dabei, indem Sie es ganz fest in den Arm nehmen und ihm dadurch Sicherheit geben. Tragen Sie den Ängsten Rechnung, indem Sie oder die betreuende Bezugsperson sich in Reich- oder Rufweite des Kindes aufhalten, wenn es sich beschäftigt oder alleine spielt, so erleichtern Sie ihm den Weg zur Selbständigkeit.

»Alleine machen« macht selbständig!

Warum will sich mein Kind nicht helfen lassen?

»Alleine machen!« ist ein wichtiges Motto auf dem Weg zum selbständigen Kind. Eine anstrengende, aber wichtige Zeit für die Entwicklung. Die kleinen Entdecker erforschen jetzt ihre Umwelt. Spannend ist der Zusammenhang zwischen Ursache und Wirkung. Was passiert, wenn ich an der Tischdecke ziehe? Passt ein Spielzeugauto in den Videoschlitz? Kann man die Hände auch in der Kloschüssel waschen? Tausende von wichtigen Fragen. Ihr Kind muss ausprobieren, um die Antwort zu finden. Jede Entdeckung ist ein Puzzlestück, mit dem sich die Welt der Erwachsenen erschließen lässt. Für Eltern ist das eine anstrengende Zeit. Sie brauchen jetzt gute Nerven.

Was spielt sich im kleinen Köpfchen ab?

Der Druck, selbständig zu werden, ist tief in unserer Genetik verankert und hat einen wichtigen Sinn. Durch ihn übt Ihr Kind auch komplizierte Handlungsmuster und versteht das Prinzip von Ursache und Wirkung. Diese komplexen Zusammenhänge speichert es dann als Informationseinheit in seinem Gehirn ab. Solche Informationen können bei Bedarf abgerufen und angewendet werden. Machen Sie sich klar: Ihr Kind will Sie nicht ärgern, wenn es ausprobiert, ob die Wäscheklammern auch an den Ohren oder der Nase halten, ob der linke Gummistiefel auch über den rechten Fuß geht oder ob das Marmeladenbrot auch in den DVD-Einzug passt. Es geht nur seinem angeborenen Forscherdrang nach.

Wie lernt mein Kind, alleine zu spielen?

Auch das Spielverhalten ändert sich in dieser Zeit und ist geprägt vom Selbständigkeitsdenken Ihres Kindes. Nutzen Sie diesen Freiheitsdrang, indem Sie Ihr Kind zum »Alleine spielen« führen. Alleine heißt dabei nicht isoliert und einsam, sondern nur »mit sich selbst beschäftigt«. Ihr Kind kann sich jetzt maximal 30 bis 60 Minuten alleine mit einem Bilderbuch, den Bauklötzen oder einer Puppe beschäftigen. Absolut wichtig ist aber, dass Ihr Kind beim Spielen weiß, dass Sie oder eine andere Bezugsperson in der Nähe sind. Manche Kinder brauchen den Sichtkontakt. Anderen reicht es, wenn sie ihre Mutter oder Oma hören. Versuchen Sie deshalb, immer in der Nähe zu bleiben. Wenn Sie die Wohnung verlassen müssen, um kurz in den Keller oder den Garten

---

EXPERTENTIPP

Futter fürs Gehirn

Jede neue Information füttert das Gehirn Ihres Kindes. Es kann etwa 300 neue Informationen am Tag verarbeiten und speichern. Am besten entwickelt sich der Verstand, wenn das Kind die Probleme und Rätsel, auf die es stößt, selbst lösen darf. Das Ausleben dieses Forschungsbedürfnisses sorgt für eine optimale Entwicklung des kleinen Gehirns.

4. SEMESTER / 19–24 Monate

Am Rande
KEEP SMILING.
Ruhe bewahren, Sicherheit ausstrahlen und das Beste aus den kuriosen Situationen machen. Legen Sie doch ein Notizbuch für die unglaublichsten Experimente an und schenken Sie es Ihrem Kind zum 18. Geburtstag vor den versammelten Gästen. Rache ist süß! Die Partygäste werden sich amüsieren.

zu gehen, sagen Sie unbedingt Bescheid oder nehmen Sie Ihr Kind mit. Wenn Ihr Kind Sie nur fünf Minuten ohne Erfolg ruft, kann es Wochen dauern, bis das Vertrauen wieder aufgebaut ist. Zum Alleinspielen gehört, dass Ihr Kind unbeeindruckt weiterspielt, auch wenn Sie den Raum verlassen. Das »Alleinebleiben« können Sie mit Ihrem Kind üben: Wählen Sie den Moment, in dem Ihr Kind vom Spiel oder einem Bilderbuch fasziniert ist, und verlassen Sie dann ganz selbstverständlich für ein paar Minuten das Zimmer, lassen aber die Tür offen und halten Sprechkontakt. Verlängern Sie Ihre Abwesenheit schleichend, bis es ohne Probleme auch mal länger alleine im Zimmer bleibt und sich dadurch nicht im Spiel unterbrechen lässt.

Was steckt hinter den Als-ob-Spielen?

Zwingen Sie Ihr Kind nicht zum Alleinespielen, das wird nicht funktionieren. Manchmal kann es helfen, wenn Sie Ihr Kind »einspielen«. Spielen Sie zunächst parallel neben Ihrem Kind, aber nicht mit ihm und wenden Sie sich, sobald Ihr Kind in seinem Spiel gefangen ist, einer anderen Beschäftigung zu. Ihr Kind vertieft sich beim Spiel nun zunehmend in sogenannte sequenzielle Spiele, bei denen es beispielsweise so tut, »als ob« es kocht. Es legt eine Portion Sand auf seine Hand und dekoriert es noch mit einem abgerissenen Blatt – fertig sind Pommes mit Schnitzel. Stolz steht es dann vor Ihnen und erwartet, dass Sie mit großem Genuss den Teller leer essen, um dann schnell wieder in die Sandkastenküche zu verschwinden und den Nachtisch vorzubereiten.

Hat mein Kind einen Ordnungstick?

Noch etwas verändert sich in dieser Zeit im Spiel Ihres Kindes. Es entwickelt plötzlich einen neuen Ordnungssinn und versucht, Autos in eine Reihe zu stellen, die großen Laster in eine andere, oder Klötze nach Farben zu sortieren. Diese Phase des Ordnens und Kategorisierens spiegelt leider nicht einen plötzlich erwachten Ordnungssinn des Kindes wider, der im selbständigen Aufräumen des Kinderzimmers gipfeln könnte. Dieses Verhalten zeigt lediglich den Wunsch Ihres Kindes, Dinge nach ihren speziellen Eigenheiten und Beschaffenheiten zu sortieren. Es kann daher jetzt mit großer Begeisterung beispielsweise eine Kugel in das runde Loch und eine Pyramide in die dreieckige Öffnung legen.

Laufen, Springen, Rennen

Wie entwickeln sich die motorischen Fähigkeiten?

Gegen Ende ihres zweiten Lebensjahres haben fast alle Kinder das sichere Laufen, Rennen und Stehen gelernt. Mit schier ungebremster Energie, die uns Erwachsene vor Neid erblassen lässt, erobern sie den Spielplatz und unser Herz. Faszinierend ist die Fähigkeit, stundenlang in der Hocke zu spielen, Steine zu sammeln oder Grashalme zu pflücken. Ihr Kind liebt nun seinen kleinen Wagen, den es mit den Grashalmen und Steinen beladen und überall hinter sich herziehen kann. Stofftiere werden ununterbrochen mitgeschleift und Watschelenten hinterher gezogen. Ihr Kind hat jetzt auch die Fähigkeit, sich sicher im Raum zu orientieren und seine eigene Größe einzuschätzen. Es hat gelernt, dass es Dinge auf dem obersten Regal nicht ohne Hilfe erreichen kann. Es

4. SEMESTER / 19–24 Monate

kann den Sessel und den eigenen Kinderstuhl meist schnell erklettern und sich selbständig in den Hochstuhl setzen. Vorsicht bei instabilen Modellen! Rutschautos in allen Farben und Formen begeistern jetzt zunehmend Ihr Kind. Recht schnell erlernt es die Technik, sich mit den Füßen abzudrücken und zu lenken. Dreiräder und Laufräder sind zwar auch schon interessant, die Kleinen tun sich aber mit der Koordination der Pedale und dem Lenken noch schwer.

Saugen, Lutschen, Schnullern

Warum wollen eigentlich alle Säuglinge nuckeln?

Nuckeln und Saugen ist ein tief verwurzeltes Bedürfnis aller Babys. Sie heißen schließlich nicht von ungefähr Säuglinge. Wir alle kennen die Fotos aus dem Mutterleib, auf denen zu sehen ist, wie schon das Ungeborene an seinem Daumen nuckelt. Das lässt sich dank der neuesten Generation von Ultraschallbildern in der Schwangerschaft beim eigenen Kind auf dem Monitor beim Frauenarzt gut beobachten. Direkt nach der Geburt wandert bei einigen Kindern der Daumen sofort wieder in den Mund. Wen wundert das, wenn man weiß, dass beim Saugen Glückshormone (Endorphine) im Körper ausgeschüttet werden. Sie wirken entspannend, schmerzlindernd und schlaffördernd. Aus diesem Grund sollten Säuglinge in den ersten Lebensmonaten saugen dürfen, wann immer sie möchten. Der eigene Daumen steht Ihrem Kind dafür ganz unmittelbar zur Verfügung. Er hat auch den Vorteil, dass er nicht so schnell verloren gehen kann. Den Nachteil entdecken die Mamas erst später. Denn man kann den kleinen Daumen zum Abgewöhnen nicht einfach so fortwerfen oder verstecken.

Am Rande

BOBBYCAR

Unglaublich, wie viel Energie mein Sohn aufgebracht hat, wenn es um sein geliebtes Bobbycar ging. Bei jedem Spaziergang – und egal bei welchem Wetter – saß er auf seinem Rutschauto und preschte vorweg. Eines sollte man sich klarmachen: Die Schuhe sind hin! Mein Sohn ruinierte in der Bobbycar-Zeit so ziemlich alle seine Schuhe – ich habe diese Löcher in den Schuhkappen über dem großen Zeh noch heute vor Augen.

Das Daumenlutschen besser abgewöhnen?

Im neunten Monat wird der Saugreflex durch den Kaureflex abgelöst. Ab jetzt ist das Nuckeln eigentlich nur noch eine lieb gewordene Angewohnheit Ihres Kindes, die es umso schwerer aufgeben wird, je länger es nuckeln darf. Zahnärzte raten übrigens, den kleinen Däumlingen ihren Daumen lieber früher als später abzugewöhnen. Der Grund: Der Daumen sei weder elastisch noch kiefergerecht geformt. Was sonst noch gegen das lang andauernde Daumenlutschen spricht: Manche Kinder lutschen sich den Daumen regelrecht flach oder entwickeln eine Hornhaut auf dem Daumenrücken. Häufiges Daumenlutschen kann zu schwer korrigierbaren Fehlstellungen im Zahn- und Kieferbereich führen, da die Schneidezähne ungünstig nach vorne gedrückt werden. Dies könnte einen sogenannten »offenen Biss« verursachen, der dann später kieferorthopädischer Behandlung bedarf. Das Kind wird beim Kauen beeinträchtigt, da die Schneidezähne nicht mehr richtig abbeißen können. Bei manchen Dauerlutschern schließt sich der Mund nicht richtig und das Kind atmet vermehrt durch den Mund. Dadurch trocknet die Mundhöhle leichter aus. Das Karies- und Infektionsrisiko steigt. So erkranken »Dauerlutscher« häufiger an Mittelohrentzündungen. Die Lautbildung der Zischlaute wird zudem beeinträchtigt und kann Sprachstörungen auslösen.

Lispeln durch den Schnuller?

Kinder, die ständig Daumen oder Schnuller lutschen, laufen Gefahr, später zu lispeln. Durch Schnuller oder Daumen wird die »Wanderung« der Zunge in Richtung Gaumen stark behindert. Die Zunge liegt beim Sprechen »im Weg«. Dadurch hat das Kind bei den S- und Z-Lauten Schwierigkeiten. Aber keine Panik, bitte. Hört das

Kind vor dem dritten Lebensjahr mit dem Daumenlutschen oder Schnullern auf, wird sich die »normale« Sprache meist wieder entwickeln.

Adieu, lieber Schnuller!

EXPERTENTIPP

Und tschüss!

Auch wenn ein flexibler, »kiefergerechter« Schnuller im Vergleich zum Daumenlutschen weniger Schaden anrichtet, gilt auch hier die Devise: Spätestens im dritten Lebensjahr muss der geliebte Tröster weg – der Zahngesundheit Ihres Kindes zuliebe.

Wie lasse ich den Schnuller verschwinden?

Mit diesen Tipps bringen Sie Ihr Kind schonend durch diese Trennungsphase. Der ideale Zeitpunkt, das Nuckeln aufzugeben, ist die Phase der Umstellung vom Saug- zum Kaureflex, also etwa im achten/neunten Monat.

* Geben Sie Ihrem Kind in dieser Zeitspanne einen Beißring oder ein Spielzeug, auf dem es beißen kann. Dann »vergisst« es schnell den geliebten Sauger.
* Geben Sie Ihrem Kind bereits nach dem ersten Geburtstag den Schnuller nur noch zu ganz bestimmten Zeiten (Schlafen oder Krankheit), damit es registriert, dass der Schnuller nicht mehr zu jeder Zeit verfügbar ist.
* Das Saugbedürfnis ist meist schon nach ein paar Minuten befriedigt; lassen Sie sich den Schnuller dann zurückgeben und tauschen Sie ihn gegen ein Spielzeug aus, das Sie Ihrem Kind in die Hand geben.
* Kaufen Sie keine neuen Schnuller mehr nach. Alte oder verlorene Schnullis werden nicht mehr ersetzt. Ein – zugegeben – etwas fieser Trick: Sie können die natürliche Alterung beschleunigen, indem Sie ein kleines Loch in den Schnuller (nicht bei Silikon!) stechen und dadurch die Luft rauslassen. Dann bringt das Saugen gar keinen Spaß mehr. Ihr Kind kann den Sauger noch ein paar Tage behalten und schließlich selber in den Müll schmeißen.

✱ Erzählen Sie Ihrem Kind von der Schnullerfee, die den Schnuller abholt und im Tausch dafür einen Wunsch erfüllt. Schreiben Sie mit Ihrem Kind einen Wunschzettel und werfen Sie ihn in den Briefkasten. Dann den Schnuller in ein Kästchen und als Geschenk verpackt auf die Fensterbank legen. Nachts durch das gewünschte Geschenk ersetzen. Erklären Sie Ihrem Kind, warum die Fee den Schnuller abholt, etwa weil sie ihn einem neugeborenen Baby bringen will oder einem Hundewelpen oder einem armen Baby, je nachdem, was bei Ihrem Kind am besten ankommt. Meistens sind die Kinder bereit, den Schnuller zu tauschen und den Abschied zu akzeptieren. Kann Ihr Kind am nächsten Tag dann nicht ohne Schnuller einschlafen und bereut es seinen Tausch, können Sie ihm ja anbieten, dass die Fee vielleicht das Geschenk wieder zurücktauscht. Die meisten Kinder schrecken davor zurück, das neue Spielzeug wieder herzugeben.

> **Am Rande**
> ## GLÜCKLICH OHNE SCHNULLER
> Irgendwie haben wir damit gar nicht erst angefangen! Natürlich gab's mal kleine Schreiattacken, bei denen ich meinte, ein Schnuller könnte helfen. Also bot ich ihn meinen beiden Kindern an, aber beide legten von sich aus keinen Wert darauf! Vielleicht lag es auch daran, dass ich den Kindern dann immer ein warmes Getränk aus der Flasche anbot – da konnten sie nuckeln, und durch die Nahrungsaufnahme lösten sich alle Probleme.

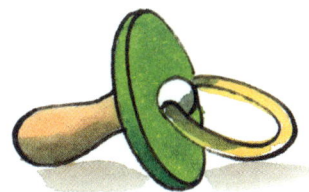

Mein Kind in guten Händen

Krippe, Oma oder Au-pair – wohin mit meinem Kind?

Früher oder später kommt der Moment der ersten längeren Trennung. Mütter, die wieder an ihren Arbeitsplatz gehen, benötigen einen Betreuungsplatz. Je nachdem, ob Sie Ihr Kind nur für ein paar Stunden zur Betreuung geben möchten oder für den ganzen Tag, bieten sich verschiedene Betreuungsmöglichkeiten an. Die unterschiedlichen Modelle sind aber nicht überall gleich gut vertreten. So gehen bisher bundesweit – laut Statistischem Bundesamt – nur etwa 13 Prozent der unter Dreijährigen in eine Kinderkrippe oder zu einer Tagesmutter.

Ist Oma wirklich die Beste?

In den meisten Fällen sind die Großeltern die günstigste und beste Lösung. Gerade auf dem Land, wo Krippenplätze rar sind und viele Großeltern in der Nähe wohnen, kümmern sich diese meist gern um die geliebten Enkel. Voraussetzung ist allerdings, dass Oma und Opa nicht mit der Betreuung überfordert werden. Der Vorteil: Ihr Kind profitiert von der Lebenserfahrung und Gelassenheit der Älteren und wird von ganzem Herzen geliebt. Es lernt zudem viel über die eigene Familie und Herkunft, erfährt lebendig Geschichte und die Veränderungen, die das Alter mit sich bringt. Ebendiese Vertrautheit kann aber auch zu Konflikten führen. Veraltete Erziehungsmodelle oder Ernährungsweisen können Zündstoff in sich bergen. Eltern, die ihr Kind ständig bei den Großeltern »abgeben«, sollten darauf achten, dass der Kontakt zu gleichaltrigen Kindern nicht verloren geht. Auch die entsprechende Stimulierung Ihres Kindes ist wichtig, damit es altersgerecht gefördert wird

---

Am Rande

EINE FESTE BEZUGSPERSON

Familie und Beruf – das sind zwei Seiten einer Medaille! Für Frauen ist Berufstätigkeit heute selbstverständlich – viele Familien sind zudem auf ein zweites Einkommen angewiesen. Der Entwicklung der Kinder ist eine Fremdbetreuung absolut nicht abträglich. Man sollte nur darauf achten, dass sich in der Kleinkindphase eine gewisse Kontinuität in der Betreuung ermöglichen lässt. Hier bin ich sehr froh, das bewältigt zu haben. Man muss sich ein kleines »Netzwerk« der gleichen Betreuungspersonen aufbauen, damit sich die Kinder auch in Abwesenheit der Mutter geborgen fühlen.

und sich entsprechend entwickeln kann. Für die meisten Großeltern ist das heutzutage bereits selbstverständlich. Für die Eltern sollte es genauso selbstverständlich sein, sich hin und wieder mit einem Blumenstrauß oder einer Einladung zum Essen für die Betreuung zu bedanken.
Fazit: Großeltern sind die besten Babysitter der Welt, wenn die Stimmung entspannt und konfliktfrei ist und alle Themen rund ums Kind offen angesprochen werden können.

Was ist eigentlich eine Leihoma?

Gerade in Ballungsräumen leben viele Familien räumlich getrennt von den Großeltern. Hier gibt es die Möglichkeit der »Leihoma«. In größeren Städten gibt es Agenturen, die sich auf die Vermittlung von Ersatzomas spezialisiert haben. Auch Pfarrämter und Jugendämter können Ihnen eventuell weiterhelfen und entsprechende Kontakte knüpfen. Ersatzomis sind meistens zeitlich flexibel und können Ihr Kind auch mal im Krankheitsfall betreuen. Die ältere Dame kommt zu Ihnen nach Hause und kümmert sich in vertrauter Umgebung um Ihr Kind. Im Idealfall entwickelt sich eine herzliche, familiäre Bindung zu der Ersatzoma. Am besten lassen Sie sich viel Zeit beim Kennenlernen. Während Ihr Kind schläft, kann sie auch mal leichte Arbeiten übernehmen wie Geschirrspülmaschine ausräumen oder Wäsche zusammenlegen. Strittige Themen wie Ernährung und Erziehung müssen vorher klar abgesprochen werden. Leihomas sind nicht ganz billig und können zwischen 400 und 800 Euro im Monat kosten.

Zwei Muttis – wie geht das denn?

Auch wenn der Ausbau von Krippen und Horten voranschreitet, gibt es längst noch nicht genügend Plätze für die Ganztagsbetreuung, um den Bedarf berufstätiger Eltern zu decken. In solchen Fällen können Tagesmütter einspringen. Eine Tagesmutter darf zu ihrem eigenen Kind zusätzlich bis zu drei Kinder aufnehmen, bei mehr Kindern ist eine Pflegeerlaubnis nötig. So manche berufstätige Mutter ist auf der Suche nach einer geeigneten Unterbringung selbst zur Tagesmutter geworden. Sie hat mit der Betreuung weiterer Kinder gleichzeitig ein zweites Einkommen dazugewonnen. Gerade schüchterne Kinder aus kleinen Familien kommen in diesen Minigruppen voll auf ihre Kosten und können sogar geschwisterliche Gefühle untereinander entwickeln. In der Regel werden die Kinder zur Tagesmutter nach Hause gebracht und dort versorgt. Manchmal – das ist dann die luxuriösere Variante – kommt die Tagesmutter auch ins Haus. Ganz entscheidend für das Gelingen dieses Modells ist: Die Vorstellungen über die Erziehung oder Ernährung Ihres Kindes müssen vorher genau abgesprochen werden. Das gilt auch für Bring- und Abholtermine und Fragen der Haftpflichtversicherung und Kompetenz der Tagesmutter. So eine individuelle Lösung hat ihren Preis. Je nach Ort und Ausbildung nehmen Tagesmütter 300 bis 700 Euro im Monat.

Eine nette Tagesmutter kann sich aber auch zur primären Bezugsperson für ein Kind entwickeln. Das ist dann natürlich nichts für eifersüchtige oder unsichere Mütter.

Am Rande

KLASSE KRABBELKREIS

In unserem Vorort bietet die katholische Gemeinde einen Krabbelkreis für Zweijährige im Pfarrheim an. Frühe Anmeldung war und ist ein Muss! Die Plätze sind heiß begehrt. Eine Mutter übernahm die Verantwortung für zehn Kinder, zwei Vormittage drei Stunden. Jeweils eine Mutter aus dem Kreis begleitete die »Chefin« und musste dann auch mal ein »fremdes« Kind wickeln. Alle waren glücklich: die Kinder wurden früh an schöne Spiel-Stunden ohne Mutter gewöhnt. Und die freute sich über zwei freie Vormittage …

»Zeit für (B)Engelchen«

Au-pair-Mädchen – Hilfe oder Last?

Für viele junge Familien ist das Leben mit einem Au-pair-Mädchen eine spannende Sache. Voraussetzung hierfür ist ein eigenes Zimmer für den Gast. Die Mädchen zwischen 18 und 25 kommen normalerweise für ein Jahr in den Haushalt und übernehmen gegen Kost und Logis sowie ein Taschengeld vor allem die Kinderbetreuung. Läuft alles gut, bekommt Ihr Kind eine ältere Schwester. So manche lebenslange, tiefe Verbundenheit gründet sich auf einen Au-pair-Aufenthalt. Vorteil: Ihr Kind ist rund um die Uhr betreut. Für die Eltern gibt es auch mal einen freien Abend mit gesicherter Betreuung. Klar, dass das Gelingen von den einzelnen Charakteren abhängt – genauso wie von Ihrer Bereitschaft, sich um den Gast-Betreuer Ihres Kindes zu kümmern. Ein Au-pair-Mädchen ist keine billige Arbeitskraft, sondern ein Gast in unserem Land, der Kultur und Sprache kennenlernen möchte. Gemeinsame Ausflüge und Stadtbesichtigungen sollten daher ebenso auf dem Programm stehen wie Museums- und Theaterbesuche. Eine kompetente Kindererziehung können Sie von diesen jungen Frauen übrigens nicht erwarten. Im schlimmsten Fall haben Sie eine aufmüpfige Jugendliche im Haus, die in Ihrer Abwesenheit wilde Partys feiert, im Idealfall ein neues Familienmitglied, das Ihnen ans Herz wächst. Nach einem Jahr ist dann meistens Schluss. Für manche Kinder bricht eine Welt zusammen, wenn die vertraute Bezugsperson gehen muss und nicht mehr bei ihnen wohnt. Das Au-pair darf maximal 30 Stunden pro Woche arbeiten und hat Anspruch auf einen von Ihnen bezahlten Sprachkurs sowie auf derzeit monatlich 205 Euro Taschengeld und Kranken- und Haftpflichtversicherung. Summa summarum kommen so monatlich etwa 550 Euro an Kosten auf Sie zu.

EXPERTENTIPP

Ost-West-Betreuung

In den 16 Bundesländern gibt es deutliche Unterschiede in der frühkindlichen Bildung und Betreuung. Im Osten stehen wesentlich mehr Betreuungsplätze zur Verfügung. In Westdeutschland wird vor allem an der Qualität des Angebotes gearbeitet. Den Vorreiter spielt Sachsen-Anhalt: Zehn Prozent der Kinder unter einem Jahr besuchen eine Einrichtung. Bei den Einjährigen sind es 60 Prozent, bei den Zweijährigen 85 Prozent und bei den Dreijährigen 94 Prozent. In Sachsen-Anhalt besteht ein Rechtsanspruch auf einen Betreuungsplatz von Geburt an.
(Ergebnis einer Studie der Bertelsmann Stiftung vom Juni 2008, die die frühkindlichen Bildungssysteme miteinander vergleicht.)

Fördert die Gruppe mein Kind?

Bundesweit gibt es zu wenige Krippenplätze. Das Angebot bleibt immer noch weit hinter dem Bedarf an Betreuungsplätzen zurück. Krippen oder auch Horte wurden lange Zeit als Aufbewahrungsanstalt und Abschiebeort geschmäht. Die modernen Kinderkrippen haben aber mit diesen Vorgängern wenig gemein. Die Krippen sind fast durchweg auf einem guten Niveau – mit freundlichen, hellen Räumen, kleinen Gruppen und geschultem Personal. Der Vorteil der Krippen liegt eben in dieser geschulten Ordnung. Ihr Kind lernt erste Regeln im Zusammenleben und wird professionell gefördert. Der Alltag ist klar strukturiert und bietet oft mehr Anregung und Bewegung als das gewohnte Umfeld. Dass Ihr Kind gerade am Anfang vermehrt Infektionen mit nach Hause bringt, scheint das Immunsystem zu stimulieren und abzuhärten. So ist das Risiko, später an Allergien zu erkranken, bei Krippenkindern dreimal geringer als bei Kindern, die keine Krippe besucht haben. Sensible Kinder können allerdings in zu großen Gruppen »untergehen« und mit Stresssymptomen reagieren. Viele Krippen können aus Personalgründen keine individuelle Förderung eines Einzelnen anbieten. Wenn Sie Ihren Säugling in einer Krippe unterbringen möchten, sollten Sie darauf achten, dass die Gruppen nicht zu groß sind. Vier bis sechs Kinder sind das Maximum. Die Kosten für die Unterbringung variieren nach Ort und eventuell auch Einkommen der Eltern und liegen derzeit zwischen 100 und 400 Euro im Monat. Alleinerziehende Eltern werden meist bevorzugt aufgenommen.

Was wird bei der U7 untersucht?

Die Abstände zwischen den Untersuchungen werden jetzt größer. Zwischen der U6 und der U7 liegt schon fast ein Jahr Pause. Nun haben Sie auch die Möglichkeit, alle Fragen zu stellen, die sich mit der Zeit angesammelt haben. Zum Abschluss des zweiten Lebensjahres, also zwischen dem 21. bis spätestens 24. Monat, wird es wieder Zeit für die nächste Vorsorgeuntersuchung. Ihr Baby ist inzwischen zum Kleinkind herangewachsen. Bei der sogenannten »Zweijahresuntersuchung« steht daher besonders die kognitive Entwicklung Ihres Kindes im Mittelpunkt. Ihr Kinderarzt überprüft, ob es seinem Alter entsprechend weit in seiner Entwicklung ist. Eine Bewegungsstörung sollte spätestens jetzt erkannt und behandelt werden. Kann es Zwei-Wort-Sätze sprechen? Ist es in der Lage, die Körperteile richtig zuzuordnen? Beherrscht es mindestens zwanzig verschiedene Begriffe, die sogenannte »Zwanzig-Wort-Schwelle«? Ein weiteres Augenmerk richtet der Arzt dann auf die Entwicklung des Gebisses und auf die Mundhygiene. Bei Verdacht auf Sehstörung oder bekannter Sehschwäche in der Familie kann Ihr Kind dem Augenarzt vorgestellt werden.

4. SEMESTER / 19–24 Monate

Der zweite Geburtstag
Hurra, ich bin bald 2!

Wie feiern wir am besten?

Dieser Geburtstag ist jetzt schon ganz anders als der erste Geburtstag. Unzählige Bücher geben Tipps, wie Eltern den anstrengenden Kindergeburtstag überleben. Trotzdem: Noch dürfen Sie entscheiden, wann, wo und ob gefeiert und wer eingeladen wird. Und auch hier gilt: Geburtstag feiern ist keine olympische Disziplin. Lassen Sie sich nicht von anderen Müttern in einen Wettbewerb um den tollsten Kindergeburtstag zwingen.

Welches Spielzeug eignet sich für Zweijährige?

* Holzbauklötze
* Große Steckbausteine
* Hampelmännchen
* Lastwagen zum Draufsitzen
* Holzeisenbahn ohne Schienen
* Babypuppe mit Zubehör und Puppenwagen
* Einfache Puzzles oder Bilderwürfel mit wenigen Teilen
* Schlitten zum Ziehen
* Aufstellspielzeug (zum Beispiel Bauernhof, Zoo)

> **Am Rande**
> **BRIEF AN DICH**
> In der Kindergruppe meines Sohnes habe ich mal eine nette Idee gehört. Eine Oma schreibt ihrer Enkelin seit dem ersten Geburtstag jedes Jahr einen Geburtstagsbrief. Darin erzählt sie dem Kind, was alles im vergangenen Jahr passiert ist, wie es sich entwickelt hat und was die Oma ganz besonders an ihrer Enkelin liebt. Spätestens zum 18. Geburtstag soll das Kind die Briefsammlung bekommen.

5. Semester / 25–30 Monate

»Zeit für Magie«

Ihr Kind steht jetzt schon ganz sicher in seiner Welt. In seinem dritten Lebensjahr entwickelt es zunehmend Interesse an anderen Kindern und experimentiert schon mit der Grammatik und Satzbildung. Es kann die Treppe aufrecht hoch- und runtergehen und benutzt die letzte Stufe gern als Sprungbrett. Bälle kann es gut auffangen und es beherrscht das Laufrad oder Dreirad. Zudem explodieren die kognitiven Fähigkeiten. Die Welt Ihres Kindes wird jetzt zunehmend von unsichtbaren Kräften und magischen Wesen bevölkert. Es sucht eigene Erklärungen für ihm unverständliche Dinge. Die sogenannte »magische Phase« beginnt und beeinflusst das abstrakte Denken und Handeln Ihres Kindes.

5. SEMESTER / 25–30 Monate

Im dritten Lebensjahr machen die Kinder wieder einen bemerkenswerten Sprung in der Entwicklung. Es ist so spannend zu erleben, wie sie immer mehr sich selbst und ihre Umgebung erfahren, sicherer und selbstbewusster werden. Ich sehnte den Kindergarten herbei, denn den Kindern war sehr anzumerken, wie viel Spaß ihnen das Spiel mit Gleichaltrigen und besser noch mit »Größeren« machte. Ein kleines Geständnis am Rande: Ich selbst spiele nicht so sehr gerne. Klar: Eine Runde Toben, eine Runde Ballspiel war und ist mit den Kindern immer drin, aber ein lang anhaltendes, selbstvergessenes Spiel ist meine Sache nicht. So freute ich mich immer riesig über die Freude meiner Kinder im Spiel mit ihresgleichen. Kinder wollen Kinder! Der Dreijährige bewundert den fünfjährigen Nachbarsjungen, und die große sechsjährige Cousine ist stolz, den Dreijährigen an die Hand zu nehmen und sich um ihn zu kümmern. Und dann organisieren sie ihre kleine Kinder-Olympiade schon selbst! Da setze ich mich dann gerne in die erste Reihe und spende reichlich Applaus!

Auf dem Weg zum Ich

Was lernt mein Kind im dritten Lebensjahr?

Ihr Kind wird motorisch immer sicherer. Es kann beim Laufen und Rennen abrupt abbremsen und einem Hindernis ausweichen, ohne hinzufallen. Auch wird es geschickter, kann Gegenstände mit Hilfe der Dreifinger-Spitztechnik ergreifen und exakt benutzen. Der Wortschatz wächst täglich und führt dazu, dass Ihr Kind bald Drei- bis Fünf-Wort-Sätze sprechen kann. Seine Aussprache wird deutlicher und Ihr Kind wird auch von

Menschen außerhalb der Familie gut verstanden. Es spielt jetzt ganz konzentriert und versunken und vertieft sich gerne in »Als ob-Spiele«. Dabei ahmt es gern die Tätigkeiten Erwachsener in Rollenspielen nach. Ihr Kind nimmt jetzt zunehmend auch andere Kinder mit Interesse wahr und versucht in Kontakt mit ihnen zu kommen. Zweijährige spielen mit- und nicht mehr nebeneinander. Ganz langsam beginnt auch der Abschied von der Windel. Das stärkt gleichzeitig das Selbstbewusstsein Ihres Kindes. Es erkennt sich im Spiegel und nimmt sich und seine Wünsche als »Ich« wahr.

Wie entwickeln sich die sprachlichen Fähigkeiten weiter?

Ihr Kind erweitert im dritten Lebensjahr seine Sprachfähigkeiten und seinen Wortschatz erheblich. Jetzt schafft es schon, kurze Sätze aus drei bis fünf Wörtern richtig aneinanderzureihen. Zudem beginnt es, mit der Grammatik zu experimentieren. Ein spannender Prozess, der sich über mehrere Jahre hinzieht, bis es die Muttersprache letztlich perfekt beherrscht. Kinder kreieren Worte nach ihrer eigenen Logik und ihrem eigenen grammatikalischen Verständnis. Der weibliche Papagei heißt folglich Mamagei und die Sandale eigentlich Zehdale, denn man sieht doch die Zehen und nicht den Sand im Schuh. Zum Nachtisch gibt es Melohnung (Mischung aus Belohnung und Melone) und der Reißverschluss wird in Ziehverschluss umgetextet. Solche urkomischen Worterfindungen und Wortkreationen treten jetzt tagtäglich auf. Sie werden aber schon bald durch die sprachliche Weiterentwicklung gelöscht und vergessen. Verbessern Sie die »falschen« Wörter nicht, sondern wiederholen Sie sie lieber noch einmal richtig, sonst verliert Ihr

5. SEMESTER / 25–30 Monate

> **Am Rande**
> **WÖRTERBUCH**
> Als meine Kinder angefangen hatten, ihre eigenen Wörter zu bilden, konnte ich mir das Lachen über ihre kreativen Wortschöpfungen manchmal kaum verkneifen. So lustig war das. Und zugleich hat mich tief beeindruckt, was alles im Köpfchen eines Zweijährigen vorgeht. Deshalb habe ich für beide ein kleines Wörterbuch zur Erinnerung an ihre kreative Sprechenlernzeit angelegt, in dem wir manchmal gemeinsam blättern und uns daran erfreuen.

Kind die Lust am freien Fabulieren und traut sich nicht mehr, neue Wörter auszusprechen. Laschwappen, Karpurze, Fermilie und Nudeln mit ohne Soße sind wichtige »Stolpersteine« auf dem Weg zur richtigen Sprache. Ihr Kind lernt durch seine Fehler.

Wie gut spricht mein Kind?

Beim Sprechenlernen gibt es große Unterschiede in der individuellen Entwicklungsgeschwindigkeit. Jedes Kind hat sein eigenes Tempo. Mädchen sind den Jungen generell ein Stück voraus. Sie benutzen im Durchschnitt schneller ihren Vornamen und bauen auch früher Zwei-Wort-Sätze als Jungen. Aber auch innerhalb der Geschlechter sind die Unterschiede groß. Um den zweiten Geburtstag herum beherrschen etwa 90 Prozent der Kinder einen Wortschatz von 300 bis 400 Wörtern. Bei Kindern, die jetzt weniger als 50 Wörter beherrschen, sprechen die Experten von einer »verzögerten« Sprachentwicklung. Rund die Hälfte der »Spätzünder« wird diese Entwicklungsverzögerung bis zum Ende des zweiten Lebensjahrs aufgeholt haben.

Eltern, deren Kind zu den sprachlichen Spätstartern gehört, sollten den Kinderarzt zu Rate ziehen. Denn manchmal wird die Verzögerung durch ein organisches Problem wie Schwerhörigkeit verursacht. Übrigens: Kinderärzte raten, spätestens zum dritten Geburtstag mit der logopädischen Förderung zu beginnen, um die Defizite auszugleichen und eventuelle Sprachhemmnisse wie Daumen- oder Schnullernuckeln so schnell wie möglich zu unterbinden (siehe 4. Semester).

»Oma, du schon wieder?«

Neben der ortstypischen Sprachmelodie schleichen sich jetzt auch schon mal Dialekte und Spracheigenheiten anderer Menschen in die Aussprache Ihres Kindes ein. Erkennen Sie sich jetzt auch schon mal in dem Echo Ihres Kindes wieder? Richtig peinlich kann so eine Situation werden, wenn an unpassender Stelle Ihr Kommentar wortgetreu wiederholt wird. Ob die Schwiegermutter amüsiert ist, wenn ihr Besuch von ihrem Enkel mit den Worten »Die Oma ist schon wieder da!« angekündigt wird? Deshalb achten Sie im eigenen Interesse auf Ihre Sprache. Ihren Dialekt, geräuschvolle Atempausen, Räuspern, Ähms und Stotterer – alles werden Sie von Ihrem kleinen Papagei zu hören bekommen, exakt betont und wortgetreu wiedergegeben, jedoch meist noch ohne jeden inhaltlichen Bezug.

Gleich mehrere Sprachen lernen?

Das ist schon phänomenal: Kleinkinder können gleichzeitig verschiedene Sprachen wie ihre Muttersprache lernen. Spricht beispielsweise ein Elternteil konsequent Englisch mit dem Kind und der andere Elternteil Deutsch, wird es beide Sprachen gleich gut lernen. Die Chance zu diesem automatischen Lernen besteht aber nur innerhalb eines schmalen Zeitfensters, das sich gleich nach der Geburt öffnet und etwa nach dem dritten Geburtstag bis spätestens zum siebten Geburtstag schließt. Danach kann sich Ihr Kind eine weitere Sprache nur noch durch bewusstes Lernen aneignen. Die Kinder profitieren enorm von einer zweisprachigen Erziehung. Aber: Ohne regelmäßige Anwendung und Sprachpraxis erlischt das Sprachgedächtnis der Kleinen ganz schnell und die Zweitsprache verblasst. Wichtig ist daher die konsequente Ansprache der jeweiligen Eltern-

EXPERTENTIPP

Besser hören, besser sprechen

Gerade bei Kindern, die oft an Mittelohrentzündungen erkranken, kann es vorkommen, dass sie wie durch »Watte« hören. Sie verstehen schlecht, speichern unvollkommen und sprechen dann die Wörter falsch aus. Diese Störung sollte unbedingt behandelt werden, um den Kindern einen normalen Spracherwerb zu ermöglichen.

5. SEMESTER / 25–30 Monate

> **Am Rande**
> ### ICH WERDE EIN »ITTER«
> In der Mainzer Gegend ist es auch und gerade für Kinder sehr wichtig, in welcher Verkleidung man sich in den tollen Tagen an Fastnacht amüsiert. Für meinen Sohn stand fest, er wird »Itter«. Nun rätselten wir immer wieder, was er meinte, wenn er ohne jegliche Bezugnahme von seinem »Itter« schwärmte. Sprach er von seiner Mutter? Meinte er vielleicht »Vater«? Mein Mann war sehr erleichtert, als endlich eine Werbebeilage der Zeitung das Rätsel löste. Unser Sohn zeigte mit leuchtenden Augen auf einen kostümierten Jungen, der zu Fastnacht als RITTER ging.

teile in ihrer Muttersprache. Sprechen die Eltern in ständig wechselnder Sprache mit ihrem Kind, kann dies sogar zu einer Sprachverzögerung oder zu ernsten Störungen führen.

Die kleine große Welt

Wie funktioniert das?

Ihr Zweijähriges versucht nun zunehmend, seine Welt zu begreifen und zu erfahren. Die erste Wieso-weshalb-warum-Fragezeit ist angebrochen und wird Sie eine ganze Weile beschäftigen. Ihr Kind kann jetzt Gefühle begreifen, Kausalitäten erkennen und sich die Welt nach seinen Regeln erklären. Nach wie vor ist die Welt der Erwachsenen für Ihr Kind unerklärlich und rätselhaft. Es versucht, diesen unbekannten Kosmos zu ergründen und stellt sich dafür eigene Regeln und Handlungsabläufe auf. Diese Regeln helfen ihm, seine kleine Welt zu strukturieren. Es hilft Ihrem Kind, wenn Sie mitspielen und sich an seine Vorgaben halten. Verweigern Sie sich seinen Regeln, kann es schnell in eine Zornspirale geraten (siehe 4. Semester: Trotzphase).

Ihr Kind besteht auf sich genau wiederholenden Handlungsabläufen im Alltag, möchte immer wieder dasselbe Bilderbuch vorgelesen haben, das gleiche Schlaflied hören und möglichst auch das gleiche Essen vorgesetzt bekommen. Diese Regeln geben Ihrem Kind Sicherheit und helfen ihm bei der Strukturierung seines Mikrokosmos. Die Denkstruktur wird dagegen jetzt abstrakter und komplexer. Die meisten Erkenntnisse gewinnt Ihr Kind nach wie vor durchs Ausprobieren und Beobachten. Was für die Eltern vielleicht als destruktive Gewalt wahrgenommen wird, dient dem Kind zur Forschung. Wann geht das Spielzeug kaputt? Kann man der Puppe die Arme abnehmen? Wie sieht ein Wecker von innen aus, und was passiert, wenn ich den Turm umwerfe? Diese Fragen bewegen Zweijährige mehr als Eltern ahnen. Aber nicht nur die Zusammensetzung und Struktur von Gegenständen sind jetzt spannend, sondern auch die Struktur der zwischenmenschlichen Verbindungen. Wie verhalten Sie sich Ihrem Partner gegenüber, wie Fremden? Manchmal testet Ihr Kind auch einfach nur aus, wo die Grenzen Ihrer Geduld sind und wie man Sie dazu bringt, ein Donnerwetter loszulassen? Manche Zusammenhänge können Kinder jetzt schon durch reines Beobachten lernen. Einige Gehirnzellen, sogenannte Spiegelneuronen, haben sich in diesem Alter bereits darauf spezialisiert, beobachtete Handlungsabläufe so zu speichern, »als ob« Ihr Kind sie selber ausprobiert hätte. Das funktioniert jedoch nur, wenn sich Ihr Kind völlig auf diese eine Information konzentriert. Denn noch sind die Nervenzellen und Gehirnstrukturen sehr sensibel und mimosenhaft. Treffen zu viele Reize und Informationen gleichzeitig ein, löschen sie sich gegenseitig aus und werden nicht gespeichert.

Ich bin der Mittelpunkt

Warum ist mein Kind so unausgeglichen?

Bereits im dritten Lebensjahr beginnt das Kind, sich langsam von Ihnen zu lösen. Dadurch kann es zu starken Gefühlsschwankungen kommen. Einerseits braucht und will Ihr Kind noch die emotionale Sicherheit bei den Eltern finden, andererseits will und soll es selbständig werden. Es will **Nein** sagen dürfen, ohne dafür Ihre Liebe oder Zuneigung zu verlieren. In dieser Zeit der Umbrüche

5. SEMESTER / 25–30 Monate

> **Am Rande**
> ### SOZIALES LERNEN
> Zwingen Sie Ihr Kind nicht, Sachen abzugeben oder mit anderen zu teilen. Umso energischer wird es sich daran krallen. Ich habe bei meinen Kindern gute Erfahrungen mit Tauschgeschäften gemacht: »Darf ich mal den Teddy haben? Ich gebe dir dafür das Polizeiauto.« Oder: »Willst du ein Stück von meinem Apfel?«

entwickeln viele Kinder Ängste. Sie können nicht mehr so gut einschlafen und wachen manchmal weinend auf. Die größte Angst Ihres Kindes: die Liebe zur Mutter oder gar die Mutter selbst zu verlieren. Erst allmählich versteht es, dass Sie wiederkommen, wenn Sie den Raum verlassen. Für Ihr Kind sind Sie in diesem Moment außerhalb seiner Welt und damit einfach vom Erdboden verschwunden. Erst durch positive Erfahrung lernt Ihr Kind, dass Sie nach einer kurzen Zeit zurückkommen und nicht verschwunden bleiben. Ihr Kind lebt im dritten Lebensjahr extrem selbstbezogen, sein Lieblingssatz ist »Ich will«. Es kann sich noch nicht in andere hineinversetzen oder deren Gefühle begreifen. Ihr Kind erlebt sich in dieser Phase als Mittelpunkt der Welt.

Mit etwa zwei Jahren hat Ihr Kind seine »unsoziale« Phase in reinster Form. Zweijährige spielen gnadenlos ihre Macht über andere Kinder aus. Sie verstehen nicht, warum es »böse« ist, wenn es im Sandkasten seinen Spielnachbarn ständig mit Sand bewirft oder ihm seinen Bagger abnimmt. Wie spannend, wenn das andere Kind dann laut schreiend zu seiner Mutter rennt! Sieg auf ganzer Linie! Sandkasten erobert! Und Stress für die Eltern, die peinlich berührt zusehen müssen, wie ihr kleiner Sandkastenrambo andere Kinder vertreibt. Als Mutter braucht man da schon ein dickes Fell, um die wütenden Blicke der anderen Mütter zu ertragen. Schimpfen und strenges Eingreifen hilft jedoch ebenso wenig wie fluchtartiges Verlassen des Spielplatzes. Solche unangenehmen Szenen lassen sich leichter durch Ablenken oder Mitspielen entschärfen.

Trösten Sie sich, dies ist ein ganz normaler Entwicklungsschritt und bedeutet nicht, dass Sie einen verwöhnten Tyrannen herangezogen haben. Im Gegenteil: Je selbstsicherer und fester ein Kind in sich ruht, desto schneller kann es diese unsoziale Phase verlassen und damit beginnen, andere mit ihren Perspektiven und Gefühlen wahrzunehmen. Machen Sie Ihr Kind innerlich stark und geben Sie ihm das nötige Selbstbewusstsein und Geborgenheit. Dieses Urvertrauen kann es später im Leben gut gebrauchen.

Mama, was machst du da?
Ihr Kind entwickelt jetzt verstärkt Interesse an Ihrem Alltag. Es möchte daran teilhaben und Ihnen helfen. Sie können Ihr Kind in diesem Entwicklungsprozess stützen, indem Sie ihm Selbstsicherheit und Vertrauen schenken. Lassen Sie Ihr Kind altersgerechte Aufgaben erledigen und so viel wie möglich an Ihrem Alltag teilhaben. Ihr Kind wird mit stolzgeschwellter Brust seinen eigenen Teller begeistert in die Küche tragen. Auch wenn es manchmal viel Zeit und Geduld erfordert: Ermutigen Sie Ihr Kind in dieser hilfsbereiten Phase. Je mehr Sie Ihr Kind jetzt motivieren, desto hilfsbereiter und williger erledigt es später seine Aufgaben.

Sobald Kinder sicher laufen, können sie schon bei einigen Arbeiten mitmachen:
* Leichte und ungefährliche Einkäufe wegräumen.
* Mit einem Kinderbesen die Küche ausfegen.
* Socken sortieren – das ist ein schönes Suchspiel.
* Möbel in Küche und Bad feucht abwischen.
* Den Tisch decken.
* Spülen. Wasserspiele sind viel interessanter als Abtrocknen.

> **Am Rande**
> **TISCH DECKEN**
> Beim Umgang mit Gläsern und Porzellan beweisen kleine Kinder schon nach kurzer Zeit viel Umsicht und Geschick. Zum Üben brauchen Sie ja nicht das beste Service zu nehmen. Bestecke und Kunststoffdosen gehen beim Tischdecken und Abwaschen ohnehin nicht zu Bruch.

Die »magische Phase«

Was geht in meinem Kind vor?

Bereits 1959 beschrieb die amerikanische Kinderpsychologin Selma Fraiberg eine Entwicklungsphase, die alle Kinder zwischen dem dritten und sechsten Lebensjahr erleben und das auf der ganzen Welt, unabhängig von ihrem kulturellen Hintergrund. Sie bezeichnete diese Zeit als »magische Phase«. Ihr Kind beginnt jetzt, seine eigenen Handlungen und Gefühle mit Ereignissen in Beziehung zu setzen und sich Erklärungen für ihm unbegreifliche Ereignisse zu suchen. Diese Erklärungsversuche beziehen auch magische Wesen mit ein. Technische und physikalische Abläufe oder Naturereignisse erklärt es sich durch unsichtbare Kräfte und magische Fähigkeiten. Es schneit, weil Frau Holle die Betten schüttelt. Es regnet, weil Gott die Blumen gießt. Den Regenbogen hat die gute Fee an den Himmel gemalt und die Sonne lacht die Regenwolken weg. Monster, Hexen und böse Zauberer besiedeln jetzt die Umgebung Ihres Kindes und können es ängstigen. Das Kind reagiert seltsam, verhält sich eigenartig, Eltern sorgen sich, dass es vielleicht übertreiben könnte. Viele Verhaltensmuster und Reaktionen, die sie nicht verstehen, lassen sich durch die Veränderungen während der magischen Phase erklären. Die meisten Eltern haben ihre eigene »magische Phase« schon längst vergessen, manche erinnern sich aber jetzt wieder an die Geschöpfe, die ihre eigene Kindheit besiedelt haben. Schmunzelnd akzeptieren sie die große »Fantasie« ihrer Kinder und spielen mit. Schwierig wird es, wenn Kinder in dieser Phase Ablehnung erfahren. »Du lügst doch schon wieder« oder »Das bildest du dir doch nur ein« verletzen Ihr Kind nachhaltig, es fühlt sich

> **EXPERTENTIPP**
>
> **Kuck-Kuck – Da!**
>
> Ihr Kind geht davon aus, dass Sie die Welt genauso sehen wie es selbst. Wenn es sich die Augen zuhält, glaubt es, von niemandem gesehen zu werden. Es sieht nichts, also sehen Sie auch nichts. Das zeigt sich immer wieder im beliebten Kuck-Kuck-Spiel. Ein Zweijähriges kann noch nicht abstrahieren, dass Sie es, das Kind, aus einer anderen Perspektive wahrnehmen.

unverstanden und abgelehnt. Für Ihr Kind ist diese Welt real, erst mit der Zeit kann es die Welt aus Erwachsenensicht erfassen und sich die Zusammenhänge »naturwissenschaftlich« erklären. Haben Sie deshalb Geduld mit der unglaublichen Fantasie Ihres Kindes und nehmen Sie Ihr Kind und seine Ängste ernst.

Wie vertreibe ich die Monster?

Wenn Ihr Kind nun nicht mehr alleine einschlafen mag, kann ein kleines Licht Wache halten oder eine offene Kinderzimmertür zusätzlich Sicherheit geben. Manche Kinder wollen ihren Mittagschlaf jetzt nur noch bei geschlossenen Vorhängen halten, weil sonst eine Hexe durchs Fenster schauen könnte. Die Mutter muss unterm Bett nachschauen, ob dort wirklich kein Monster lebt. Unbegreifliche Dinge erscheinen Ihrem Kind wie Zauberei. Es versteht nicht, warum beispielsweise die Puppe, die es zum Mittagsschläfchen ins Elternbett gelegt hat, jetzt wieder in ihrem Puppenbettchen liegt. Aus dem Verständnis Ihres Kindes muss die Puppe selbst in ihr Puppenbett gelaufen sein. Die Überlegung, dass die Mutter die Puppe beim Aufräumen weggelegt hat, überfordert seine Vorstellungskraft.

Märchen erzählen?

In der magischen Zeit durchdringen Märchenfiguren die Welt Ihres Kindes und damit ist diese Zeit auch geeignet, Märchen vorzulesen oder zu erzählen. Die traditionellen Volksmärchen können Ihrem Kind jetzt Hilfestellung geben, die Welt mit Hilfe von Geschichten zu begreifen. Denn die traditionellen Märchen »übersetzen« die wichtigen Alltagssituationen der Menschen und ihre Beziehungen untereinander in Symbole und Bilder, die die Kinder seit Jahrhunderten intuitiv verste-

> **Am Rande**
> **DER BÖSE JÄGER**
> Meine Tochter hat mir erst mit neun Jahren auf Nachfrage erzählt, dass sie als Kleinkind von einem »bösen Jäger« geträumt habe, der in unserem Haus herumgetrampelt sei. Das sei der Grund dafür gewesen, dass sie lange Zeit nachts zu uns ins Bett kam. Und dieser Traum habe sich immer wieder wiederholt. Irgendwann sei er dann mit einem »poch, poch« und großer Dunkelheit beendet gewesen. Vorbei die magische Phase meiner Tochter, von der ich damals nichts mitbekommen hatte.

hen. Moralische Grundsätze wie »Helfen zahlt sich aus«, »Schlauheit kommt weiter« oder »Das Böse verliert« geben Ihrem Kind eine Orientierungshilfe in seiner entstehenden Weltordnung. Die magische Phase ist ein Schritt zur kognitiven, sozialen und emotionalen Entwicklung Ihres Kindes zu einem selbstbewussten Menschen mit sozialem Gewissen und moralischen Wertvorstellungen.

Raus aus den Windeln

Was? Dein Kind ist noch nicht sauber?

Kennen Sie auch die Disziplin »Sauberkeitserziehung« im Beste-Eltern-Zehnkampf? Eifrigst versuchen die Teilnehmer, das erste Geschäft ihres Kindes zu einem erfolgreichen Abschluss zu bringen. Viele Mütter und Väter verfolgen diesen Tanz ums Töpfchen aber zu Recht mit großer Gelassenheit und versuchen nicht, das Sauberwerden mit allen möglichen Tricks zu beschleunigen. Das Erlernen der Blasenkontrolle ist nämlich ein Reifungsvorgang, der sich in vielen kleinen Schritten vollzieht und individuell unterschiedlich schnell verläuft. Als Faustregel gilt: Die meisten Kinder werden zwischen dem zweiten und dritten Geburtstag tagsüber trocken und können auf die Windel verzichten. Und das klappt häufig ganz ohne Sauberkeitserziehung und Drill. Mädchen werden übrigens meistens etwas früher sauber als Jungen. Bis Kinder dann auch nachts keine Windeln mehr brauchen, dauert es dagegen noch etwas länger. Jedes fünfte Kind trägt sogar an seinem fünften Geburtstag nachts noch eine Windel. Erst bei Vorschulkindern ab fünf Jahren, die noch regelmäßig mindestens zweimal pro Woche ins Bett machen, spricht man von Bettnässern. Eltern können den Reifungsprozess von Darm und Blase nicht beschleunigen oder ihr Kind dazu erziehen, möglichst früh »sauber« zu werden. Sie können aber seine Entwicklung unterstützen. Die natürliche Reifung der Blase verläuft im individuellen Tempo. Warten Sie, bis Ihr Kind den Zusammenhang zwischen dem Gefühl »Ich muss mal« und dem Ergebnis »Stinker in der Hose« begreift. Erst wenn es das Signal dazu selber aussendet, können Sie damit beginnen, Ihr Kind versuchsweise auf das Töpfchen zu setzen.

Bin ich dann auch weg?

Viele Kinder haben Angst vor der Toilette und Probleme, sich auf die Brille über den Wasserstrudel zu setzen. Oft rührt diese Angst aus der magischen Phase her. Ihr Kind sieht, dass seine eigenen Exkremente, also ein Teil von ihm selbst, mit dem Wasser fortgespült werden. Da es sich selbst mit seiner Größe noch nicht im Verhältnis zur Toilette sehen kann, befürchtet es, ebenfalls mit hinuntergespült zu werden. Deshalb ist es anfangs sinnvoller, Ihr Kind auf sein eigenes Töpfchen und nicht mit einer Steighilfe oder Sitzverkleinerung auf die »richtige« Toilette zu setzen, auch wenn dies sicherlich bequemer ist.

Auch wenn Sie die körperliche Entwicklung nicht beschleunigen können: Stärken Sie Ihr Kind in seiner Körperwahrnehmung und erleichtern Sie ihm somit den Abschied von der Windel. Erwarten Sie aber nicht zu viel und üben Sie vor allem keinen Druck aus. Folgende Punkte müssen erfüllt sein, bevor Sie Ihr Kind gezielt aufs Töpfchen setzen und ihm zu seinem ersten erfolgreichen Geschäftsabschluss gratulieren können:

EXPERTENTIPP
Üben bringt nichts

Wer sein Kind, das noch kein Anzeichen eines Harndranges spürt, vor dem 27. Monat regelmäßig aufs Töpfchen setzt, muss durchschnittlich ein Jahr lang üben, bis auf die Windeln verzichtet werden kann. Zu früh mit dem Sauberkeitstraining zu beginnen, schadet zwar nichts, bringt aber auch keinen Vorteil, so lautet das Ergebnis einer amerikanischen Studie.

5. SEMESTER / 25–30 Monate

Voraussetzungen für die windelfreie Zeit

* Es muss am Druck von Darm und Blase erkennen, dass es aufs Töpfchen »muss«, und zwischen dem Druck von Darm und Blase unterscheiden können.
* Es muss aktiv die Blasen- und Darmmuskulatur kontrahieren können.
* Es muss »sein Geschäft« eine Weile anhalten können.

So können Sie Ihr Kind beim Sauberwerden unterstützen

* Setzen Sie Ihr Kind nicht zu festen Uhrzeiten auf das Töpfchen, wenn es gar nicht muss, sondern lassen Sie es selber entscheiden, wann es geht, damit es den Zusammenhang zwischen dem Gefühl »müssen«, aufs Töpfchen setzen und dem daraus resultierenden Ergebnis lernt. Die Kleinen aufs Geratewohl einfach aufs Töpfchen zu setzen, um sie frühzeitig daran zu gewöhnen, bringt wenig.
* Schimpfen Sie Ihr Kind nicht, wenn es nicht mehr ganz bis zur Toilette reicht und unterwegs schon etwas »danebengeht«. Ihr Kind muss die Dringlichkeit erst lernen und ist noch auf dem Weg zur windelfreien Zeit. Loben Sie es trotzdem und trösten es, wenn es sich grämt: »Du warst doch beinahe da, nächstes Mal gehst du ein bisschen früher und dann klappt das schon.«
* Vermeiden Sie komplizierte Kleidungsstücke mit Reißverschlüssen oder Knöpfen, am geeignetsten sind weiche Hosen mit Gummizug oder Strumpfhosen.
* Kleinkinder können in diesem Alter ihre Blase nur entleeren, wenn sie richtig voll ist. Sie können – wenn Sie eine längere Autofahrt vor sich haben – Ihr Kind zwar vorsorglich auf die Toilette setzen, nur bringt das leider nicht viel. Sobald Sie auf der Autobahn

sind, kann es dann plötzlich ganz schnell gehen. Erst nach einigen Monaten beherrscht Ihr Kind dann auch die Technik, eine halb gefüllte Blase »vorsorglich« zu entleeren.

* Es ist völlig normal, dass Kinder, die tagsüber schon sauber sind, nachts noch eine Windel brauchen, da die Signale, die von der vollen Blase zum schlafenden Gehirn wandern, dort noch nicht erkannt werden und nicht zum Aufwachen und »Auf-die-Toilette-gehen« führen. Verzichten Sie daher darauf, Ihrem Kind abends das Trinken vorzuenthalten oder es nachts »vorsichtshalber« zu wecken. Es soll ja lernen, von selber aufzuwachen, wenn die Blase voll ist.
* Ideale Trainingszeit ist der Sommer. Leicht bekleidet merkt Ihr Kind schnell, wenn etwas danebengeht. Da viele Kinder beim Spielen so sehr vertieft sind, dass sie den Harndrang nicht spüren, kann aber gerade dann etwas danebengehen. Trösten Sie sich, das ist eine ganz normale Reaktion und kein Grund zum Verzweifeln. Spielt Ihr Kind draußen im Garten oder auf der Terrasse, können Sie ihm auch eine zweite »Außentoilette« einrichten, indem Sie in die Nähe seiner Sandkiste ein Töpfchen stellen, so lassen sich manchmal kleine Unfälle vermeiden.
* Verwenden Sie bei langen Autofahrten sicherheitshalber noch eine Windel, am besten in Höschenform. Falls im Ernstfall keine Ausfahrt kommt, erspart das viel Frust.

Wie klappt es am besten auf dem Töpfchen?

Nutzen Sie den Entdeckungsdrang Ihres Kindes und lassen Sie es mit dem unbenutzten Töpfchen erst einmal Kontakt aufnehmen. Dazu eignen sich besonders

---

Am Rande

NICHT OHNE WINDEL

In vielen lustigen, aber auch anstrengenden Situationen habe ich meine Kinder gewickelt: auf dem Fußboden einer Flughafentoilette, im Auto auf dem Beifahrersitz und auf Parkbänken. Wie oft war ich froh über mein Notfall-Wickel-Ersatzset, das ich in allen Reisetaschen oder Autoecken vorrätig hatte.

Rollenspiele, bei denen Ihr Kind seinen Teddy auf das Töpfchen setzten kann. Auch ein zweites Töpfchen, neben dem ersten positioniert, kann Ihrem Kind die Wartezeit versüßen, da es so gemeinsam mit seinem Teddyfreund auf dem stillen Örtchen sitzen kann. Lassen Sie die Tür offen, sodass es in Rufkontakt mit Ihnen steht, und schließen auch Sie die Toilettentür nicht hinter sich, sondern erlauben Sie Ihrem Kind ruhig zuzuschauen, dann begreift es schneller, wie das funktioniert. Erklären Sie Ihrem Kind zudem, dass der Stuhlgang nur die »Verpackung« der aufgenommenen Nahrung ist und nichts von ihm selbst, dann fällt es Ihrem Kind leichter, sich davon zu trennen. Entsorgen Sie den Töpfcheninhalt in die Toilette und lassen Sie Ihr Kind selbst spülen.

6. Semester / 31–36 Monate

»Zeit zum Loslassen«

Das sechste Semester der Eltern-Uni ist geprägt vom Zwiespalt zwischen Loslassen und Rückversicherung. Ihr Kind will jetzt immer mehr »Selber machen« wie Hände waschen und Geschirr ausräumen. So hilfsbereit wird Ihr Kind nie wieder von selbst sein – gleich ausnutzen. Mit der Selbständigkeit weitet sich auch die soziale Kompetenz aus. Die Frage: »Ist mein Kind schon reif für den Kindergarten?« beschäftigt die Eltern. Und viele Mütter fragen sich: Bin ich reif fürs Loslassen? Die motorischen Fähigkeiten Ihres Kindes machen einen großen Satz nach vorn. Jetzt brauchen Eltern eine gute Kondition besonders beim Auffangen, Klettern und Rutschen.

6. SEMESTER / 31–36 Monate

Meine Tochter hatte sich schon lange vor dem Start riesig auf den Kindergarten gefreut. Natürlich waren wir für den großen Tag entsprechend vorbereitet: Kindergartentasche, Trinkflasche und Brotbox waren gekauft, alles ganz nach ihrem Geschmack. Da sie ein Novemberkind ist, war sie über dreieinhalb Jahre alt, bis es endlich für sie losgehen sollte. Was war sie glücklich, als endlich der erste Kindergartentag da war. Die Fotos zeigen ein stolzes, strahlendes Kind. Während sie dem Spielen mit Größeren entgegenfieberte und mich freundlich und entschieden an ihrer Gruppentür verabschiedete, erlebte ich mit meinem Sohn ein Jahr später das Gegenteil: Er bestand darauf, dass ich mit in die Gruppe ging und noch eine Weile mit ihm und seinen kleinen Freunden spielte. Er machte mir den Abschied schon schwerer! Da mussten die Erzieherinnen einspringen und ihn ablenken, sodass er dann glücklich vertieft in sein Spiel mein Weggehen gar nicht bemerkte. Und als er später feststellte, dass ich nicht mehr da war, soll ihn das gar nicht weiter gestört haben – schließlich hatte er ja alle Hände voll zu tun: spielen, toben, klettern, essen, malen und mal wieder die Ritterburg aufbauen! Die Zeit verging so schnell, dass ich ihn mittags beim Abholen kaum aus seiner kleinen Truppe locken konnte. »Noch nicht« – waren seine Worte.

Festhalten und Loslassen

Wie entwickelt sich die erste Selbständigkeit?

In seinen ersten zwei Lebensjahren hat Ihr Kind eine klar definierte und sehr enge Bindung zu Ihnen erlebt. Jetzt wird diese Verbindung immer lockerer, und Ihr Kind reagiert mit Verunsicherung. Es lernt jetzt, dass es ein »wünschenswertes« Verhalten gibt, das seine Mutter beglückt, das aber meist im Widerspruch zu seinen eigenen Wünschen und Zielen steht. Und genauso erfährt es, dass die Mutter bei »unerwünschtem« Verhalten schimpft und meckert, obwohl doch das Kind selbst gerade seine eigenen Wünsche erfüllt sieht. Es ist gefangen zwischen dem Wunsch, seinen Willen durchzusetzen, und der Angst vor der negativen Reaktion und dem Verlust der Zuneigung seiner Eltern. Ihr Kind befindet sich damit genauso in einer Zwickmühle wie Sie selbst auch. Sie müssen bestimmte Dinge verbieten und dafür den Frust Ihres Kindes ertragen. Verbieten Sie es nicht, wertet Ihr Kind dies unbewusst als Duldung und Ausdruck von Zuneigung. Ihr Kind schwankt jetzt zunehmend zwischen dem Wunsch nach Unabhängigkeit und der Angst, Ihre Liebe und Aufmerksamkeit zu verlieren und sich einsam und verlassen zu fühlen. Diese Phase ist nicht nur für Ihr Kind extrem anstrengend, sondern auch für Sie und für alle Bezugspersonen in seiner Umgebung. Unterstützen Sie Ihr Kind in dem Bestreben nach Selbständigkeit und tragen Sie dadurch wesentlich zur Bildung seines gesunden Selbstvertrauens bei.

Nein? Warum eigentlich nicht?

Die wachsende Selbständigkeit Ihres Kindes ist einerseits ein erfreulicher Entwicklungsschritt, andererseits zwingt Sie dieser, immer öfter Grenzen zu setzen.

Schließlich müssen Eltern verhindern, dass sich ihr Kind selbst oder ein wertvolles Gut ernsthaft in Gefahr bringt. Trotzdem wollen Verbote genau durchdacht sein. Vor jedem Nein stellen sich Eltern besser erst mal die Frage: Warum eigentlich nicht? Denn ständige Verbote und dauerhaftes Nein belasten die Beziehung zu Ihrem Kind. Jedes Verbot schränkt den Spielraum eines Kindes ein und hindert es daran, Erfahrungen zu machen, also zu lernen. Ihrem Kind fällt es leichter, Grenzen zu akzeptieren, wenn Sie andererseits auch seine Wünsche ernst nehmen. Ihr Kind wird Ihre Entscheidung, etwas zu verbieten, besser verstehen, wenn Sie auf der anderen Seite seinen Drang nach Selbständigkeit unterstützen und sein Selbstvertrauen stärken, indem Sie ihm Ihr Vertrauen schenken. Es macht Ihr Kind stolz und innerlich stark, wenn Sie ihm beispielsweise erlauben, sein Brot selber mit dem Messer zu schmieren oder den »guten« Porzellanteller in die Küche zu tragen.

Wie entschärfe ich Konflikte?

»Komm, ich helfe dir, dafür bist du noch zu klein.« Diesen Satz sollten Sie komplett aus Ihrem Wortschatz streichen. Er verletzt ein Kind und kann tiefe Spuren hinterlassen. Wer sein Kind liebt, lässt es Vertrauen spüren. Sie können Ihrem Kind schon recht schwierige Handlungen auftragen und es manche Entscheidung selbst treffen lassen. Zum Beispiel auf dem Spielplatz: Ihr Kind rutscht, schaukelt, klettert und ist glücklich. Sie sehen mit Schrecken, dass es schon ziemlich spät ist, packen schnell ihre Sachen und wollen sofort aufbrechen. Sie rufen Ihr Kind und treiben es zur Eile an – garantiert gibt es jetzt Zoff. Ihr Kind schreit, trotzt, rennt weg oder versteckt sich. Die Situation eskaliert. Andere Mütter verfolgen gespannt, wie dieses »Spiel« endet. Umso mehr fühlen Sie sich gedemütigt und als schlechte Mutter gebrandmarkt. Nichts wie weg hier! Sie schnappen sich Ihr Kind und ziehen es schreiend zum Parkplatz. Ein Horror für Mutter und Kind. Probieren Sie es beim nächsten Mal so: Lassen Sie Ihr Kind mit entscheiden und geben Sie ihm Zeit, sich auf die Veränderung einzustellen. Schlagen Sie Ihrem Kind vor, dass es entweder noch einmal rutschen oder auf den Turm klettern darf und dass Sie danach gemeinsam nach Hause gehen. Die Entscheidung, ob Turm oder Rutsche, bleibt Ihrem Kind überlassen, jedoch nicht der Schlusspunkt. Nach dem Rutschen gehen Sie – ohne Kompromisse. Viele Konfliktsituationen lassen sich auf diese Weise entschärfen oder sogar verhindern. Wenn Sie Ihrem Kind Wahlmöglichkeiten bieten, fühlt es sich mit seinen Wünschen ernst genommen. Aus jeder selbständig erledigten Handlung erwächst Ihrem Kind emotionale Sicherheit und ein positives Selbstwertgefühl.

> **Am Rande**
> ## FORSCHER AM WERK
> Gehen Sie unbedingt noch einmal mit »Kinderaugen« durch die Wohnung und sichern Sie alle gefährlichen oder kostenintensiven Geräte wie Heizlüfter, Herdplatten, Telefon oder Computer vor dem Forschungsdrang Ihres Kindes. Sonst erleben Sie eventuell bei der nächsten Strom- oder Telefonrechnung eine teure Überraschung.

Wo ist das nächste Abenteuer?

Der Erlebnishunger Ihres Kindes scheint unstillbar. Die motorischen Fähigkeiten explodieren nahezu und Ihr Kind ist in seiner Abenteuerlust und seinem Bewegungsdrang kaum noch zu bremsen. Ihr Kind will jetzt meist nur eins – raus! Ab in die Natur und die unterschiedlichen Materialien untersuchen. Wie fühlt es sich an, barfuß durch den Matsch zu patschen? Wie hoch kann man klettern? Und wer findet die meisten Würmer? Doch auch im Haus tobt sich der Forscherdrang Ihres Kindes mit neuer Intensität aus. Kein Schalter, kein Telefonhörer, keine Tastatur ist vor Ihrem Kind sicher.

6. SEMESTER / 31–36 Monate

Am Rande
SPIELPLATZ-DIENST
Oft mangelt es den Müttern an Zeit, um mit ihren Kindern regelmäßig auf den Spielplatz zu gehen. Gründen Sie doch eine Art Spielplatzdienst: Jeden Tag gehen ein oder zwei Mütter mit mehreren Kindern auf den Spielplatz oder den Bolzplatz. Die Kinder können so gleich zusammen den Platz erobern und »bespielen«, und die Mütter haben im Wechsel auch mal einen freien Nachmittag.

Wo sind meine Grenzen?

Ihr Kind wird sich nun zunehmend seiner motorischen Fähigkeiten bewusst. Es will ausprobieren und seine körperlichen Grenzen testen. Zur Sicherheit braucht es zwar noch Ihre Anwesenheit, aber eigentlich nur zur Rückversicherung. Ihr Platz ist nun am Ende der Rutsche oder neben dem Klettergerüst. Seine motorischen Fähigkeiten kann Ihr Kind nur durch Erfahrung entwickeln, seine gesteigerte Aktivität darf daher nicht unterdrückt werden. Jetzt brauchen Sie gute Nerven und eine ausdauernde Kondition. Versuchen Sie, gelassen und ruhig zu bleiben, wenn Sie sehen, dass Ihr Kind alleine auf einen hohen Baum klettert und schauen Sie äußerlich möglichst unbeteiligt zu. Innerlich müssen Sie natürlich jederzeit bereit sein einzugreifen, wenn es das Gleichgewicht verliert. Je nach Charakter ihres Kindes ist sein natürlicher Bewegungsdrang stärker oder schwächer ausgeprägt und seine fein- und grobmotorische Fähigkeit ausgebildet. Verwehren Sie einem aktiven Kind seine Bewegungsmöglichkeit, wird es unausgeglichen und gereizt reagieren. »Kinder und Hunde brauchen Auslauf«, sagt der Volksmund. Ein ausgedehnter Spaziergang kann aus unausstehlichen Quenglern ganz schnell ausgeglichene Kinder machen. Das ist besonders wichtig, wenn Familien in ihrem Umfeld zu wenig Platz haben, der diesem Bewegungsdrang gerecht wird. Unbeaufsichtigt auf der Straße oder der Wiese können Kinder heute nicht mehr spielen. Doch genau diese Bewegungsfreiheit bräuchten Kinder auch heute noch. Lassen Sie daher Ihrem Kind die Freiheit, neben dem Weg zu laufen, wenn Sie im Wald spazieren gehen, und sich seine eigenen Wege zu suchen. Versuchen Sie, mit Ihrem Kind so oft wie möglich auf einen Spielplatz, in den Wald oder einen Indoorspielplatz zu gehen. Zudem kann Ihr Kind jetzt bereits eine Sportart beginnen, die ihm die nötige Bewegung erlaubt. Mutter-und-Kind-Turnen, Kinderturnen, Schwimmen (oder eher Planschen) oder Fußball ermöglichen Ihrem Kind, sich auszupowern und motorisch weiterzuentwickeln.

Warum ist der Himmel blau?

Groß ist jetzt das Interesse an Bilderbüchern, Reimen und Geschichten. Die Bilder sind nicht mehr reine »Kritzeleien«, sondern erzählen eine Geschichte. Strichmännchen mit unzähligen Fingern gehören zu den ersten Versuchen Ihres Kindes, seine Umwelt abzubilden. Gemeinsames Basteln und Malen stehen jetzt hoch im Kurs. Ihr Kind wird Ihnen jede seiner Zeichnungen bis ins Detail erklären können. Schreiben Sie diese Erklärungen am besten im Originalwortlaut hinten auf das Blatt, später werden Sie Ihre Freude daran haben. Meist läuft das so ab: Ihr Kind beginnt einfach zu malen und erklärt dann hinterher, wahrscheinlich auch sich selber, was die bunten Striche und Flächen eigentlich genau bedeuten sollen.

»Wer, wie, was? Wieso, weshalb, warum? Wer nicht fragt, bleibt dumm.« Das Motto der »Sesamstraße« befolgt Ihr Kind gewissenhaft und will jetzt alles ganz genau wissen. Um den dritten Geburtstag herum steht das »Warum« im Vordergrund. Dreijährige können ihre Eltern ganz schön löchern, indem sie ständig nachfragen und tiefer bohren: »Was passiert, wenn die schwangere Mama isst? Fällt dann dem Baby im Bauch das Essen auf den Kopf?« – »Wächst meine Schwester schneller, wenn ich sie gieße?«

Es wird Ihnen immer mal wieder schwerfallen, die richtigen Antworten zu finden. Denn wer kann schon in der Sprache eines Dreijährigen erklären, warum der Himmel blau ist? Höchste Zeit, Ihr quirliges Kind sinnvoll zu beschäftigen – höchste Zeit für den Kindergarten!

EXPERTENTIPP

Einfache Antworten
Mit ausführlichen Antworten sind Kinder überfordert. Je kürzer Sie antworten, desto besser: »Warum heißt der Tisch Tisch?« – »Weil die Menschen sich auf diesen Namen geeinigt haben – genau wie wir beschlossen haben, dich Max zu nennen.« Meist sind Kinder damit zufrieden. Wenn sie mehr wissen wollen, werden sie nachfragen.

Neugierig auf den Kindergarten

Wann ist mein Kind reif für den Kindergarten?

Nach wie vor ist Ihr Kind stark an allem interessiert, was die Erwachsenen in seiner Umgebung tun, und es versucht, sie zu imitieren. Daneben entwickelt Ihr Nachwuchs jetzt zunehmend Interesse an gleichaltrigen Kindern. Längst spielen sie nicht mehr nebeneinander, sondern miteinander. Gern vertiefen sie sich jetzt gemeinsam in ein Rollenspiel oder spielen »Als-ob«. Dadurch erwacht und entwickelt sich auch zunehmend ihre sprachliche und soziale Kompetenz. Ihr Kind beobachtet genau, wie die anderen Kinder miteinander umgehen, und macht sich mit den Regeln einer Gruppe vertraut. Um alle diese Erfahrungen und Erlebnisse zu machen, reicht es Ihrem Kind nicht mehr, nur ganz nah bei Ihnen zu sein. Es braucht jetzt andere Kinder, von denen es lernen kann. Es braucht Kindergartenkinder! Kurz vor dem dritten Geburtstag rückt für viele Kinder der Tag näher, an dem sie zum ersten Mal in den Kindergarten gehen sollen. Das ist für Kinder eine große Herausforderung: Sie müssen sich von den vertrauten Eltern lösen und sich auf eine unbekannte Spielgruppe einlassen. Bei manchen Kindern (und heimlich auch bei manchen Müttern) fließen dann Tränen. Vor allem Kinder, die vorher noch keine Erfahrungen mit Spielgruppen gemacht haben, wollen jetzt nicht allein in der Gruppe bleiben. Kinder, die schon positive Erfahrungen mit verschiedenen Bezugspersonen wie zum Beispiel Krippenbetreuerinnen gemacht haben, fällt dagegen der Wechsel leichter. Natürlich spielt auch das Naturell der Kinder eine Rolle. Es gibt Kleinkinder, meist die jüngeren Geschwisterkinder, die mit zwei Jahren über eine größere Selbständigkeit und Unabhängigkeit verfügen als ein schüchternes Vorschulkind.

Neben dem persönlichen Temperament Ihres Kindes spiegeln sich hierin auch Ihre Beziehung zu Ihrem Kind wider und die Erfahrungen, die es in seinen ersten Lebensjahren gemacht hat. Kindern, die geborgen und behütet aufwachsen, fällt es oft leicht, mit anderen Kindern in Kontakt zu kommen, wenn sie ihre Mutter im Hintergrund wissen. Wehe aber, wenn die Mutter dann den Raum oder gar den Kindergarten verlässt! In diesem Fall sollten Sie sich niemals heimlich davonschleichen. Führen Sie Ihr Kind behutsam an die neue Situation heran. Seien Sie ehrlich: »Ich gehe jetzt zum Einkaufen. Dann hole ich dich hier wieder ab.« Ganz wichtig: Halten Sie sich strikt an Ihre Vereinbarung, sonst bekommt das Vertrauen Ihres Kindes einen Knacks mit der Folge, dass es sich weigern könnte, ohne die Mutter überhaupt nur eine Minute allein in der Gruppe zu bleiben.

Was muss ich bei der Anmeldung beachten?

Für die Suche nach dem richtigen Kindergarten sollten Sie sich viel Zeit nehmen und vor allem rechtzeitig anfangen, Informationen einzuholen, verschiedene Einrichtungen zu besuchen und Schnuppertage für Ihr Kind zu vereinbaren. In der Regel gibt es im Frühling eine Einschreibewoche, in der Sie sich die Einrichtung gemeinsam mit Ihrem Kind ansehen können und sich gegebenenfalls vormerken oder auf eine Warteliste setzen lassen können. Ob Sie dann tatsächlich in Ihrem Wunschkindergarten einen Platz bekommen, erfahren Sie normalerweise einige Wochen später. Es gibt auch Kindergärten, die während des Jahres Kinder aufnehmen. Auch eine Absage muss nicht endgültig sein. Blei-

EXPERTENTIPP

Große Kinder sind die besten Lehrmeister

Wenn knapp Dreijährige mit Fünf- oder gar Sechsjährigen in eine Kindergartengruppe eingeteilt werden, ist das für manche Eltern gewöhnungsbedürftig. Doch keine Angst: Große Kinder sind in der Regel viel sanfter zu den »Kleineren« als zu Altersgenossen. Zudem lernt Ihr Kind viel schneller vom älteren Kind als von einem Erwachsenen. Zwei- und dreijährige Kinder bewundern, was die Großen schon alles können und versuchen, es ihnen gleichzutun. In der Sprachentwicklung sind die Kleinen jetzt so weit, dass sie mit den Fünfjährigen einigermaßen mithalten können.

ben Sie hartnäckig! Eventuell können Sie noch im Nachrückverfahren zu einem Platz kommen, wenn zum Beispiel eine bereits vergebene Stelle durch Umzug oder Absage wieder frei wird.

Welcher Kindergarten passt zu uns?

In erster Linie muss sich Ihr Kind in der Einrichtung wohl fühlen, seinen Bedürfnissen entsprechend gefördert werden und viele Möglichkeiten zur Entfaltung haben, denn immerhin wird Ihr Kind hier die nächsten drei Jahre bis zur Einschulung verbringen. Daneben sollten Sie aber auch folgende Punkte bedenken:

* **Die Lage des Kindergartens.** Ist es Ihnen wichtig, dass Sie Ihr Kind zu Fuß in den Kindergarten bringen können und seine Kindergartenfreunde dann auch in der Nachbarschaft wohnen? Oder sind Sie flexibel und können auch einen weiteren Weg mit Fahrrad, Auto oder Bus in Kauf nehmen, um zu Ihrem Wunschkindergarten zu kommen? Für berufstätige Eltern kann sich auch ein Kindergarten in der Nähe der Arbeitsstelle anbieten, wo sie ihr Kind auf dem Weg zur Arbeit abgeben können.

* **Die Öffnungszeiten und das Angebot.** Wie flexibel kann der Kindergarten auf Ihre Zeitvorgaben eingehen? Gibt es Möglichkeiten der Mittagsbetreuung mit Verpflegung? Wie sieht es mit der Nachmittagsbetreuung aus? Bietet der Kindergarten individuelle Bring- und Abholzeiten an? In der Regel machen auch Kindergärten im Sommer eine mehrwöchige Pause. Bietet der Kindergarten für diese Zeit eine Notgruppe für berufstätige Eltern an?

* **Ihr Eigen-Einsatz.** Einige Kindergärten, vor allem von privaten Initiativen, planen die freiwillige Elterninitiative fest mit in den Kindergartenablauf ein. Die

Eltern kochen dann wochenweise oder übernehmen sogar stundenweise die Betreuung und erledigen Garten- oder Hausmeisterarbeiten. Fragen Sie explizit, wie viel Einsatz von Ihnen erwartet wird. Und überlegen Sie gut, ob Sie diese Zeit investieren können und mögen.

* **Jedem das Seine.** Berücksichtigen Sie auch die individuellen Charakterzüge Ihres Kindes. Ist es am liebsten den ganzen Tag draußen und spielt mit Naturalien, ist es sicherlich im Waldkindergarten bestens aufgehoben. Zeigt es Sprachverzögerungen, kann ein integrativer Kindergarten die sprachliche Förderung mit Hilfe von Logopäden unterstützen. Fragen Sie nach Gruppenstärke und Altersstruktur der Gruppen.
* **Die richtige Förderung.** Wird Ihr Kind in diesem Kindergarten richtig gefördert? Bietet die Einrichtung eventuell bilingualen Sprachunterricht an oder einen qualifizierten Vorschulunterricht nach dem Marburger Rechtschreib-Programm oder musikalische Früherziehung?
* **Das Alter der Kinder.** Viele Kindergärten nehmen Kinder erst nach dem dritten Geburtstag auf. In der Regel erwarten sie, dass das Kind tagsüber sauber und windelfrei ist, da sie nicht aufs Windelwechseln eingerichtet sind. Manche Kindergärten mit integrierten Krippenplätzen nehmen dagegen auch schon jüngere Kinder auf oder bieten Mittagsbetreuung für Schulkinder in angrenzenden Schulen an.

EXPERTENTIPP

Optimal fördern

Hirnforscher haben herausgefunden, dass Menschen zu keinem Zeitpunkt ihres Lebens so viel Wissen aufnehmen und Erfahrungen speichern können wie in der Zeit zwischen ihrem dritten und sechsten Lebensjahr. Deshalb sollten die Drei- bis Sechsjährigen im Kindergarten nicht nur betreut, sondern optimal gefördert werden. In einem guten Kindergarten bekommt Ihr Kind vielfältige Anregungen, die seine Neugierde wecken und es spielerisch dazu bringen, seine Welt zu entdecken.

6. SEMESTER / 31–36 Monate

Kindergärten – Die Qual der Wahl

Welcher Kindergarten bietet was?

In Deutschland werden Kindergärten – regional in sehr unterschiedlichen Anteilen – durch freie Träger oder von den Kommunen (Städten und Gemeinden) unterhalten. Freie Träger sind vor allem Kirchen, Institutionen der Freien Wohlfahrtspflege (Rotes Kreuz oder Arbeiterwohlfahrt), Vereine, Betriebskindergärten, Elterninitiativen oder privatwirtschaftliche Träger. Die einzelnen Konzepte weichen stark voneinander ab. In verschiedenen Einrichtungen desselben Trägers werden oft ganz unterschiedliche pädagogische Konzepte umgesetzt. Alle Träger unterliegen der staatlichen Aufsicht. Sie müssen sich an den gesetzlichen Vorgaben orientieren, dürfen allerdings die Grundrichtung ihrer Arbeit selbst bestimmen. Auch wenn Sie nicht die Auswahl unter allen vorgestellten Modellen haben – was vor allem auf dem Land der Normalfall sein dürfte –, lohnt es, sich mit den einzelnen Konzepten zu beschäftigen. Auch ein Blick auf die Kosten, die stark voneinander abweichen können, ist sinnvoll.

Kommunale Kindergärten Etwa zwei Drittel aller Kindergärten sind in städtischer Trägerschaft oder werden von einer kleineren Gemeinde betrieben. Sie haben meist den Vorteil, »vor der Haustür« zu liegen, und sind damit gut zu Fuß erreichbar. Möglicherweise kennt Ihr Kind schon einige Kinder aus der Nachbarschaft, was ihm das Einleben in der Gruppe erleichtern kann. Generell dürften sich die kommunalen Kindergärten je nach Region sehr stark unterscheiden, sodass eine allgemeine Bewertung schwer möglich ist. Viele kommunale Einrichtungen können mit langen Öffnungszeiten und

Ganztagsbetreuung mit Verpflegung punkten. Der Nachteil: Die Gruppenstärke liegt meist bei 25 Kindern und bietet dadurch weniger Raum für individuelle Förderung und Betreuung. Auch die pädagogischen Konzepte unterscheiden sich stark voneinander. Eltern müssen sich meist nicht selbst einbringen. Sie treffen sich einmal im Jahr zu einem Elternabend.

Kirchlicher Kindergarten In Trägerschaft der katholischen oder evangelischen Kirche, vereinzelt auch in denen anderer Glaubensgemeinschaften, orientieren sich am Kirchenjahr und seinen Festen. In Liedern und Spielen lernen die Kinder die kirchlichen Feiertage kennen. Auf die Pflege des religiösen Brauchtums (Erntedank, St. Martin, Krippenspiele) wird besonderer Wert gelegt. Auch der Besuch von Kindergottesdiensten gehört mit zum Konzept. Von den Erzieherinnen wird erwartet, dass sie nach christlichen Werten leben und arbeiten. Abgesehen von den religiösen Inhalten arbeiten kirchliche Kindergärten oft nach ebenso unterschiedlichen Konzepten wie die Einrichtungen anderer Träger. Galten kirchliche Kindergärten früher als besonders streng hinsichtlich der Aufnahme von Kindern aus anderen Glaubensgemeinschaften, hat sich in dieser Hinsicht in den letzten Jahren vieles getan. Sie stehen heute gewöhnlich allen Kindern offen. Deshalb kann ein kirchlicher Kindergarten auch für »nicht religiöse« Eltern eine gute Möglichkeit sein.

Integrations-Kindergärten In diesem Kindergarten werden behinderte und nicht behinderte Kinder im Verhältnis 1/3 zu 2/3 in einer Gruppe gemeinsam gefördert. Maximal 15 Kinder werden von mindestens zwei Erzieherinnen betreut. Auch in manchen Regelkindergärten werden Integrationsgruppen für Kinder mit leichten Behinderungen oder Entwicklungsverzögerungen angebo-

---

Am Rande

UNSER KATHOLISCHER KINDERGARTEN

Bewusst hatten mein Mann und ich uns für den Kindergarten in katholischer Trägerschaft in unserer Gemeinde entschlossen. Wir wollten, dass unsere Kinder in diesem christlichen Wertegerüst groß werden und ganz selbstverständlich von katholischen Festen und Sitten erfahren. Großartig war, dass unsere Tochter vor dem Besuch des Weihbischofs im Kindergarten in dessen Büro im bischöflichen Ordinariat anrufen durfte, um ihn darum zu bitten, in seiner »Verkleidung« zu kommen.

ten. Im Vordergrund steht die individuelle Förderung des einzelnen Kindes, von der auch die nicht behinderten Kinder profitieren. Geschult werden insbesondere Sinne und Wahrnehmungen sowie Toleranz und Hilfsbereitschaft. Gerade schüchternen Kindern kommen die kleinen Gruppen und die hohe Betreuerdichte sehr entgegen.

Montessori-Kindergärten Leitsatz: »Hilf mir, es selbst zu tun.« Die Kinder werden im Sinn der italienischen Ärztin Maria Montessori (1870–1952) zu möglichst großer Selbständigkeit erzogen und gemäß ihrer individuellen Begabung gefördert. Der Erwachsene soll auf diesem Weg der Verbündete des Kindes sein und ihm eine Umgebung bereiten, die auf seinen Lernhunger ausgerichtet ist. Er soll dem Kind helfen, Schwierigkeiten selbst zu überwinden und seine Persönlichkeit eigenverantwortlich auszubilden. Die Montessori-Pädagogik eignet sich daher besonders gut für sensible Kinder. Speziell entwickelte Materialien schulen Sinne, Wahrnehmung und Entwicklung. Sie bieten Bewegungsanreize und regen zum Experimentieren an.

Waldorf-Kindergärten Leitsatz: »Lernen durch Nachahmen.« In der von Rudolf Steiner (1861–1925) entwickelten Waldorf-Pädagogik ist die Erzieherin, in der die Kinder ein Vorbild sehen sollen, besonders wichtig. Die Betreuer sind der Lehre des Anthroposophen Rudolf Steiner verpflichtet. Es werden natürliche Materialien zum Spielen angeboten, die die Kreativität und Fantasie des Kindes fördern. Ein strikt eingehaltener Tagesablauf und enge Verbundenheit mit den Jahreszeiten geben den Kindern Geborgenheit und Ruhe. Sie eignen sich daher gut für nervöse, zappelige Kindern, die so vor Reizüberflutung geschützt werden. Hauptziel ist die ganzheitliche Entwicklung von Körper, Seele und Geist.

Wichtiger als Denken und Wissen sind die Sinne und das Handeln. Plätze im Waldorf-Kindergarten sind stark nachgefragt, obwohl von den Kosten und der Beteiligung der Eltern vieles verlangt wird und es durchaus üblich ist, das private Familienleben (z. B. durch Fernsehregeln) mit zu beeinflussen.

Reggio-Kindergärten Dieser pädagogische Ansatz entstand zuerst in Reggio Emilia in Italien. Die Erziehung der Kinder liegt gemeinsam bei den Eltern und Erziehern. Der Tag beginnt oft mit einer Kinder-Konferenz, bei der über gemeinsame Aktivitäten demokratisch abgestimmt wird. Die Kinder lernen anhand von Projektarbeiten. Wissen wird nicht vorgegeben, sondern gemeinsam erarbeitet. Die Erzieherinnen lernen mit und von den Kindern. Demokratisches Zusammenleben prägt die Projektgruppen. Dieses Konzept unterstützt optimal den Forschergeist eines Kindes, erfordert aber auch ein großes Engagement der Eltern.

Wald-Kindergärten »Back to Basic!« Wald-Kindergärten, deren Träger oft Elterninitiativen sind, erleben neuerdings einen wahren Ansturm. »Raus in die Natur« – lautet das Motto dieses Kindergartens. Die mit Rucksäcken und wetterfester Kleidung ausgestatteten Kinder sind jeden Tag im Wald unterwegs. Die Kinder lernen durch und mit der Natur. Die Gruppen spielen und ruhen unter freiem Himmel. Schutz vor schlechtem Wetter bieten Unterstände oder Zelte. Die Kinder erleben hautnah die Jahreszeiten und Wetterumschwünge, ihr Immunsystem wird gestärkt und abgehärtet. Wald-Kindergärten bilden ein Gegengewicht zum zunehmend eingeengten Spiel- und Lebensraum. Die Betreuungszeiten in Wald-Kindergärten sind – wegen der Abhängigkeit vom Wetter – oft deutlich kürzer als in anderen Einrichtungen.

Mama, ich will zu dir

Warum hat mein Kind Ängste?

Ihr Kind erlebt gerade eine aufregende Phase in seinem Leben und beginnt, sich tagsüber von Ihnen zu lösen, um die Welt zu erkunden. »Tagsüber« ist dabei das Schlüsselwort, denn abends wächst das Bedürfnis nach Geborgenheit und Sicherheit. Zudem leben unter den meisten Kinderbetten jetzt die unheimlichen Kreaturen der magischen Phase. Drachen sitzen im Schrank und Hexen wollen durchs Fenster hereinschauen. Das kalte Gefühl der Einsamkeit und die Verlassensängste können Ihr Kind aus seinem Bett heraus- und ins warme Elternbett hineintreiben. Dabei vollbringt Ihr Kind eine mutige Tat, indem es sich durch den dunklen Flur mit den unheimlichen Schatten bis in Ihr Zimmer traut. Die Angst vor dem Alleinsein ist dabei größer als die Angst, allein durch die Monstergasse zu gehen. Schimpfen Sie deshalb nicht mit Ihrem Kind, wenn es kalt und ängstlich an Ihrem Bett auftaucht und zu Ihnen will, sondern lassen Sie es unter Ihre Bettdecke krabbeln und kuscheln Sie alle Ängste weg.

Mitschläfer im Elternbett?

Wie Sie mit den nächtlichen Kuschelattacken Ihres Kindes umgehen, hängt ganz von Ihrem persönlichen Empfinden ab. Manche Eltern stören die nächtlichen Besucher gar nicht, sie genießen die Extraportion Liebe und Nähe. Andere Eltern ertragen nur schwer, wenn ihr Kind mit im Bett schläft und dies zudem noch ziemlich raumgreifend. Denn Kinder schlafen meist sehr unruhig und werfen sich im Bett hin und her. Sie lieben es, quer zu schlafen, werfen im Schlaf die Beine herum, umklammern Sie ruckartig oder wälzen sich auf Ihren Bauch. Von

EXPERTENTIPP

Das eigene Bett

Sie können Ihrem Kind helfen, alleine in seinem Bett zu schlafen, indem Sie es stark und selbständig werden lassen. Bieten Sie ihm »Tröster« an wie den Lieblingsteddy oder ein Schnuffeltuch. Lassen Sie Ihr Kind mit entscheiden, wenn es beispielsweise um die Wahl des Bettes, der Nachttischlampe oder der Bettwäsche geht. Dann hat es eine stärkere Bindung zu seinem »neuen Eigentum« und schläft bereitwilliger in seinem eigenen Bett.

erholsamer Nachtruhe kann bei den Eltern dann natürlich nicht die Rede sein. Wie bekommt man also die nächtlichen Kuschelmonster wieder aus dem Bett, ohne sie zu verletzen oder zurückzuweisen? Eine Möglichkeit ist die Matratze neben dem Ehebett. Die meisten Kinder sind zufrieden, wenn sie im selben Raum schlafen können. So können sie erst kurz kuscheln kommen und sich dann auf die Matratze legen, wo schon ein Kuscheltier auf sie wartet. Die gleichmäßigen Atemgeräusche beruhigen Ihr Kind und lassen es schnell wieder einschlafen. Diese Lösung eignet sich auch für Ihr krankes Kind, so können Sie praktisch im Schlaf schnell mal die Hauttemperatur fühlen oder mit einem Spucknapf zur Stelle sein. Wichtig ist aber, dass Ihr Kind zunächst in seinem eigenen Bett einschläft und sichergestellt ist, dass die Matratze eben nur eine Notlösung und kein Dauerzustand ist.

EXPERTENTIPP

Der Nachtschreck

Pavor nocturnus tritt typischerweise 15 Minuten bis eine Stunde nach dem Einschlafen auf. Ihr Kind ist dabei bis zu 15 Minuten nicht ansprechbar und befindet sich in einem Zustand ähnlich wie dem des Schlafwandlers. Während dieser Phase erkennt es seine Eltern nicht und empfindet Ansprache oder Berührungen als Bedrohung. Am Ende des »Anfalls« erwacht es, schaut sich fragend um und schläft in der Regel entspannt wieder ein, ohne sich an den Vorfall erinnern zu können.

Keine Angst vor dem Nachtschreck

Schlecht geträumt oder Nachtangst?

Ihr Kind ist gerade friedlich und sanft eingeschlafen. Endlich Feierabend. Sie genießen die Ruhe. Doch plötzlich hören Sie schreckliche Schreie aus dem Kinderzimmer. Ihr Kind sitzt schweißgebadet und heftig atmend im Bett und starrt mit weit aufgerissenen Augen an die Wand. Sie versuchen, es zu beruhigen und in den Arm zu nehmen, doch die Situation verstärkt sich noch. Panisch versucht Ihr Kind, Sie abzuwehren. Es hört nicht auf zu schreien. Es gelingt Ihnen nicht, Ihr Kind aus diesem Zustand zu wecken. Dann plötzlich ist die Angststarre weg, der Spuk vorbei, der Puls beruhigt sich. Ihr Kind schaut Sie eventuell fragend an und schläft dann einfach müde und entspannt wieder ein.

> **Am Rande**
> ## SCHLECHTE NACHT
> Wir erschreckten uns fürchterlich, als mein Sohn ein einziges Mal einen solchen »Anfall« hatte: Er schrie panisch und brauchte auch auf dem Arm einige Zeit, bis er uns erkannte und sich beruhigen ließ. Danach rannten wir, sobald wir ihn schreien hörten, immer zügig an sein Bett, aus Angst, er könnte wieder einen solchen »Nachtschreck« erleiden. Zum Glück aber blieb es bei dem einen Mal!

Kommt Ihnen das bekannt vor? Dann hat Ihr Kind den Nachtschreck – **Pavor nocturnus** – erlebt. Der *Pavor nocturnus* betrifft ungefähr drei Prozent aller Kinder unter 15 Jahren. Jungen sind öfter als Mädchen betroffen. Auch bei Erwachsenen kommt die Störung vor.

Im Gegensatz zu einem Albtraum, bei dem Ihr Kind etwas Unangenehmes geträumt hat und sich schnell trösten lässt, handelt es sich bei diesem **Angsterschrecken** um eine Störung in der NON-REM-Phase. Das Kind wacht aus dem ersten Tiefschlaf nicht vollständig auf und befindet sich in einer »Twilight-Zone« zwischen Wach- und Schlafzustand. Das äußert sich in einer Art Verwirrtheitszustand. Experten vermuten, dass eine Überreizung mit positiven oder negativen Eindrücken diese Situation begünstigen kann. *Pavor nocturnus* gehört zum normalen kindlichen Schlafverhalten und ist kein Grund zur Besorgnis. Es liegt keine psychische Störung vor und das Erlebnis hinterlässt keine bleibenden Ängste. Sie können bei einem solchen »Anfall« also ohne Angst abwarten, bis sich Ihr Kind beruhigt hat, und sollten nicht versuchen, es zu wecken. Sobald Ihr Kind aus der Starre erwacht ist, nehmen Sie es in den Arm und gehen danach aus seinem Zimmer.

Was tun bei Albträumen?

Im Gegensatz zu *Pavor nocturnus*, bei dem das Kind nicht aus seiner Angst erwacht, ist Ihr Kind bereits aus seinem Albtraum aufgewacht, weint und möchte getröstet werden. Eventuell kann Ihr Kind sogar erzählen, was es geträumt hat. Der Traum ängstigt Ihr Kind auch noch nach dem Aufwachen, manchmal sogar noch am nächsten Tag. Manche Kinder oder auch Erwachsene können sich auch Jahre später genau an bestimmte Traumsequenzen erinnern, die sie besonders geängstigt haben.

Ihr Kind braucht jetzt Ihr Verständnis und Fürsorge. Nehmen Sie den Traum Ihres Kindes ernst, für Ihr Kind ist der durchlebte Traum ein reales Erlebnis. Der Spruch »Das ist doch nur ein Traum« tröstet Ihr Kind daher wenig. Es kann noch nicht zwischen Traum und Realität unterscheiden. Wundern Sie sich nicht, wenn Ihr Kind Sie auch ein paar Tage später noch fragt, ob die Maus mit dem Clownsgesicht immer noch auf dem Schrank sitzt. Angstträume sind ein Teil des normalen Schlafverhaltens. Treten sie jedoch gehäuft auf, kann Ihr Kind Schlafstörungen entwickeln, weil es Angst hat, einzuschlafen und dann wieder etwas Unangenehmes zu erleben. Es fühlt sich allein gelassen, weil seine Eltern es nicht vor diesem Erlebnis schützen und ihm beistehen können. Deshalb braucht es auch tagsüber viel Zuneigung und Geborgenheit.

U7a: Wozu gibt es die neue Untersuchung?

2008 wurde in Deutschland eine weitere Untersuchung eingeführt: die U7a. Diese zusätzliche medizinische Routineuntersuchung soll zwischen dem 34. und dem 36. Lebensmonat stattfinden und die große zeitliche »Lücke« schließen, die zwischen der U7 und U8 klafft. Denn obwohl im ersten Jahr fast alle Eltern die empfohlenen Vorsorgetermine noch penibel einhalten, lässt dieses Engagement bereits nach der U7 am Ende des zweiten Jahres deutlich nach. Doch auch zwischen den zwei Terminen finden wichtige Entwicklungsschritte statt, die Hinweise auf Entwicklungs- oder Lernstörungen geben können. Kann das Kind richtig und vor allem geduldig zuhören? Hat es Probleme beim Laufen oder Dreiradfahren? Akzeptiert es Regeln und versteht Anweisungen? Kann es sich auf ein Spiel konzentrieren? Alle diese Fragen geben Hinweise auf eine altersgerechte Entwicklung. Übergewicht, mögliche Sprachstörungen und Konzentrationsschwierigkeiten können jetzt leichter erkannt und damit durch Therapien und Förderung ausgeglichen werden. Eventuell kann ein Allergietest durchgeführt werden. Zudem überprüft der Arzt die Zahn-, Mund- und Kiefergesundheit Ihres Kindes.

Die U7a dient auf der einen Seite dazu, mögliche Lernstörungen aufzudecken und noch vor Schuleintritt zu behandeln, um Defizite rechtzeitig auszugleichen. Zum anderen haben die schockierenden Fälle von Kindesmisshandlungen und Vernachlässigungen der aktuellen Gegenwart gezeigt, dass auch Ärzte, neben Nachbarn und Erzieherinnen, einen moralischen Auftrag haben, auf Auffälligkeiten oder gar Misshandlungsspuren wie blaue Flecken oder massives Untergewicht bei Kindern zu achten.

> **Am Rande**
> **PICKNICK**
> Wenn es Jahreszeit und Wetter zulassen, veranstalten Sie doch einfach ein Geburtstagspicknick auf dem Spielplatz! Dort können sich die Kinder in Ruhe austoben, ohne Ihre Wohnung auf den Kopf zu stellen. Auf einer Picknickdecke mit allerlei Leckereien können die kleinen Gäste so viel sie wollen rumkrümeln. Wenn Sie die Mütter ebenfalls einladen und für Kaffee oder Prosecco sorgen, lässt sich die Aufsichtspflicht gleich noch auf mehrere Schultern verteilen. Das ideale Geschenk? Kindergartentasche und Bilderbücher zum Thema Kindergarten.

Der dritte Geburtstag
Hurra, ich bin bald 3!

Wie feiern wir am besten?

Der dritte Geburtstag wird jetzt schon ganz schön turbulent. Ihr Kind liebt es, zu toben und zu rennen. Bewegungsspiele sind jetzt genau der richtige Geburtstagshit. Sackhüpfen, Eierlaufen, Blinde Kuh, Wurstschnappen und Topfschlagen fördern die motorische Entwicklung und stärken die Wahrnehmung. Wichtig: Ihr Kind darf jetzt die Entscheidung treffen, wen es einlädt, aber die Anzahl der Gäste bestimmen Sie. Die Regel »Pro Geburtstagsjahr ein Kind« lässt sich eine Weile lang ganz gut einhalten und wird auch Ihrem Kind sehr plausibel erscheinen.

Welches Spielzeug eignet sich für Dreijährige?

* Spielzeug für Rollenspiele wie Kaufmannsladen, Spielküche, Arztkoffer, Kasperletheater oder Bauernhof
* Memory, Domino, Bilderlotto
* Einfache Musikinstrumente wie Kinderxylophon
* Kassetten mit Kinderliedern oder ersten Hörspielen
* Holzperlen zum Auffädeln
* Knetmasse, Straßenkreide
* Magnetzaubertafel
* Bilderbücher mit festen Pappseiten

Wie wird das Fest zum Erlebnis für alle?

Kinder sind Meister im Improvisieren und Erfinden. Sie brauchen weder perfekte Kostüme noch ein detailliertes Bühnenbild für ihr fantasievolles Spiel. Kinder lieben Geschichten und gehen ganz in kleinen Rollenspielen auf. Oft reicht es, wenn Sie den Kindern ein paar Verkleidungsstücke zur Verfügung stellen – vom zerrissenen Bettlaken bis zum Gardinenrest – und Ihnen dazu ein Märchen vorlesen. Dann dürfen die Kinder die Geschichte mit eigenen Ideen nachspielen und Sie können sich entspannt zurücklehnen. So entgehen Sie dem Horror vieler Kindergeburtstage, die neben einem verwüsteten Wohnzimmer und genervten Müttern vom Spielkonsum und von Süßigkeiten »überreizte« Kinder zurücklassen. Damit Ihr Fest zum schönen Erlebnis für Sie, die Gäste und das Geburtstagskind wird, reichen oft schon ein paar einfache Hilfestellungen. Achten Sie bei der Auswahl der Gäste auf deren Altersstruktur. Am harmonischsten sind meist Feste mit einer Gruppe nahezu gleichaltriger Kinder. Denn wenn sich die motorischen und sprachlichen Fähigkeiten der Kinder ungefähr auf einem Level befinden, gibt es weniger Gerangel, Rivalität oder auch Langeweile untereinander. Respek-

tieren Sie die Wünsche Ihres Kindes hinsichtlich seiner Gästeliste. Auch wenn es schwerfällt: Wenn Ihr Kind den Sohn Ihrer besten Freundin nicht einladen mag, sollten Sie dies respektieren, sonst sind Unfrieden und Streit vorprogrammiert.

Wie klappt die Raubtierfütterung?

Verabschieden Sie sich von der »üblichen« Geburtstagsabfolge: Kuchen – Spielen – Abendbrot, sonst sind Sie nur mit Tisch abräumen und Essen vorbereiten beschäftigt und damit im Dauerstress. Zumal die Gäste meist mit großem Tatendrang kommen und erst mal kaum Appetit mitbringen. Der liebevoll gedeckte Tisch wird dann kaum wahrgenommen, die Kinder schlingen den Kuchen runter oder probieren nur eine Ecke, bevor sie wieder vom Tisch verschwinden. Ersparen Sie sich diesen Frust und beginnen Sie lieber gleich mit dem Programm für die kleinen Raubtiere. Für den Hunger zwischendurch können Sie Schüsseln mit Gemüse und Obstschnitzen auf einem Tisch bereitstellen. Für den Durst gibt es bunte Becher, die mit Namen und bunten Strohhalmen so gekennzeichnet sind, dass jedes Kind seinen Becher immer wiederfindet. Bauen Sie das »richtige« Essen doch mal in das Spiel mit ein, indem Sie z. B. eine Picknickdecke auslegen und darauf einen Geschmackstest mit verbundenen Augen machen, bei dem unterschiedliche Geschmacksrichtungen ausprobiert werden wie Saures (Grapefruit), Salziges (Kartoffelchips), Süßes (Gummibärchen) und Bitteres (ein Blatt Rucola).

7. Semester / 37–42 Monate

»Zeit für den Kindergarten«

Im siebten Semester der Eltern-Uni erleben Sie hautnah die Veränderungen Ihres Kindes vom Kleinkind zum Kindergartenkind. Seine motorischen, kognitiven, sozialen und emotionalen Fähigkeiten erweitern sich von Tag zu Tag. Ihr Kind bringt täglich etwas Neues aus dem Kindergarten mit: ein Bild, einen Reim, ein Lied und manchmal auch ein neues Schimpfwort. Gummistiefel und Matschhosen sind die wohl sinnvollste Investition für die Kindergartenzeit, denn keine Pfütze ist mehr vor Ihrem Kind sicher. Ihren kleinen Dreckspatz können Sie nun eigentlich täglich in die Badewanne setzen. Auch sprachlich und motorisch macht Ihr Kind jetzt wieder einen großen Schritt nach vorn.

7. SEMESTER / 37–42 Monate

»Pflanze heute einen Baum, damit deine Kinder in Zukunft an die Ernte gehen können!« Das war nur eine der vielen guten Initiativen »unseres« Kindergartens. Gemeinsam mit den Eltern wurde als Dank für ein gelungenes Sommerfest ein Apfelbaum gepflanzt. Dazu brauchte es natürlich sachkundige Väter, die auch bereit waren, sich mit dem Spaten, Eimer und Erde die Hände schmutzig zu machen. Die hatten aber auch ihren Spaß, ein doch ordentliches Erdloch für den beachtlichen Erdballen der achtjährigen Rubinette auszuheben. Umringt von Kindern wurde der Baum feierlich gesetzt, nicht ohne an einen Baumschoner gegen mögliche Nager und einen stabilisierenden Holzpfahl zu denken. Die erste Bewässerung war dann auch schon Aufgabe der Kinder, die begeistert an die Arbeit gingen. Damit sich nun mit Verantwortungsbewusstsein und Hingabe um das Bäumchen gekümmert wurde, hielt ein Gießplan im Kindergarten fest, wer sich wann über den hoffentlich heißen und sonnigen Sommer hinweg der Pflege des Baumes widmen sollte. So sollten im Kindergarten wie zu Hause die Kinder an »normale« Arbeiten herangeführt werden. Gemeinsam können so manche Tätigkeiten – wie zum Beispiel das lästige Aufräumen – richtig Spaß machen!

Jedes Kind hat sein eigenes Tempo

Was sich alles verändert – und warum bei jedem anders?
Im vierten Lebensjahr fallen den Eltern die körperlichen Veränderungen der Kinder meistens gar nicht mehr ins Auge, da sich die Kleinen hauptsächlich in die Länge strecken. Die Gesichtszüge verlieren schlei-

»Zeit für den Kindergarten«

chend die Merkmale des Kindchenschemas. Der vorgewölbte »Speckbauch« und die leichte Hohlkreuzhaltung – beides typisch für Kleinkinder – bilden sich langsam zurück. Ihr Kind wirkt jetzt filigraner und schlanker, deutlich lassen sich die Größenunterschiede in einer Gruppe von Dreijährigen erkennen. Jeden Tag macht Ihr Kind neue vielfältige Erfahrungen, vor allem seine Erlebnisse im Kindergarten prägen es in dieser Zeit. Trennungsängste und Schlafprobleme können sich dadurch verstärken. Ihr Kind durchlebt auch weiterhin mehr oder weniger stark die magische Phase und muss mit den »Krokodilen« unter seinem Bett fertig werden. Nach wie vor fragt es Ihnen Löcher in den Bauch und will dann selber nachschauen, ob im Bauch auch wirklich Löcher sind. Im direkten Vergleich mit anderen Kindern zeigen sich die ersten Lern- oder Sprachdefizite nun schon ziemlich deutlich. Denn die Entwicklung der Sprache macht nun große Fortschritte. Ihr Kind verwendet im Laufe des vierten Lebensjahres die bestimmten Artikel und persönlichen Fürwörter wie Ich und Du immer öfter korrekt und wird dadurch auch von Fremden zunehmend besser verstanden. Begeistert erzählt es schon recht flüssig, was es alles im Kindergarten erlebt hat und malt mit Vorliebe »bunte« Bilder und sogenannte »Kopffüßler«, bei denen die Gliedmaßen direkt am übermächtig erscheinenden Kopf sitzen. Zudem »kündigt« es an, was es zu malen beabsichtigt. Die motorischen Fähigkeiten sind schon sehr gut ausgebildet. Dreiradfahren und die Pedal-Lenk-Koordination klappen inzwischen sehr gut. Ihr Kind fährt relativ sicher und kann Hindernissen ausweichen. Es balanciert gerne auf Baumstämmen oder Mauern und kann bereits auf Zehenspitzen stehen und Seilspringen. Deutlich fällt jetzt auf, dass sich die Kin-

7. SEMESTER / 37–42 Monate

der ziemlich individuell entwickeln und dass ihre Stärken oder Schwächen schon jetzt unterschiedlich ausgeprägt sind. Das eine Kind ist vielleicht in der Sprache den anderen Kindern weit voraus, dafür ist ein anderes Kind motorisch deutlich geschickter und kann schon gut mit der Schere umgehen. Lassen Sie sich nicht zu einem Vergleich hinreißen. Wachsen ist keine olympische Disziplin. Gestatten Sie Ihrem Kind sein eigenes Tempo. Jedes Kind trägt das gesamte Potenzial in sich und entwickelt sich im individuellen Rhythmus und Tempo.

Ab in den Kindergarten

Wie erkenne ich, ob mein Kind reif für den Kindergarten ist?

Das Geburtsdatum ist nur ein Anhaltspunkt bei der Entscheidung, ob Ihr Kind schon reif für den Besuch des Kindergartens ist. In der Regel zeigen die meisten Kinder um den dritten Geburtstag herum von sich aus verstärkt Interesse an anderen Kindern und äußern den Wunsch, in den Kindergarten gehen zu dürfen. Ähnlich wie bei der »Schulreife« gibt es verschiedene Anzeichen dafür, die zeigen, ob Ihr Kind schon für das »Abenteuer« Kindergarten und den damit verbundenen großen Schritt in Richtung Selbständigkeit bereit ist. Voraussetzung sollte sein:

✳ Ihr Kind hat schon das »Loslassen« geübt und kann sich problemlos für zwei Stunden von Ihnen trennen. Es bleibt ohne Tränen und Geschrei bei einer anderen Bezugsperson.

✳ Ihr Kind ist »sauber und trocken« und trägt in der Regel tagsüber keine Windel mehr. Logisch, dass ab und zu noch mal »was in die Hose« geht! Das ist vor allem

EXPERTENTIPP

Förderung

Eine rechtzeitige Förderung durch Logopäden oder Ergotherapeuten kann mögliche Defizite in der Motorik oder Sprachentwicklung ausgleichen oder reduzieren. Sprechen Sie mit Ihrem Kinderarzt über Ihre Beobachtungen. Er wird Sie beraten, ob und wann eine spezielle Förderung nötig ist.

dann der Fall, wenn Ihr Kind ins Spiel vertieft ist und einfach vergisst, auf die Toilette zu gehen. Erzieherinnen kennen das und werden Ihnen im Fall der Fälle beim Abholen dezent eine Tüte mit nasser Kleidung überreichen.

* Ihr Kind kann sich selber anziehen. Damit sich die Gruppe schnell für den Garten oder Spielplatz bereit machen kann, sind Hosen mit Gummizug, Matschhosen mit Hosenträgern und Schuhe mit Klettverschlüssen günstig. Feinmotorische Fähigkeiten wie das Schleifebinden lernen die meisten Kinder erst im Laufe der Kindergartenzeit, manche auch erst während der Schulzeit.
* Ihr Kind sollte möglichst die deutsche Sprache beherrschen und sich so weit verbal problemlos äußern können. Es spricht in Drei-Wort-Sätzen und versteht einfache Anweisungen wie Hände waschen oder in den Stuhlkreis setzen. Es ist altersgerecht entwickelt und hat keine motorischen Probleme beim Springen, Hüpfen oder Rennen.

Warum weint mein Kind?

Endlich ist er da, der große Tag. Die Kindergartentasche steht schon seit Tagen bereit, die Kleidung hängt auf dem Stuhl, alle Utensilien sind mit Namen versehen. Ihr Kind steht schon um fünf Uhr morgens an Ihrem Bett, um Sie zu wecken, damit Sie ja nicht zu spät kommen. Dann geht die Tür zum Kindergarten auf und plötzlich verwandelt sich Ihr stolzes Kindergartenkind zurück zum schüchternen Kleinkind. Es klammert sich ängstlich an Ihre Beine und ist hin- und hergerissen zwischen dem Wunsch, sich sofort ins Getümmel zu werfen und Sie ganz fest zu umklammern und nicht gehen zu las-

---

Am Rande

ABSCHIEDS-RITUAL

Manche Kinder schreien und toben beim Abschied, obwohl sie eigentlich gerne in den Kindergarten gehen. Die Abschiedsszene wird zu einem eigenartigen Ritual. Das Kind denkt vielleicht: »Mama ist bestimmt traurig, weil ich sie verlassen will, deshalb zeige ich ihr, wie gern ich bei ihr bleiben möchte.« Erklären Sie Ihrem Kind, dass Sie sich freuen, wenn es ihm im Kindergarten gut gefällt und dass Sie stolz auf Ihr Kind sind, weil es schon so groß und selbständig ist. Das kann Wunder wirken. Die Aktion Ihres Kindes ist auch immer eine Reaktion auf Ihr eigenes Verhalten. Wenn Ihnen der Abschied schwerfällt, könnten Sie Ihr Kind vom Partner oder den Großeltern in den Kindergarten bringen lassen.

sen. Damit ist es natürlich total überfordert. Tränen laufen über sein Gesicht. Vielleicht fängt es sogar an, panisch zu schreien. In den ersten Tagen sind Tränen beim Abschied völlig normal. Die Erzieherinnen sind meist recht gut auf diese Situation vorbereitet und nehmen sich der »Neuen« ganz behutsam an. Nach kurzer Zeit schon hat Ihr Kind aber erfahren und gespeichert, dass es im Kindergarten schöne Sachen erlebt und vor allem, dass Sie immer wiederkommen und es zuverlässig und pünktlich abholen.

Wie bereiten wir uns richtig vor?

Damit der Kindergartenstart von Anfang an gelingt, können Sie Ihr Kind auf diesen großen Schritt sanft vorbereiten. Versuchen Sie vom ersten Tag an, rechtzeitig aufzustehen und mit Ihrem Kind in Ruhe zu frühstücken. Fragen Sie, was es im Kindergarten erwartet und was es dort machen möchte. Schmieren Sie gemeinsam ein Pausenbrot oder schneiden Sie Obststücke für die Frühstückspause im Kindergarten. Lassen Sie Ihr Kind von den anderen Kindern erzählen und berichten Sie ihm im Gegenzug, was Sie in der Zeit erledigen wollen, wenn es nicht da ist. Dann hat Ihr Kind auch eine Vorstellung davon, was Sie währenddessen zu Hause oder im Beruf machen und dass es eigentlich gar nichts verpasst. Denn während Sie beschäftigt sind, hätten Sie ja keine Zeit für gemeinsame Spiele. Verabreden Sie für den Nachmittag einen gemeinsamen Programmpunkt wie Spiele, einen Spaziergang oder einen Ausflug auf den Spielplatz. Mit einem solchen Ritual, bei dem Sie Ihr Kind ernst nehmen und es wie einen Großen behandeln, fällt es ihm viel leichter, sich zu verabschieden. Holen Sie Ihr Kind gleich zu Beginn der regulären Abholzeit ab, damit es nicht traurig wird, wenn die anderen Kinder

---

Am Rande

NICHT OHNE MEINE MAMA!

Gewöhnen Sie Ihr Kind an die neue Umgebung. In »meinem« Kindergarten war es üblich, den ersten Tag mit dem Kind im Kindergarten zu verbringen. Man sollte sich dann aber im Hintergrund halten und vielleicht den Erzieherinnen bei ihren Tätigkeiten helfen. Versuchen Sie immer mal, den Raum zu verlassen. Wenn Ihr Kind etwas haben will, leiten Sie es an, zur Erzieherin zu gehen und sie um den Gefallen oder Hilfe zu bitten. Begrenzen Sie den Aufenthalt Ihres Kindes in den ersten Tagen auf wenige Stunden und verlängern Sie dann diese Zeitspanne schrittweise.

schon vorher heimgehen dürfen. Manche Kinder dagegen haben so viel Spaß im Kindergarten, dass sie darauf bestehen, unbedingt als Letzte abgeholt zu werden und sauer sind, wenn Sie mal zu früh dran sind. In einer Wachstumsphase wie dieser, in der Kindern große Flexibilität abverlangt wird, ist Beständigkeit und Verlässlichkeit unabdingbar. Halten Sie sich ganz genau an Ihre Bring- und Abholzeiten. Konsequente Erziehung ist die leichteste Richtschnur für Ihr Kind. Wenn Sie nachgeben und schwanken, wird dies von Ihrem Kind als Unsicherheit empfunden. Diskutieren Sie deshalb nie, warum und ob Ihr Kind in den Kindergarten muss, sondern nur, was es als Pausenbrot mitnimmt oder eventuell noch die Kleiderfrage. Meist kommt es nach ein paar Wochen zu ersten Störungen im Betriebssystem Kindergarten. Dann darf es ruhig mal einen Tag zu Hause bleiben. Die Betonung liegt auf »einen Tag«. Akzeptieren Sie die Kindergartenpause nur unter der Bedingung, dass es anschließend wieder regelmäßig geht.

EXPERTENTIPP

Je früher, desto sicherer

Manchen Kindern hilft es, wenn sie zu Beginn der Bringzeit in die Gruppe kommen. Sie haben dann die Betreuerin noch kurz für sich allein und kommen nicht gleich in eine große, laute Gruppe. Zum anderen sieht der Frühankömmling, wie sich die anderen Kinder ganz selbstverständlich und ohne Tränen von ihren Eltern verabschieden.

Sich in der Welt entfalten

Was lernen Kinder im Kindergarten?

In Deutschland besteht zwar eine Schulpflicht, aber keine Kindergartenpflicht. Und trotzdem gehen nach Angaben der Bundesregierung 60 Prozent aller Dreijährigen und rund 80 Prozent aller Fünfjährigen in den Kindergarten. Und das mit gutem Grund: von einem Kindergartenbesuch profitieren sowohl Eltern als auch Kinder. Der Kindergarten ist die Grundsäule der frühkindlichen Förderung und die beste Vorbereitung auf die Schule. Der Kindergarten ist im weitesten Sinne die Grundstufe in der Bildungspyramide, die bereits erste

> **Am Rande**
>
> **BETRIEBS-KINDERGÄRTEN**
>
> Gerade in den letzten Jahren ist auch auf politischer Ebene viel geschehen: das Thema »frühkindliche Förderung« steht ganz oben auf der Agenda nicht nur der Kultusminister. Auch die Wirtschaft hat das Thema erkannt: Es gibt immer mehr firmennahe Kindertagesstätten, die den Eltern die Weiterarbeit im Betrieb ermöglichen sollen. Zugleich können auch die Kinder der Mitarbeiter schon früh für die Unternehmensphilosophie begeistert werden. Natürlich gibt es auch immer noch Defizite – in der Quantität und auch in der Qualität der Bildungsangebote im Kindergarten. Da ist jeder Erziehungsberechtigte gefragt, die optimale Betreuungssituation für sein Kind auszuloten.

Bildungsinhalte vermittelt und den Kindern den bestmöglichen Start für die Schule bietet. Kindergärten sind schon lange nicht mehr reine »Verwahrungsanstalten«, sondern sie erfüllen einen »Bildungsauftrag«. Mit frühkindlichen Förderungsprogrammen wie Englischunterricht, Schreibtraining und naturwissenschaftlichen Experimenten können die Erzieherinnen bereits erste Lerninhalte vermitteln. Damit ist der Kindergarten eine Art »Vorschule«, die sich über drei Jahre erstreckt. Die Kinder profitieren von diesem Bildungsangebot, sie lernen spielerisch die ersten Bausteine des Wissens und bereiten sich optimal auf den bevorstehenden Schulstart vor, und zwar unabhängig vom Bildungsstand der Eltern und den Fördermöglichkeiten durch das Elternhaus.

Was sind soziale Kompetenzen?

Im Kindergarten erwerben die Kinder soziale Kompetenzen, die sie im Umfeld einer Kleinfamilie meist nicht erlernen können. Für Einzelkinder sind diese Fähigkeiten besonders wichtig. Zu den sozialen Kompetenzen gehört Teilen, Zusammenarbeiten, Streiten und Vertragen sowie Einfügen in eine Gruppe. Gerade bei behüteten und schüchternen Kindern stärkt die Gruppenerfahrung das Selbstbewusstsein und fördert die Selbständigkeit. Natürlich kann auch eine Mutter, die ihr Kind zu Hause betreut, diese Eigenschaften fördern. Nur ist die »Arbeit« in einer Gruppe, das gemeinsame Basteln und Toben, für die motorischen, sozialen und kognitiven Fähigkeiten eines Kindes besonders anregend. Und auch für Eltern kann der Besuch des Kindergartens eine echte Bereicherung sein. Sie finden in den Erzieherinnen kompetente Ansprechpartner, mit denen sie auch mal persönliche Fragen der Erziehung oder bestimmte

Entwicklungen und Verhaltensweisen ihres Kindes besprechen können. Während ihre Kinder in der Gruppe gut betreut und gefördert werden, können Mütter besten Gewissens arbeiten gehen oder die Zeit anderweitig sinnvoll nutzen.

Ohne Spielregeln geht es nicht

Warum ist die Gruppe so wichtig?

Im Kindergarten lernt Ihr Kind erstmals eine Gruppe und ihre Spielregeln kennen. Aus den kleinen Prinzen und Prinzessinnen werden jetzt ganz normale Kindergartenkinder. Denn in der Gruppe verliert jedes Kind erst einmal seine Sonderstellung und individuellen Privilegien, die es eventuell zu Hause genießt. Hier muss es sich ein- und unterordnen. Das fällt einigen Kindern leichter als anderen. Manche haben nur darauf gewartet, endlich mit anderen Kindern zu spielen, zu toben und auf eigene Faust den Kindergarten zu erobern. Andere Kinder suchen nach wie vor lieber die Nähe der Erzieherinnen und weichen diesen nicht von der Seite. Manche Kinder spielen selbstvergessen in der Puppenecke, andere wollen aktiv beschäftigt werden oder toben lautstark durch die Gänge. Erfahrenen Betreuerinnen gelingt es recht gut, diese verschiedenen Charaktere unter einen Hut zu bekommen und gemeinsame Ziele zu verwirklichen. Mit Stuhlkreisen, Frühstückspausen, Ausflügen und anderen Ritualen schaffen sie es, die Kinder trotz ihrer mannigfachen Begabungen und Interessen zu einer sozialen Gemeinschaft zusammenzufügen, in der Rücksicht aufeinander genommen wird und gemeinsame Regeln akzeptiert

> **Am Rande**
> **FAMILIENMANAGERIN**
> Vor jeder Mutter, die ihren Haushalt allein bewältigt, habe ich große Hochachtung. Jede Familienmanagerin weiß, wovon ich spreche: es gibt genug zu tun, packen wir es an! Die Wäscheberge werden mit jedem Familienmitglied größer, der Dreck in der Wohnung verschwindet leider auch nicht von selbst und, und, und … Zudem die tägliche Frage: Was koche ich heute? Letztlich ringt jede Frau, allemal wenn sie berufstätig ist, um jede freie Stunde. Auch Feierabend und Wochenende gibt's für Mütter nicht. Kino und Sport, Theater und Bücher passen in den Alltag berufstätiger Mütter leider zu selten.

werden. In der Gruppe vollzieht sich nun schleichend ein Perspektivwechsel. Ihr Kind erweitert seine sozialen und emotionalen Kompetenzen. Es vergleicht sich mit anderen Kindern und beginnt, sich auch für die Gefühle des anderen zu interessieren. Kinder lernen so, sich gegenseitig zu helfen und aufeinander Rücksicht zu nehmen. Ihr Kind beschäftigt sich jetzt schon mit der Frage: »Wer bin ich und wie möchte ich sein?« Größere Kinder werden zum Vorbild und von den Kleinen oft »vergöttert«. Durch diesen Entwicklungsschritt lernt Ihr Kind, seine eigenen Gefühle besser zu verstehen und zu lenken. Es kann zunehmend Enttäuschungen, Wut oder Frust kompensieren und schreit seine Empörung nicht immer gleich raus. Ihr Kind spürt die Geborgenheit und Kraft, die sich innerhalb einer Gruppe entwickeln, und ist stolz darauf, dieser Gruppe anzugehören. Gleichzeitig lernt es gewisse Hierarchien kennen und sich in diese einzuordnen.

Kleine Wortkraftmeier

Woher hat mein Kind nur diese Wörter?

Vom ersten Tag an kommt Ihr Kind im Kindergarten nicht nur mit anderen Kindern in Kontakt, sondern es lernt auch neue Ausdrücke oder Redewendungen. Plötzlich sagt Ihr Kind Wörter, von denen Sie ganz sicher wissen, dass sie nicht aus Ihrem Munde stammen. Woher kommt plötzlich das Interesse für diese »Nichtwörter«, die bei den Eltern erst mal Missbilligung und bei den Kleinen pure Begeisterung auslösen?

Spätestens nach einigen Tagen Kindergarten kommt Ihr Kind mit solch einem neuen, befremdlichen Wort nach Hause. Wie einen besonderen Schatz verwahrt es dieses in seinem Kopf, begierig darauf wartend, es endlich anzuwenden. Dann ist es so weit: Das Wort ist draußen und die Mutter zeigt die erwartete und erhoffte Empörung. Klasse, so ein Zauberwort, bei dem die Erwachsenen sofort ihre ganze Aufmerksamkeit auf das Kind lenken! Begeistert verwendet es das Wort nun bei jeder Gelegenheit, wenn beispielsweise die Oma kommt oder die beste Freundin der Mutter. Vor allem in der Öffentlichkeit ist ihm dann die begehrte Aufmerksamkeit sicher. Knallrot wird die Mutter, wenn ihr das gerade mal dreijährige Kind im Supermarkt ein »Asloch« entgegenschmettert und die anderen Kunden tadelnd den Kopf schütteln. Natürlich können Sie sich nun die Zeit nehmen und der älteren Dame, die so pikiert schaut, erklären, dass die Verwendung von Schimpfwörtern bei Dreijährigen ganz normal ist und ein Vertrauensbeweis für die enge Bindung von Mutter und Kind. Aber sie wird gar nicht wissen wollen, dass Kinder, die nie »unflätig« sprechen, eher ein Bindungsdefizit aufweisen als fluchende Kinder. Aber gut ist es, wenn Sie das wissen! Denn Ihr Kind sagt zu Ihnen nur »Dumme Kuh«, weil es ganz genau weiß, dass Sie es unendlich lieben und es dieser Liebe vertrauen kann.

Warum verwenden Kinder Schimpfwörter?
Dafür gibt es zwei Gründe: Zum einen bekommen die kleinen Wortkraftmeier dadurch ungeteilte Aufmerksamkeit. Zum anderen spielen sie damit eine weitere Karte im täglichen Machtkampf um das Abstecken von Grenzen aus. Wie reagiert man also auf die rüden Bemerkungen seines Kindes? Das hängt vom Alter ab: Je jünger Ihr Kind ist, umso eher können Sie davon ausgehen, dass es die wörtliche Bedeutung eines Schimpfwortes nicht kennt und es nur benutzt, weil es die

schnelle Reaktion seines Umfeldes begeistert. Ist das Kind älter, will es Grenzen austesten und Machtkämpfe provozieren. Erklären Sie Ihrem Kind möglichst neutral die Bedeutung der bevorzugten Worte. Sexuelle Begriffe können Sie als ersten Ansatz für die Sexualaufklärung verwenden und so Ihrem Kind in einfacher Weise und ohne falsche Scham oder Tabus die Bedeutung des Schimpfwortes erklären. Häufig sind die Kinder dann selber erschrocken über das, was sie gerade gesagt haben und verlieren vielleicht die Lust an dem Begriff. Erklären Sie Ihrem Kind, dass es ganz lustig sein kann, sich gegenseitig mit den kuriosesten Wörtern zu messen, dass die Begriffe aber auch verletzen und beleidigen können. Dabei lassen sich auch gut die Grundregeln von Höflichkeit und Rücksichtnahme erklären. Machen Sie Ihrem Kind klar, dass man nicht unbedingt alles aussprechen muss, was man denkt, wie zum Beispiel »Guck mal, Mama, ist die Frau dick!«.

Meins oder deins?

Was ist meins und was ist deins?

Mit persönlichen Fürwörtern haben Dreijährige anfangs noch Probleme, erst im Laufe des vierten Lebensjahres beginnen sie die Begriffe »ich, du, mein, dein« sicher zuzuordnen. Auch hier entwickeln manche Kinder sehr schnell eine Vorstellung von den Begriffen, andere brauchen etwas länger, um den Unterschied zu ergründen. Das ist aber auch schwer. Der andere sagt »Du« zu mir und »Ich« zu sich, also heißt er »Ich« und ich heiße «Du«, oder? Manche Kinder sprechen zur Sicherheit lieber erst mal in der dritten Person von sich, denn ihren eigenen Namen können sie schon gut zuordnen: »Peter

›Zeit für den Kindergarten‹

will Ball.« Oder sie lassen das Fürwort ganz weg: »Will Ball.« Ihr Kind versteht vielleicht noch nicht, dass der andere »Meins« meint, wenn er aus seiner eigenen Person heraus »Deins« sagt. Mit der Zeit lernt Ihr Kind, sich auch außerhalb seiner eigenen Person zu setzen. Es begreift den Unterschied von Mein und Dein und kann durch den Perspektivwechsel besser mit den Begriffen umgehen. Es entwickelt ein »Ich« und kann daher auch ein »Du« erkennen. Es beginnt sich in andere hineinzuversetzen und kann bei anderen Gefühle und Stimmungen erkennen sowie Mitleid empfinden. Verletzt sich ein anderes Kind, versucht es, zu trösten oder ihm zu helfen.

Ganz schön clever!

Was will mein Kind jetzt alles wissen?

Im vierten Lebensjahr setzt sich die Entwicklung Ihres Kindes fort, Informationen logisch zu verknüpfen und Ursachenforschung zu betreiben. Die zunehmende verbale Kompetenz Ihres Kindes befähigt es auch schon, über komplexe Gefühle und Erfahrungen zu reden und schwierige Sachverhalte zu hinterfragen. Es versteht nun, dass Gegenstände oder Personen beim Versteckspielen nicht vom Erdboden verschwinden, sondern nur nicht mehr zu sehen sind. Und es beginnt zu verstehen, dass auch andere Kinder oder Erwachsene nicht alles sagen, was sie im Kopf haben, dass sie auch mal schummeln und täuschen.

Da es nur ungern bei Gesellschaftsspielen, wie »Mensch ärgere dich nicht« verliert, versucht es zu schummeln oder das Spiel zu sabotieren, indem es »aus Versehen« die Spielsteine umwirft. Es beginnt, logische

> **Am Rande**
> **MEIN UND DEIN**
> Unser Sohn explodierte regelrecht, als mein Mann zu ihm sagte:
> »Du hast aber einen schönen Bagger.« »Nein, das ist meiner.« »Ja, das ist dein Bagger.« »Nein, meiner!« Tränen der Entrüstung schossen in die Augen unseres Kindes. Trotzphase? Nein. Missverständnis. Die Situation ließ sich erst entschärfen, als mein Mann ihm das mit dem »Mein und Dein« ausführlich erklärte.

7. SEMESTER / 37–42 Monate

Kausalitäten zu verstehen und lässt sich nicht mehr so leicht täuschen. Eltern, die sich wünschen, dass ihr Kind noch an den Weihnachtsmann oder Osterhasen »glaubt«, müssen jetzt gut aufpassen, dass es sie und ihre Tricks nicht durchschaut. »Papi, warum hat der Weihnachtsmann deine Schuhe an?« oder »Wieso hat der Osterhase das gleiche Geschenkpapier wie wir« entlarven Sie ganz schnell – also höchste Aufmerksamkeitsstufe! Vor allem auch im »Erfinden« von Ausreden oder unbedachten Äußerungen ist Vorsicht angesagt. Machen Sie sich auf unzählige Nachfragen gefasst. Ihr Kind nagelt Sie eventuell so lange fest, bis Sie keine Antwort mehr haben. Ein »Basta« reicht nicht aus, denn Ihr Kind möchte es nun ganz genau wissen. Jedes Gespräch erfordert von Ihnen jetzt Konzentration, sonst führt es eventuell in eine Richtung, in die Sie gar nicht wollen.

»Ich will jetzt …« Kennen Sie das auch? Immer wenn Sie sich gerade nicht so richtig um Ihr Kind und seine Forderungen kümmern können, weil Sie sich auf den Einkauf, die Autofahrt oder ein wichtiges Telefongespräch konzentrieren, kommt Ihr Kind mit einer Forderung. Süßigkeiten, Fernsehen, Aufbleiben, was erlaubt man nicht alles mit einem Nicken, wenn dafür nur fünf Minuten für ein wichtiges Telefongespräch herausspringen. Wenn Sie in diesem »Moment der Schwäche« keine Zusagen machen möchten, die Sie später bereuen, sollten Sie mit Ihrem Kind einen Zeitraum verabreden, in dem Sie dieses Thema gern mit ihm besprechen. Die meisten Kinder akzeptieren eine solche Verabredung, solange Sie sich verlässlich an Ihre Vereinbarung halten. Am besten verabreden Sie auch Signale, damit Ihr Kind ein wichtiges Telefonat, bei dem es auf keinen Fall stören darf, von einem »Privatgespräch« unterscheiden kann.

> **Am Rande**
>
> ### KLEIN, ABER CLEVER
>
> Mit den Worten »Ich habe kein Geld dabei« konnte ich die nervige Diskussion um den Besuch eines Fast-Food-Restaurants gerade noch abbiegen. Doch ein paar Tage später kamen wir vom Einkaufen und mein Sohn fragte mich, ob ich noch etwas Geld dabei hätte. Unbedacht bejahte ich dies und sofort konstatierte er entwaffnend: »Prima, dann können wir ja heute zu Macsowieso gehen, letztes Mal hatten wir ja kein Geld dabei.« Über so viel Cleverness musste ich einfach lachen, und mein Sohn saß später strahlend über seinem Kindermenü.

Läuse-Alarm

Was tun bei Kopfläusen?

Trotz bester Körperpflege kann es sein, dass Ihr Kind eines Tages kleine, unerwünschte Kindergartenmitbringsel anschleppt, auf die Sie absolut verzichten könnten: Kopfläuse.

Allein der Begriff löst bei den meisten Menschen nervöses Kopfjucken und Panik aus. Doch das ist völlig überflüssig: Denn Kopfläuse sind nicht gefährlich, sie übertragen keine Krankheiten und sind auch kein Zeichen mangelnder Hygiene. Sie sind einfach nur lästig und verursachen unangenehmen Juckreiz. Die Ansteckung passiert, wenn Kinder beim Spielen und Toben ihre Köpfe zusammenstecken und die Läuse dann von einem Kopf zum anderen wandern.

Meldet der Kindergarten Läusealarm, was häufig vorkommen kann, sollten Sie Ihr Kind auf Läuse oder Nissen (das sind die Läuseeier) untersuchen. Teilen Sie dazu mit einem speziellen Nissenkamm oder einem Stielkamm die einzelnen Haar-Partien, um die Kopfhaut zu überprüfen. Schauen Sie regelmäßig an den bevorzugten Stellen hinter dem Ohr, an den Schläfen und im Nacken nach, um einen Befall rechtzeitig zu finden. Von Kopfläusen geht keinerlei Gesundheitsgefahr aus, sie sind einfach nur widerlich. Ist das eigene Kind befallen, so muss es umgehend gegen Läuse behandelt werden. Außerdem müssen Sie zwingend im Kindergarten Bescheid geben und alle Familien informieren, mit deren Kindern die eigenen Sprösslinge in letzter Zeit Kontakt hatten, damit eine weitere Verbreitung und erneute Infektion vermieden werden kann. Als Erstes sollten Sie bei einem Kinderarzt den Ent-

7. SEMESTER / 37–42 Monate

EXPERTENTIPP

Kopfkontrolle

Die Bundeszentrale für gesundheitliche Aufklärung empfiehlt heute nicht mehr die zeitraubende Reinigung der gesamten Wohnung, aller Betten und sämtlicher Kleidungsstücke. Denn Lausinfektionen auf anderen Wegen als von Kopf zu Kopf gelten unter Fachleuten als unwahrscheinlich. Die gewonnene Zeit sollte besser zur genauen Kontrolle der Köpfe sämtlicher Familienmitglieder genutzt werden.

wicklungsstand der Läuse überprüfen und sich dort die geeignete Behandlung verschreiben lassen. In der Regel empfiehlt er ein Shampoo, das die Läuse und deren Eier abtötet. Zur Sicherheit sollte man aber mechanisch noch sämtliche Nissen mit Hilfe eines Nissenkammes Strähne für Strähne auskämmen. Überprüfen Sie auch die Kontaktpersonen Ihres Kindes wie Geschwister und Großeltern sowie sich selbst auf einen Befall. Ihr Kind muss ein paar Tage zu Hause bleiben, bis die Nissen und Läuse komplett entfernt sind.

Der Besuch des Kindergartens ist erst nach dem erfolgreichen Abtöten aller Läuse und Nissen wieder erlaubt. Dies bestätigt Ihr Kinderarzt mit einem Attest. Meistens breiten sich die Kopfläuse nur deshalb so explosionsartig aus oder bleiben hartnäckig, weil einige Eltern aus falscher Scham den Befall nicht melden. Zur Vorbeugung und Behandlung steht inzwischen eine ganze Reihe von nebenwirkungsarmen Produkten zur Verfügung. Wichtig ist die konsequente Nachuntersuchung des Kindes, da auch nach Tagen und Wochen immer wieder vereinzelt ein Tierchen auftauchen kann.

8. Semester / 43–48 Monate

»Hurra, ich wachse«

Das achte Semester lässt Ihr Kind selbstsicherer und selbstbewusster werden. Es hat sich gut in den Kindergarten eingewöhnt und entwickelt sich von Woche zu Woche weiter. Mit seinen rapide zunehmenden Fähigkeiten geht auch ein Längenwachstum einher. Langsam, aber stetig streckt sich Ihr Kind in die Höhe. Durch die körperlichen Veränderungen entwickelt Ihr Kind auch eine neue Körperwahrnehmung. Es beginnt, sich für die Unterschiede zwischen Mädchen und Jungen zu interessieren und stellt erste einfache Fragen zum Thema Sexualität und Schwangerschaft. Aus dem Kindergarten könnte Ihr Kind jetzt öfter mal Infektionen und Kinderkrankheiten mit nach Hause bringen.

8. SEMESTER / 43–48 Monate

Schon seltsam. Vor der Wäsche hat die Hose meinem Sohn noch gepasst, jetzt ist sie plötzlich zu klein. Dabei ist sie keineswegs in der Maschine eingelaufen. Ja, das gibt es wirklich. Verdutzt habe ich immer mal wieder festgestellt, dass meine Kinder im vierten Lebensjahr unerwartete Wachstumsschübe gemacht haben, ohne dass ich davon etwas bemerkt hätte. Erst wenn mich eine Freundin oder Nachbarin darauf hingewiesen hatte, wurde es mir bewusst, wie sich »der Kleine« quasi über Nacht in die Höhe gereckt hatte. Alle paar Wochen machte er jetzt selbst schon einen neuen Strich an die Größenmesslatte im Kinderzimmer. Und ich stellte dann überrascht fest, dass unser Kind wirklich seit der letzten Messung deutlich gewachsen war. Bei aller Freude über das Wachstum stellten sich bei mir dann auch manchmal wehmütige Gedanken ein. Wie schnell werden die Kinder groß! Wie bald werden sie uns nicht mehr brauchen? Den Abschied von der Babyzeit haben wir gerade erst hinter uns, jetzt folgt schon der Abschied von der Kleinkindzeit.

Schau mal, wie groß ich schon bin!

Wie entwickelt sich der Körper?

Sind die Kinder bei der Geburt noch annähernd gleich groß, zeigen sich jetzt die ersten Größenunterschiede im Wachstum. Lang gewachsene Eltern bekommen meist lange Kinder und kleinere Eltern eher kleine Kinder. Doch: keine Regel ohne Ausnahme. Viele Kinder überragen heute ihre Eltern, wenn sie ausgewachsen sind. Manchmal holt sie aber auch das Erbgut der Großeltern ein und sie bleiben unter der Größe ihrer Eltern. So individuell die endgültige Länge Ihres Kindes einmal sein wird, so gleich verläuft bei allen Kindern das Längenwachstum. Bei der Geburt ist der Kopf des Babys überproportional groß, die Arme und Beine dagegen sind eher schmächtig und kurz. Das hat seinen Sinn: Im Mutterleib werden zunächst die lebensnotwendigen Körperteile wie Gehirn, Herz und Organe angelegt. Beine und Arme braucht das Ungeborene dagegen noch nicht. Sie sind eher hinderlich und nehmen im Mutterbauch nur Platz weg. Deshalb kommen Babys auch mit leichten O-Beinen zur Welt. Durch die gekrümmte Haltung der Beine haben sie besser Platz in der Gebärmutter gefunden. Nach der Geburt relativiert sich das Größenverhältnis zwischen Kopf und Körper. Die Gliedmaßen entwickeln sich in die Länge und werden kräftiger, der Rücken streckt sich, die Beine entwickeln sich über eine leichte X-Stellung im Kindergartenalter hin zu den geraden Beinen eines Schulkindes.

Kleines Baby, kleines Kindergartenkind?

Die Größe eines Babys bei der Geburt wird von der Ernährung der Mutter vor der Geburt bestimmt. Entwickelt eine Mutter etwa während der Schwangerschaft

eine Zuckerkrankheit, wächst das Kind überproportional und kommt überdurchschnittlich groß auf die Welt. Bei einer Mangelernährung startet das Kind mit einer kleineren Größe. Innerhalb der ersten vier Lebensjahre machen beide Extreme diesen Geburtsunterschied wieder wett und entwickeln sich ihrem Alter und ihrer genetischen Veranlagung nach entsprechend. Denn die Größe eines Kindes wird hauptsächlich durch die genetische Disposition der Eltern bestimmt. Die Wachstumskurve des Kindes gleicht sich im vierten Lebensjahr der relativen Körpergröße der Eltern an, egal mit welcher Geburtslänge sie starten.

Wie groß wird mein Kind?

Mit dieser Tabelle können Sie ausrechnen, wie groß Ihr Kind einmal werden wird. Sie suchen einfach das Alter in der Tabelle unten heraus und multiplizieren die derzeitige Größe mit dem Prozentwert (für Jungen und Mädchen unterschiedlich!). Die Tabelle ist allerdings nur ein grober Anhaltspunkt. Sie beruht auf statistischen Beobachtungen. Trotzdem kann man sagen: Je älter Ihr Kind ist, desto genauer wird die Voraussage. Beispielberechnungen:

* Ist Ihre sechs Monate alte Tochter 65 cm groß, wird sie voraussichtlich 65 x 100 : 39,8 = 163 cm groß werden.
* Ist Ihr zweijähriger Sohn 88 cm groß, wird er voraussichtlich 88 x 100 : 49,5 = 178 cm groß werden.
* Ihr Sohn ist am vierten Geburtstag 107 Zentimeter groß, hat also 58 Prozent der Körpergröße erreicht. Sie rechnen: 107 x 100 : 58 = 184,4.

	Jungen	Mädchen
Geburt	28,6 %	30,9 %
3 Monate	33,9 %	36,0 %
6 Monate	37,7 %	39,8 %
9 Monate	40,1 %	42,2 %
1 Jahr	42,2 %	44,7 %
1 1/2 Jahre	45,6 %	48,8 %
2 Jahre	49,5 %	52,8 %
2 1/2 Jahre	51,6 %	54,8 %
3 Jahre	53,8 %	57,0 %
4 Jahre	58,0 %	61,8 %
5 Jahre	61,8 %	66,2 %
6 Jahre	65,2 %	70,3 %

Quelle: www.eltern.de

Jungen sind anders, Mädchen auch

Gibt's den kleinen Unterschied wirklich?

Ja, es gibt ihn, den kleinen Unterschied zwischen Mann und Frau und zwischen Mädchen und Jungen von klein an. Auch wenn sich Eltern noch so sehr bemühen sollten, ihr Kind neutral zu erziehen, wird es diesen Unterschied trotzdem geben. Sie sollten diesen Versuch deshalb auch gar nicht erst unternehmen, weil Sie Ihr Kind sonst womöglich in eine geschlechtliche Identitätskrise stürzen. Ihr Kind braucht seine geschlechtliche Identität, sie gibt ihm Halt und gehört zu seinem Naturell. Viele Eltern machen die Erfahrung, dass ihre Kinder ganz von allein typische Mädchen- oder Jungen-Verhaltensweisen entwickeln, obwohl sie doch beide vermeintlich gleich erziehen. Die meisten Eltern verstärken meist unbewusst ein geschlechtstypisches Verhalten: So werden Jungen eher zu Bewegungsspielen ermuntert

8. SEMESTER / 43–48 Monate

EXPERTENTIPP
Aggressiv oder ängstlich

Für eine Studie wurde zwei Gruppen Erwachsener jeweils das gleiche Babygeschrei in Form eines Filmes gezeigt. Einziger Unterschied: Der einen Gruppe wurde gesagt, es handele sich bei dem Säugling um einen Jungen, der anderen, es sei ein Mädchen zu sehen. Beide Gruppen interpretierten daraufhin das Geschrei unterschiedlich: Der »Junge« brüllt nach Aussage der ersten Probandengruppe aggressiv und zornig, das »Mädchen« wirkte dagegen auf die zweite Gruppe ängstlich und erschrocken.

und Mädchen für fürsorgliches Verhalten gelobt. Doch bei allen Unterschieden sollten Gemeinsamkeiten nicht übersehen werden: Denn in jedem Mädchen steckt ein bisschen Junge – und jeder Junge ist auch ein bisschen Mädchen. Wenn sie es denn sein dürfen.

Schon als Babys werden Mädchen und Jungen unterschiedlich behandelt. Eine Studie hat gezeigt: Die meisten Erwachsenen empfinden männliches Babygeschrei als wütend und aggressiv, weibliches dagegen als ängstlich und hilflos.

Vererbung oder Erziehung?

Selbst wenn Eltern versuchen, ihre Kinder »gleich« zu erziehen, werden sich die kleinen Mädchen mit Begeisterung vor dem Spiegel drehen und heimlich Schminke ausprobieren. Währenddessen werden die Jungen versuchen, das neue Spielzeugauto auseinanderzunehmen oder mit dem Kochlöffel Monster zu jagen. Aktuelle Forschungsergebnisse von Kinderpsychologen, Endokrinologen und Neurologen weisen nach, dass die Persönlichkeit eines Kindes zu über 50 Prozent von seinen Erbanlagen gesteuert und nur der restliche Teil durch Erziehung und das soziale Umfeld geprägt wird. In den ersten zwei Jahren unterscheiden sich Jungen und Mädchen noch kaum im Spielverhalten. Jungen spielen mit Puppen, Mädchen mit Bauklötzen und Autos. Gegen Ende des zweiten Lebensjahres treten dann langsam die ersten Unterschiede auf: Jungen wollen in der Regel jetzt mehr ihre Umgebung erkunden und toben, Mädchen neigen dagegen eher zu Symbol- oder Rollenspielen und Bastelarbeiten. Die Mädchen spielen mit den Puppen »Als-ob-Spiele«, die Jungen versuchen herauszufinden, warum die Arme und Beine der Puppe beweglich sind. Einen Jungen, der von Natur aus wild und unternehmungslustig ist, wird man nur schwer zum sanften Puppenspiel und Basteln erziehen können.

Denken Mädchen anders als Jungen?

Mädchen sind häufig sprachbegabter, Jungen kommen dagegen mit abstrakten Dingen und räumlichem Denken besser zurecht. Der Grund für diese Neigung liegt wahrscheinlich in der unterschiedlichen Ausprägung der Gehirnhälften bei Mädchen und Jungen. Das Zentrum für räumliches Denken sitzt in der linken Gehirnhälfte, die bei Jungen stärker ausgebildet ist. Bei Mädchen ist wiederum das Sprachzentrum stärker entwickelt, das auf der rechten Seite lokalisiert ist. Doch keine Angst: Auch aus zierlichen Prinzessinnen können knallharte Geschäftsfrauen werden und aus Sandkastenmachos liebevolle und einfühlsame Väter und Ehemänner. Geschlechtsspezifische Vorurteile, dass man nur Jungen fördern sollte und Mädchen nur im Haushalt mitarbeiten sollten, sind glücklicherweise ein Relikt aus Zeiten der Großeltern. Sie haben in einer modernen Erziehung keinen Platz mehr. Die beste Methode, Ihr Kind gleichberechtigt und seinem Charakter gemäß zu erziehen, ist das Vorbild der Eltern. Je selbstverständlicher Sie ihm eine partnerschaftliche Gleichberechtigung mit gegenseitiger Achtung, Fürsorge und Liebe vorleben, desto »routinierter« wird auch Ihr Kind sie übernehmen.

Das Erwachen der Sexualität

Wie sage ich es meinem Kind?

Kinder haben in der Regel keine Scheu, sich mit Fragen zur Sexualität an Sie zu wenden. Sexuelle Neugier ist völlig normal. Versuchen Sie durch Ihre offenen Antwor-

---

Am Rande
FUSSBALL UND PISTOLEN

Für meine Kinder treffen die üblichen geschlechtsspezifischen Vorurteile nicht zu. Meine Tochter spielte schon immer sehr gerne Fußball, lehnt die Farbe Rosa seit jeher ab und ist eigentlich nicht zu einem Kleid zu überreden. Mein Sohn biss schon früh derart in seinen Frühstückstoast, dass er eine Art Pistole auf dem Teller hatte.

EXPERTENTIPP
Gleich zu gleich

Erstaunlich: Im Spiel mit gleichgeschlechtlichen Kindern verstärken sich die »typischen« Geschlechterrollen. Aktive Mädchen werden im Kreis ihrer Freundinnen eher sanft und beschäftigen sich hingebungsvoll mit der Puppe, die schon seit Monaten unbespielt in der Kiste liegt. Jungen fangen an zu raufen oder aufeinander zu »schießen«, obwohl sie diese »typischen« Verhaltensweisen vorher nicht gezeigt haben.

EXPERTENTIPP

Harte Schale, weicher Kern

Mädchen sind bei der Geburt im Hinblick auf Knochenbau und Gehirnentwicklung etwa vier bis sechs Wochen reifer als Jungen. Jungen haben dagegen schon bei ihrer Geburt wesentlich mehr rote Blutkörperchen und Muskelmasse als Mädchen. Dadurch sind sie zwar körperlich aktiver und muskulöser als Mädchen, aber erst etwa mit elf Jahren stärker! Harte Schale, weicher Kern. Jungen leiden stärker als Mädchen unter einer Fehlernährung und mangelnder Zuneigung und sind anfälliger für Krankheiten als Mädchen.

ten dieses Thema nicht zu tabuisieren. Erziehen Sie Ihr Kind dazu, dass es Freude an seinem Körper hat und stolz darauf ist, ein Mädchen oder ein Junge zu sein. Ihr Kind will jetzt alles genau wissen, fragt bei allem nach dem Warum und Wozu. Gut, wenn Sie dann einige altersgerechte Antworten parat haben! Die erste Frage wird sich vermutlich um den Unterschied zwischen Jungen und Mädchen drehen. Auch der Vergleich zwischen dem eigenen und dem Körper der Eltern interessiert Ihr Kind jetzt schon. Und ganz spannend: Wo kommen eigentlich die Babys her? Antworten Sie am besten mit einfachen Worten, ohne ins Detail zu gehen. Am wichtigsten ist jedoch, dass Sie Ihrem Kind einfache Antworten geben und dabei möglichst unverkrampft vorgehen. Dann wird Ihr Kind mit dem Gefühl heranwachsen, dass Sexualität eine schöne und ganz normale Angelegenheit ist.

Penis oder Pipimann?

Sprechen Sie auch von vornherein offen über Ihren Körper und über den Ihres Kindes. Besser, wenn Ihr Kind die Bezeichnungen seiner Körperteile kennt – also auch die der Genitalien.

Ihre Tochter wird Sie vielleicht nach dem Penis des Bruders oder des Vaters fragen, Ihr Sohn nach der Vagina der Mutter oder der Schwester. Antworten Sie dann am besten mit den genauen Bezeichnungen der entsprechenden Fortpflanzungsorgane: Penis und Hoden, Vagina und Klitoris. Die nächste Frage eines Kindes zielt dann fast immer auf das Wozu und Warum. Erklären Sie Ihrem Kind mit einfachen Worten, dass Babys bei der Geburt aus der Vagina kommen. An den Geschlechtsunterschieden sind Kinder besonders interessiert. Warum hat ein Junge einen Penis und ein Mädchen nicht?

Ist mein Kind frühreif?

Kinder entdecken neben ihren sprachlichen und motorischen Fähigkeiten jetzt auch verstärkt ihre Körperlichkeit. Fachleute sprechen von der ersten sexuellen Phase, in der sich Kinder gerne auch mal nackt zeigen und andere gerne anschauen möchten. Manche Erwachsenen sind davon peinlich berührt und versuchen, ihrem Kind dieses Spiel zu verbieten. Mit Sexualität im eigentlichen Sinne hat dieses Erkunden und Ausprobieren jedoch noch nichts zu tun. Völlig ungezwungen spielen die Kinder Arzt und Heiraten und gucken sich ungeniert gegenseitig in die Hose.

Keine Angst: Kinder betrachten sich und ihren Körper ganz wertfrei. Gehen Sie mit diesem Verhalten Ihres Kindes gelassen um; es ist altersgerecht und keinesfalls frühreif. Kinder sind sensibel, sie merken sofort, dass die »komische« Reaktion ihrer Eltern mit ihren Genitalien oder ihrer Nacktheit zu tun hat. Dadurch bekommt diese plötzlich einen ganz anderen Stellenwert. Entscheidend für seine eigene Einstellung zum Körper ist daher die Reaktion der Erwachsenen auf dieses erste Erforschen. Am besten gehen Sie liebevoll, natürlich und neutral mit diesem ersten Aufflammen seiner Sexualität um, damit Ihr Kind lernt, dass sein Körper positiv und unbelastet angenommen wird. Erklären Sie Ihrem Kind in seiner Sprache alles, was es wissen will. Aber überfordern Sie es nicht mit exakten biologischen Vorträgen und Aufklärungsgesprächen. In diesen Jahren entwickelt Ihr Kind eine positive Einstellung zu sich und seinem Körper, es wächst in die eigene Geschlechtlichkeit hinein und entwickelt eine unbekümmerte und selbstbewusste Einstellung zum eigenen Körper, zur späteren Sexualität und zur Partnerschaft.

8. SEMESTER / 43–48 Monate

Woher komme ich?

Genau wie für seinen Körper interessiert Ihr Kind sich jetzt auch verstärkt für philosophische Fragen: »Woher komme ich? Wo war ich bevor ich geboren wurde? Wie sehe ich von innen aus? Was passiert, wenn ich blute?« Kinder stellen sich in dieser Zeit den menschlichen Körper als eine Art Sack oder leeren Beutel vor, bei dem oben durch den Mund etwas hineinfällt und unten wieder rauskommt, innen ist der Sack in der Vorstellung Ihres Kindes leer. Sie sehen ja nur die äußere Hülle. Dass auch etwas im Körper drin ist, können sie sich dagegen noch nicht vorstellen. Selbst wenn Sie mit Ihrem Kind jetzt Bilderbücher ansehen, in denen die Lage der Organe und Knochen abgebildet ist, kann es dies noch nicht nachvollziehen.

Wenn man um diese Vorstellung eines Kindes von seinem eigenen Körper weiß, versteht man, warum manche Kinder mit Panik und Todesangst reagieren, wenn sie sich verletzen und ein paar Tropfen Blut verlieren. Sie schreien aus Leibeskräften, aus Angst auszulaufen. Sie lassen sich dann erstaunlich schnell mit einem Pflaster wieder beruhigen. Loch gestopft – Leben gerettet! Auch Fußnägel, Fingernägel und Haare lässt sich Ihr Kind jetzt nur noch ungern schneiden und wehrt sich eventuell hartnäckig und mit viel Geschrei dagegen, sich die »Zehen oder Finger abschneiden zu lassen«.

EXPERTENTIPP
Aufklärung light

Die Antwort auf die Frage, woher die Babys kommen, bereitet vielen Eltern Kopfzerbrechen. Dabei ist sie ganz einfach und wahrheitsgetreu zu beantworten. Die Frau hat in ihrem Körper ein kleines Ei und der Mann hat das Sperma. Und wenn beides aufeinandertrifft, entsteht ein Baby. Wenn das Kind mehr wissen will, ist die Antwort richtig, dass dazu Penis und Vagina ineinandergesteckt werden. Diese Antwort kann Ihr Kind verstehen und akzeptieren und sie erspart ihm verworrenere Theorien, die es sich selbst ausdenkt.

Wenn mein Kind Probleme hat

Entwickelt sich mein Kind altersgemäß?

Kinder entwickeln sich in der Kindergartenzeit unterschiedlich schnell. Dennoch gibt es bestimmte Entwicklungsschritte, die von allen Kindern in dieser Zeit erreicht werden sollten. Zeigen sich jetzt erste Auffälligkeiten oder Verzögerungen, kann es sich um frühe Lernstörungen handeln. Werden diese rechtzeitig erkannt und behandelt, besteht eine große Chance, diese Verzögerungen noch während der Kindergartenzeit und vor der Einschulung zu beheben. Unbehandelt können sie zu Dyskalkulie (Rechenschwäche) oder Legasthenie (Leserechtschreibschwäche) führen. Keine optimalen Voraussetzungen für ein Gelingen des Schulstarts.

Oft sind es nur kleine Anzeichen, die eine Schwäche erkennen lassen, die bei den Eltern aber leicht unbemerkt bleiben. Wenn Sie das Gefühl haben, dass sich Ihr Kind in die eine oder andere Richtung nicht altersgerecht entwickelt, sollten Sie mit den Erzieherinnen oder Ihrem Kinderarzt sprechen. Aufmerken sollten Sie vor allem, wenn Ihr Kind mit motorischen Fähigkeiten wie Klettern, Laufen oder Dreiradfahren Probleme hat oder es ihm schwerfällt, beim Basteln mit der Schere zu arbeiten, Bügelperlchen zu stecken oder Perlen zu fädeln. Meist bemerken Kinder unbewusst ihre Schwächen und versuchen, diese zu umgehen, indem sie Basteln, Puzzeln oder Dreiradfahren ablehnen und vermeiden. Auch für Geduld- oder Konzentrationsspiele sind sie nicht zu begeistern. Bei allem, bei dem sie Defizite spüren, reagieren sie mit individueller Vermeidungstaktik. Einige Kinder lehnen dann jede Art von Spielregeln ab, weil sie sich nicht auf den Inhalt konzentrieren können, und spielen lieber nach eigenen, ausgedachten Regeln.

> **Am Rande**
> **GEZETER BEIM NAGELSCHNEIDEN**
> Meine beiden Kinder stellten sich bei Maniküre und Pediküre an. Bis heute lehnen die beiden diesen kleinen Akt der Körperpflege ab – die schwarzen Fingernägel stören nur die Mutter. Als die Kinder klein waren, konnte ich ihnen noch im Schlaf die Nägel schneiden. Sie bekamen es nicht mit. Heute wehren sie sich dagegen, egal, ob Tag oder Nacht. Dieses Thema steht immer wieder auf der Tagesordnung und ich muss bis heute um Verständnis bitten, beziehungsweise ein »sauberes Erscheinungsbild« diesbezüglich schlicht anordnen.

EXPERTENTIPP

Das testet der Arzt

Um festzustellen, ob sich ein Kind normal entwickelt, können grundsätzliche Fragen über die Sprachentwicklung, die Körpermotorik, die Gedächtnisleistung und räumliche Vorstellungen Auskunft geben. Eine endgültige Diagnose kann aber nur der Kinderarzt nach eingehender Betrachtung und Untersuchung des Kindes stellen. Bei Kindern mit frühen Lernstörungen ist neben der medizinischen Untersuchung eine psychologische Austestung der Begabungen wichtig. Der Test muss sorgfältig und individuell durchgeführt werden, und zwar von Experten, die über Erfahrung im Umgang mit Kindern mit frühen Lernstörungen verfügen.

Meist gelingt es den Kindern recht gut, ihre vermeintlichen Schwächen zu verstecken. Da sie in der Gruppe manche Situationen wie Basteln, Wortspiele oder gemeinsames Klettern nicht umgehen können, möchten sie eventuell nicht mehr so gerne in den Kindergarten gehen.

Leidet mein Kind an ADS oder ADHS?

In der Regel beherrscht Ihr Kind die Sprache jetzt schon sehr gut. Erste Sprachschwierigkeiten treten bei den schwierigen Lauten wie »sch«, »s«, »z«, »k«, »r« und Konsonantenverbindungen wie »pf«, »kr«, »tr« auf. Kinder, die schon im Kindergarten durch Konzentrationsmangel und Sprachschwierigkeiten auffallen, leiden eventuell am sogenannten Aufmerksamkeits-Defizit-Syndrom – kurz ADS; Kinder mit auffällig großem Bewegungsdrang und niedriger Aggressionsschwelle können eventuell am Aufmerksamkeits-Defizit-Hyperaktivitäts-Syndrom – ADHS – leiden. Aber: Nicht jedes unaufmerksame, zappelige Kind ist hyperaktiv bzw. hat ADHS! Vielleicht ist es eben nur sehr verspielt, lebendig, lebhaft und reizoffen. Auch kann das Verhalten ganz andere vielfältige Ursachen haben. Daher ist eine genaue ärztliche Abklärung notwendig. Wenn Sie das Gefühl haben, dass Ihr Kind eine behandlungsbedürftige Lernstörung hat, sprechen Sie unbedingt frühzeitig mit Ihrem Kinderarzt über diese Beobachtung. Es gibt spezielle Fördermöglichkeiten, Lernprogramme und auch medikamentöse Therapien, die frühe Lernstörungen beheben oder zumindest abmildern und so Lernschwächen und daraus entstehende mögliche Schulprobleme verhindern können.

Wie können Eltern helfen?

1. Die Hoffnung nicht aufgeben
Kinder lernen, mit ihren Problemen umzugehen. Viele Lernstörungen verringern sich mit den Jahren oder verschwinden sogar.

2. Keine Vorwürfe machen
Lernstörungen sind nicht zu verhindern, weder durch eine gute Erziehung noch durch viel Zuwendung und Zeit. Weder Sie noch Ihr Kind tragen die Schuld daran.

3. Akzeptieren Sie Ihr Kind
Vergleichen Sie nicht, das bringt nichts außer Frust und Enttäuschung. Andere Kinder zu beobachten, die schon weiter in der Entwicklung sind, kann wehtun und Neid erwecken.

4. Jedes Kind ist individuell
Erklären Sie Ihrem Kind, dass jeder Mensch Stärken und Schwächen hat. Jedes Kind hat seine ganz eigene Persönlichkeit und sein individuelles Lern- und Entwicklungstempo.

5. Frühe Förderung
Vor dem Schuleintritt können Probleme noch bis zu 70 Prozent behoben werden, danach nur noch zu 50 Prozent.

6. Geduldig bleiben
Bleiben Sie geduldig, auch wenn Lernprozesse länger dauern. Oft ist es mühsamer, Kinder etwas allein machen zu lassen als helfend einzugreifen.

7. Fördern durch Fordern
Gerade Kinder mit Lernstörungen müssen lernen, kleinere Pflichten zu übernehmen. Dadurch wird die Motorik trainiert und Selbstsicherheit aufgebaut.

8. Zeit, Geduld, Konsequenz
Insbesondere Kinder mit Lernstörungen müssen lernen, Regeln einzuhalten. Besonders unter Zeitdruck

---

Am Rande

VERMEIDUNGSTAKTIK

Kinder können bei Sprachproblemen ganz schön findig sein. Sie ersetzen – von den Erwachsenen meist unbemerkt – »schwere« Wörter durch einfach Synonyme. Einer unserer Neffen bediente sich dieses Tricks: Er behauptete eine »Tasche« kaputt gemacht zu haben. Seine Mutter – eine Logopädin – witterte sofort den »S«-Fehler und fragte: »Sag's mir ganz genau, hast du eine TaSCHe oder eine TaSSe kaputt gemacht.« Der Kleine überlegte und sagte flink: »Einen Koffer!« Ausgetrickst!

und Stress kann es schwierig werden, konsequent zu bleiben.

9. Stärken erkennen und fördern

Sehen Sie genau hin: Jedes Kind kann etwas besonders gut. Finden Sie es heraus und setzen Sie bei den Talenten gezielt mit der Förderung ein. Auch kleine Erfolge sorgen beim auffälligen Kind für Stolz und Selbstbewusstsein.

10. Aktivieren und motivieren

Machen Sie Ausflüge, basteln, spielen, singen Sie mit Ihren Kindern, so viel es nur geht. Kinder mit frühen Lernstörungen sollten nur in Ausnahmefällen fernsehen. Computerspielen und Fernsehen beeinträchtigen nicht nur die Sprachentwicklung, sondern hemmen auch wichtige Entwicklungsschritte.

Keine Angst vor Kinderkrankheiten

Kommt Bauchweh immer aus dem Bauch?

»Mein Bauch tut weh.« Kinder klagen häufig über Bauchschmerzen, auch wenn die Ursache ihrer Schmerzen gar nicht im Bauch zu finden ist. Für Ihr Kind ist der Bauchnabel der Mittelpunkt seines Körpers. Es spürt die Schmerzen eventuell im Bauch, obwohl es eigentlich Kopf- oder Ohrenschmerzen hat. Selbst schmerzhafte Mittelohrentzündungen, Scharlach und Bronchitis können die Kleinen als Bauchschmerzen empfinden. Bei »echten« Bauchschmerzen dagegen kann es zu Durchfall, Erbrechen und einem harten, geblähten Bauch kommen. Bauchweh kann aber auch auf eine Infektion hindeuten, die mit Magen und Darm eigentlich gar nichts zu tun hat. Bis zu 15 Infektionen – mit oder ohne Fieber – sind für ein Kind zwischen zwei und sechs Jahren völlig normal. Denn das Immunsystem muss erst lernen, sich gegen feindliche Eindringlinge wirksam zur Wehr zu setzen. Jede Infektion, mit der das kindliche Immunsystem fertig wird, trainiert seine Abwehrfähigkeit. Zudem legt es eine Art Gedächtnis für diese Erreger an und kann bei einem erneuten Angriff sofort zurückschlagen.

Darauf begründet sich die lebenslange Immunität gegen einen Großteil der Kinderkrankheiten. Windpocken (dagegen kann geimpft werden!) und Drei-Tages-Fieber muss Ihr Kind beispielsweise nur einmal überstehen, um eine lebenslange Immunität aufzubauen. An Streptokokken-Infektionen (u. a. Scharlach) kann es jedoch häufiger erkranken, da es immer wieder zu einer Neuinfektion kommen kann. Kinder reagieren auf die unerwünschten Eindringlinge meist schnell mit hohem Fieber und das hat einen guten Grund. Die hohen Temperaturen aktivieren verstärkt die Bildung von weißen Blutkörperchen, der sogenannten Körperpolizei, die umso besser den Feind bekämpfen kann, je stärker sie aktiviert wird. Daher sollten Sie nicht leichtfertig und schnell fiebersenkende Zäpfchen geben, da diese die rasche Aktivierung der Selbstheilungskräfte bremsen und die Infektion dadurch sogar länger andauern kann. Steigt das Fieber allerdings über 39,5 °C, sollten Sie ein fiebersenkendes Mittel nach Dosierungsanleitung verabreichen, damit Ihr Kind keinen Fieberkrampf bekommt. Zudem belastet das hohe Fieber seinen Kreislauf. Wadenwickel eignen sich bei diesen hohen Temperaturen nicht mehr, um das Fieber zu senken, da sie den Kreislauf noch zusätzlich belasten würden.

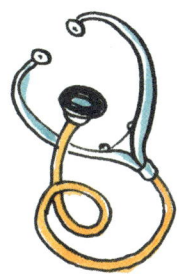

Am Rande

DIE WINDPOCKEN-STORY

Wie hatten ein Riesenglück! Meine Kinder waren und sind eigentlich nie krank. Schnupfennäschen kommen und gehen immer wieder schnell. Auch die klassischen Windpocken gingen bei uns glimpflich über die Bühne. Eine Freundin allerdings geriet in echte Probleme: Wegen einer geplanten Reise legte sie es zu einem bestimmten Zeitpunkt darauf an, diese Kinderkrankheit »hinter sich« zu bringen. Wir trafen uns mit den Kindern, die sich folgerichtig die Windpocken »abholten«. Das aber in einer viel schlimmeren Variante, als wir sie hatten. Da tat es mir schon wieder leid, dass ich zugestimmt hatte, »unsere« Windpocken bewusst weiterzugeben.
Delivery on demand ...

8. SEMESTER / 43–48 Monate

EXPERTENTIPP

Fieber senken

Tagsüber ist es besser, das Fieber erst einmal »arbeiten« zu lassen. Wenn Sie Ihrem Kind sofort ein fiebersenkendes Medikament geben, erholt es sich oberflächlich schnell und ist kaum noch im Bett zu halten. Bettruhe und Schlafen ist aber für Ihr Kind die beste Medizin, um seine Selbstheilungskräfte so richtig anzukurbeln. Nachts kann man gegen die Schmerzen und das Fieber schon eher mal ein Zäpfchen geben, damit Ihr Kind in einen ruhigen und erholsamen Schlaf fällt. Für den Notfall sollten Sie ein fiebersenkendes Mittel wie Paracetamol im Haus haben.
Wichtig: Auf keinen Fall Acetylsalicylsäure (ASS) zum Fiebersenken oder Schmerzstillen verabreichen. Bei Virusinfektionen wie Grippe, Herpes oder Windpocken kann ASS zu Komplikationen mit Gehirnhautentzündung und Leberversagen führen.

Was wird bei der U8 untersucht?

Bei der U8, die zwischen dem 46. und dem 48. Lebensmonat stattfindet, wird Ihr Kind erneut gründlich untersucht. Sind schon alle 20 Milchzähne da? Kann es gut hören und sehen und ist die Sprache grammatikalisch weitgehend normal? Ist die Aussprache verständlich? Wie ist es um die sogenannte Händigkeit bestellt, das heißt um den Gebrauch der linken oder rechten Hand? Diese Frage hilft, um das Kind bei eindeutiger Linkshändigkeit entsprechend zu unterstützen. Nässt es tagsüber noch ein? Körperbau, Haltung und Feinmotorik werden eingehend überprüft, um mögliche Fehlstellungen wie Hohlkreuz, Skoliose oder Senk- und Spreizfuß rechtzeitig zu entdecken und wenn möglich zu korrigieren. Dazu darf Ihr Kind vor dem Arzt eine Solovorstellung geben, was den meisten Kindern viel Spaß macht: auf einem Bein springen, rückwärtslaufen oder Fingerspitzen zusammenführen – das sind kleine Aufträge des Kinderarztes, der aus der Durchführung wichtige Rückschlüsse auf den Stand der motorischen Entwicklung ziehen kann.

Das Informationsgespräch läuft jetzt zunehmend zwischen Arzt und Kind ab. Er fragt Ihr Kind direkt nach durchgemachten Krankheiten, Selbständigkeit und motorischen Fähigkeiten und lässt Ihr Kind antworten. Auf diese Weise bekommt es das Gefühl, ernst genommen und mit einbezogen zu werden. Jetzt heißt es daher für die Eltern: auf die Zunge beißen und den Mund halten. Denn das Gespräch gibt dem Arzt zudem wichtige Anhaltspunkte für den kognitiven und sprachlichen Entwicklungsstand Ihres Kindes und kann ganz nebenbei mögliche Sprachfehler wie Stottern, Lispeln oder Stammeln aufdecken.

Der vierte Geburtstag
Hurra, ich bin bald 4!

Wie feiern wir am besten?

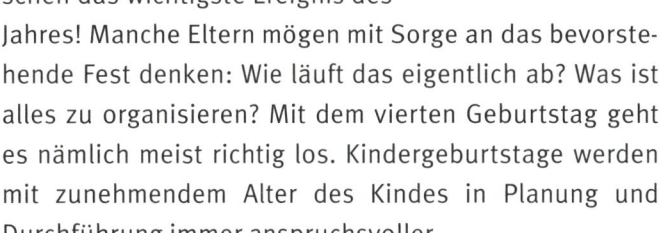

Der eigene Geburtstag ist – aus der Sicht Ihres Kindes – inzwischen das wichtigste Ereignis des Jahres! Manche Eltern mögen mit Sorge an das bevorstehende Fest denken: Wie läuft das eigentlich ab? Was ist alles zu organisieren? Mit dem vierten Geburtstag geht es nämlich meist richtig los. Kindergeburtstage werden mit zunehmendem Alter des Kindes in Planung und Durchführung immer anspruchsvoller.

Mit vier Jahren fühlen sich die Kleinen schon sehr groß und wollen dementsprechend ernst genommen werden. Erste Unterschiede zeigen sich. Manche Kinder jubeln vor Begeisterung, wenn Sie Topfschlagen vorschlagen, andere verdrehen dagegen gelangweilt die Augen. Beziehen Sie Ihr großes Kind jetzt schon in die Planung seines wichtigsten Ehrentages mit ein, lassen Sie es entscheiden, welchen Kuchen es gibt oder welches Abendessen. Die Spiele sollten Sie jedoch selber planen, damit sich das Geburtstagskind genau wie die anderen über die Spiele freut und überrascht ist. Nutzen Sie den Abenteuerdrang der Kinder und organisieren Sie beispielsweise eine kleine Schnitzeljagd im Garten oder auf dem Gehsteig. Dort lassen sich gut Hinweispfeile aus Kreide anbringen. Die Aufgabe kann beispielsweise lauten: bestimmte Dinge aus der Natur wie besondere Steine, Schneckenhäuser oder Äste zu suchen und einzusammeln. Mit diesen erbeuteten Dingen kann man anschließend noch ein kleines Mitbringsel für zu Hause basteln.

Am Rande
ZEIT SCHENKEN
Patentanten, Omas und Onkel fragen gern, was sie dem Geburtstagskind denn schenken könnten. Mein Vorschlag lautet dann immer: Schenkt doch mal Zeit! Das kann ein Gutschein sein für einen Überraschungstag, für einen Ausflug, für eine besondere Unternehmung. Besonders beliebt bei meinen Kindern war der »Ich-wünsch-mir-was-Tag«, an dem sie sich ein Programm oder eine Unternehmung wünschen durften.

EXPERTENTIPP
Faustregel
Es gibt eine Faustregel für die Anzahl der Gäste beim Kindergeburtstag. Sie lautet: Alter des Gastgebers = Anzahl der eingeladenen Gäste (+/- ein Kind). Bei einem Vierjährigen sind also drei bis fünf Kinder passend.

8. SEMESTER / 43–48 Monate

Wie bereite ich ein Mottofest vor?

Mottofeste sind bei Kindergeburtstagen immer ein Renner. Der große Hit in den letzten Jahren waren bei Mädchen und Jungen Piratenfeste. Doch auch andere Mottos (Zirkusfest, Schatzsuche, Ritterfest, Fußballparty, Geburtstagsrallye, Hexenzauber) finden großen Anklang. Scheuen Sie sich nicht, die Kinder einzubinden. Fangen Sie rechtzeitig mit der Planung an und besorgen Sie frühzeitig die notwendigen Utensilien. Zur Erinnerung an die gelungene Party erhalten die Kinder kleine Abschiedsgeschenke, die zum Motto passen und die man am Nachmittag vielleicht gemeinsam gebastelt hat. Der Fantasie sind dabei keine Grenzen gesetzt! Und: viele Kinder sind einfach glücklich, gemeinsam spielen zu können – ohne großes Programm!

Welches Spielzeug eignet sich für Vierjährige?

* Roller und Dreiräder
* Bagger für die Sandkiste
* Wasserbahnen
* Klettergerüst mit Schaukel und Kletterseil
* Spielfiguren mit Themen wie Ritter, Piraten oder Cowboys
* Bastelmaterialien aller Art
* Brettspiele wie Leiterspiele, Bilderlotto, Domino oder Puzzle mit wenigen Teilen
* Bilder-, Mal-, Märchen-, Liederbücher
* Hörkassetten und CDs

9. Semester / 49–54 Monate

»Du bist mein Freund!«

Ihr Kind beginnt, erste Freundschaften zu Gleichaltrigen aufzubauen. Nicht immer sind es schon tragfähige Beziehungen fürs ganze Leben. Manche Freundschaft ist auch am nächsten Tag schon wieder vergessen. Die starke Bindung an die eigene Familie wird auf Kontakte nach außen erweitert. Dabei schult Ihr Kind seine sozialen Kompetenzen. Wertvorstellungen und Manieren, die Ihr Kind zu Hause gelernt hat, kann es jetzt gut auf die Gruppe oder den Freundeskreis übertragen. Ganz langsam verabschiedet es sich aus seiner magischen Phase und macht erste Erfahrungen in der realen Welt der Erwachsenen.

9. SEMESTER / 49–54 Monate

Kennen Sie den Satz »Kinder können grausam sein«? Früher konnte ich damit gar nichts anfangen. Erst als meine Kinder in das Alter kamen, sich ihre eigenen Freundinnen und Freunde zu suchen, habe ich verstanden, was damit gemeint ist. Kinder mit vier, fünf Jahren können bei der Bildung von Gruppen rigoros und verletzend sein. Innerhalb einer Gruppe kristallisieren sich Rollen und Hierarchien heraus, die von den Kindern mehr oder weniger bereitwillig anerkannt und angenommen werden. Und dabei gibt es natürlich auch Verlierer. Bei den Kindern, die nicht Mitglied in den sich jetzt entwickelnden »Banden« sein dürfen, können Tränen fließen, während die neuen »Bandenmitglieder« vor Glück strahlen. Manchmal entwickelt sich aus Protest gegen Spielverderber oder Besserwisser ein Streit oder ein regelrechter »Bandenkrieg«. Wundern Sie sich nicht, wenn Ihr Kind das Thema »Freundschaft« jetzt jeden Tag zu Hause thematisiert. »Der Tom darf jetzt nicht mehr bei uns mitmachen, der ist doof.« »Ach, wieso, den findest du doch eigentlich ganz nett?« – »Ja, schon, aber der hat mit der Tine gespielt, und die ist doch in der anderen Gruppe.« Rivalitäten, Mitleid, Eifersucht, Geltungsbedürfnis – all dies sind plötzlich Themen, die für Ihr Kind wichtig sind. »Du bist nicht mehr

meine Freundin« werden Sie jetzt ebenso häufig hören wie »Mit dem spiel ich nicht, der ist doof«. Geheimnisse, Bandenbildung und die erste »beste« Freundin, Sympathien und »Antipathien« spielen jetzt eine große Rolle im sozialen Leben Ihres gar nicht mehr so kleinen Kindes.

Kontakte in der Familie

Was lernt mein Kind im fünften Jahr?

Mit vier Jahren ist Ihr Kind schon richtig »groß« geworden. Viele Dinge wie Zähneputzen, Anziehen und selbständig Essen beherrscht es ganz selbstverständlich. Es geht routiniert in den Kindergarten, vielleicht auch schon in einen Sportverein und erlebt einen geregelten Tagesablauf. Seine motorischen Fähigkeiten verfeinern sich weiter: Treppen läuft es sicher und freihändig, Bälle kann es mehr oder weniger gut fangen, Dreiräder – manchmal sogar schon Fahrräder mit Stützrädern – begeistern es zunehmend. Auch die Feinmotorik entwickelt sich zunehmend. Ihr Kind kann meist gerade Linien schneiden und Formen bunt ausmalen, ohne dabei über den Rand zu kritzeln. Manche Kinder versuchen jetzt schon, einzelne Buchstaben kennenzulernen oder sogar zu schreiben. Die meisten Farben und Formen kann es schon sicher erkennen und korrekt bezeichnen. Dank seiner verbalen Kommunikationsfähigkeit gelingt es Ihrem Kind jetzt immer besser, erlebte oder erfundene Geschichten zu erzählen und sie in der zeitlich korrekten Abfolge gut verständlich wiederzugeben. Ihr Kind schämt sich, wenn es zu Recht geschimpft wird und empört sich, wenn es sich

9. SEMESTER / 49–54 Monate

> **Am Rande**
> **SELBSTÄNDIGKEIT MACHT STARK**
> Meine Kinder hat die Fremdbetreuung richtig stark gemacht. Meine Tochter fragte wildfremde Kinder: »Willst du meine Freundin sein?«

ungerecht behandelt oder getadelt fühlt. Verletzt es sich bei einer Aktion, die Sie eigentlich verboten hatten, wie beispielsweise auf einen Baum zu klettern, versucht es, die Schmerzen zu unterdrücken und zu verharmlosen, da es sich seiner eigenen »Schuld« schon bewusst ist. Die emotionale Entwicklung ist so weit fortgeschritten, dass Ihr Kind Spielzeug, Gummibärchen oder Kekse unter sich und seinen Freunden, die es jetzt öfter einlädt, gerecht teilen kann. Es kann eigene Gefühle und die von anderen wahrnehmen, beurteilen, darauf adäquat reagieren und darüber sprechen.

Wie entsteht Bindung?

Bindung ist existenziell wichtig für die Entwicklung eines Kindes. Babys binden sich automatisch an ihre Hauptbezugsperson, meist die Mutter. Die primäre Bindung der Mutter an ihr Kind beginnt in der Schwangerschaft und endet etwa am Ende des zweiten Lebensjahrs. Je gesicherter und behüteter diese frühe Bindung eines Kindes verlaufen ist, umso eher ist es mit etwa vier Jahren fähig, sich aus der absoluten Verbundenheit mit der Mutter zu lösen, um eine eigene Persönlichkeit zu entwickeln. Was aber besonders wichtig ist: Dank einer frühen gesicherten Bindung kann es jetzt leichter zeitweiliges Getrenntsein ertragen. Fühlt sich Ihr Kind liebevoll beschützt, gehalten und geborgen, wird es sich allmählich immer weiter von Ihnen wegbewegen und die Welt um sich herum entdecken. Bei Kindern, die ihren natürlichen Impulsen, selbständiger zu werden, nicht folgen können, weil sie noch zu sehr in der Mutterbindung stecken, kann es zu einer sogenannten symbiotischen Verklebung kommen. Wer aber als Erwachsener immer noch an einen Elternteil symbiotisch gebunden ist, wird sein Leben kaum eigenständig gestalten können.

Warum ist Bindung so wichtig?

Das Bindungsverhalten nimmt zwar nach dem Säuglingsalter stetig ab, kann aber in Ausnahmesituationen wie Krankheit oder bei Angst auch beim Erwachsenen durchaus wieder auftreten. In der modernen Bindungsforschung wird Bindung neben Nahrungsaufnahme und Sexualität als eigenständiges, primäres menschliches Bedürfnis gesehen. Heute weiß man, dass ein Zusammenhang zwischen der Bindungsgeschichte eines Kindes und seinem Verhalten im Kindergarten besteht. Kinder, die harmonische Umgangsformen mit ihren Eltern pflegen, können diese Erfahrungen erfolgreich in die Gruppe übertragen. Sie haben weniger Streit um Spielsachen oder in sozialen Angelegenheiten und lösen ihre Konflikte selbständiger und nachhaltiger, sodass weder Freundschaften noch Spiele darunter leiden. Je intensiver die Bindung ausgeprägt ist, desto mehr »Endorphine« (Glückshormone) schüttet das Gehirn aus. Glücksgefühle entstehen bei Eltern und ihren Kindern, sie lassen sich sogar speichern und jederzeit wieder abrufen. Glücksgefühle bilden die Basis für eine tiefe Verbundenheit, Geborgenheit und eine lebenslange, enge Bindung. Jede Minute Zuwendung, die Eltern ihrem Kind schenken – vor allem in Angst- und Stresssituationen –, festigt die Bindung. Das Gefühl, das diese Liebe in Ihr Kind pflanzt, wird es sein Leben lang begleiten und ihm Sicherheit und Geborgenheit geben. Dieses erlebte und erlernte Bindungsverhalten in den ersten Jahren seiner Kindheit ist entscheidend für seine Fähigkeit, sich in die Gesellschaft einzufügen. Ihr Kind braucht diese vertraute, liebevolle Bindung, um – wie in einem Spiegelbild – positive und negative Reaktionen auf sein eigenes Verhalten zu erfahren.

> **Am Rande**
> **URGEFÜHL**
> Ich spreche beim Thema Bindung auch gerne von einem »Urgefühl«, das meine Kinder bei mir auslösen und das ich ihnen vermitteln möchte. Viele Eltern wissen genau, was ich meine. Das ist ein selbstverständliches, tiefes Gefühl der Gemeinsamkeit und des Zusammengehörens – schlicht das größte Glück überhaupt!

9. SEMESTER / 49–54 Monate

Ist Bindung Frauensache?

In den ersten drei Jahren ist das Verhalten Ihres Kindes – gleich ob Mädchen oder Junge – hauptsächlich von der rechten Hälfte des Gehirns gesteuert, die für Emotionen verantwortlich ist. Da die Ausprägung der rechten »emotionalen« Seite bei Frauen grundsätzlich größer ist als bei Männern, sorgt die Mutter-Kind-Beziehung in dieser ersten Zeit für eine ganz besondere und sehr enge Bindung. Männern fehlt tatsächlich diese emotionale »Rechtslastigkeit«, sie bauen daher zunächst eine eher lockere Bindung zu ihrem Kind auf.

Erst mit der Zeit entwickelt sich auch die linke Gehirnhälfte. Dadurch binden sie sich dann zunehmend an den Vater. Sind beide Hälften gut ausgebildet, braucht das Kind die extrem feste Bindung an seine Mutter nicht mehr so sehr. Das Kind beginnt jetzt, sich aus der absoluten Verbundenheit mit seinen Eltern zu lösen, möchte aber gleichzeitig auch die intensive Bindung zu ihnen nicht verlieren. Ein schwieriger Spagat, bei dem Sie Ihrem Kind mit viel Liebe und Verständnis helfen können. Aus dem Abhängigkeitsverhältnis zwischen Eltern und Kind kann sich eine liebevolle, freundschaftliche Partnerschaft entwickeln, die allen Familienmitgliedern gleichzeitig Raum für individuelle Entfaltung gibt.

Wie kann man die Eltern-Kind-Bindung intensivieren?

Eltern müssen manchmal erst lernen, die speziellen Bedürfnisse ihres Kindes wahrzunehmen und zu deuten. Je aufmerksamer und liebevoller sie mit ihrem Kind umgehen, desto besser wird ihnen die Bindung gelingen.

* Unterstützen Sie Ihr Kind beim Einschlafen, wenn es Angst hat.
* Lassen Sie Ihr Kind in Stresszeiten ruhig mal im Elternbett schlafen.

EXPERTENTIPP

Rechte Hirnhälfte

Männer können mit Babys nicht viel anfangen, hört man gelegentlich. Lange wurde das auf die Tatsache geschoben, dass Frauen stillen und durch die Schwangerschaft überhaupt enger mit dem Baby verbunden seien. Das ist zwar richtig. Aber die moderne Hirnforschung liefert uns einen weiteren Grund für die frühe Mutter-Baby-Bindung: die stärkere Ausbildung der rechten »emotionalen« Hirnhälfte bei Frauen. Diese entspricht der ausgeprägteren Entwicklung der rechten Hirnhälfte bei Kindern in den ersten drei Jahren.

- Seien Sie – oder eine liebe Bezugsperson – da, wenn es krank ist, Schmerzen oder Kummer hat.
- Bleiben Sie bei Ihrem kranken Kind, vor allem, wenn es in die Klinik muss.
- Unterstützen Sie es bei Konflikten mit Erwachsenen (Tagesmutter, Hausmeister, Erzieherin).
- Machen Sie Mut und spenden Sie Trost, wenn das Leben gerade mal nicht so läuft, wie es soll.
- Geben Sie ihm die Zeit, die es für seine individuelle Entwicklung braucht und vergleichen Sie es nicht mit anderen Kindern.

Kontakte nach außen

Wie findet mein Kind Freunde?

Neben dem Kontakt zu Bezugspersonen, den Eltern, Geschwistern, Großeltern, Nachbarn oder den Freunden der Eltern, sucht sich Ihr Kind jetzt seine eigenen Freunde. Im Kindergarten werden erste Verabredungen getroffen, um sich am Nachmittag mit seinen Freunden zum Spielen zu treffen. Manche Kinder trauen sich sogar schon eine Übernachtung beim besten Freund oder der besten Freundin zu. Erste Freundschaften beginnen sich zu festigen. Ein wichtiger Schritt in der Entwicklung: Die Freundinnen und Freunde spielen nun nicht mehr einfach nur nebeneinander, sondern auch und vor allem miteinander. Sie geraten genauso schnell in Streit wie sie sich wieder vertragen. In ihren Gruppen herrscht eine eigene Kultur mit Geheimsprachen, gemeinsamen Interessen oder bestimmten Vorlieben. Die Kinder wollen unter sich bleiben. Erwachsene stören da nur.

EXPERTENTIPP

Die Sicht der Dinge

Sicher gebundene Kinder neigen eher zu einer positiven Weltsicht. Eine Studie hat gezeigt, dass sie Bilder, auf denen Konfliktsituationen dargestellt werden, weniger negativ beurteilen und den Konfliktparteien weniger böse Absichten unterstellen. Eine gute Bindung führt zu einem einfühlsamen Umgang mit anderen und hilft im Kindergarten beim Bilden und Gestalten von sozialen Kontakten.

9. SEMESTER / 49–54 Monate

EXPERTENTIPP

Frühe Bindung

»Die Entwicklung einer sicheren Bindung zwischen Eltern und Kind ist eine großartige Grundlage für eine gesunde körperliche, psychische und soziale Entwicklung eines Kindes. Wir sollten daher alle Anstrengungen unternehmen, Eltern und Kinder in ihren ganz frühen Entwicklungsphasen so gut zu unterstützen, dass dieser wichtige Entwicklungsschritt bestmöglich gelingen kann. Mit einer sicheren Bindung werden die Eltern große Freude an ihrem Kind haben, weil sicher gebundene Kinder eine bessere Sprachentwicklung haben, flexibler und ausdauernder Aufgaben lösen, sich in die Gefühlswelt von anderen Kindern besser hineinversetzen können, mehr Freundschaften schließen und in ihren Beziehungen voraussichtlich glücklichere Menschen sein werden.«
Dr. Karl Heinz Brisch,
Bindungsforscher, Dozent und Facharzt für Kinderpsychotherapie

Sie wollen spielen, Witze machen, Tricks ausprobieren und auch mal eine Gegenwelt konstruieren, in der alles möglich ist. Ob ein Kind einen guten Freund hat oder mit seinen besten Freunden eine ganze Fußballmannschaft bestreiten könnte, hängt vom Naturell des Kindes ab. Während das eine Kind ständig neue Freunde hat, spielt das andere nur mit der besten Freundin und ist ihr treu. Ein introvertiertes Kind kommt mit wenigen Freunden aus, ja, es ist sich manchmal selbst genug. Extrovertierte Kinder benötigen ständig eine ganze Clique, um sich wohl zu fühlen.

Was tun, wenn es Probleme gibt?

Wo Gruppen oder Banden entstehen, können manche Kinder ausgegrenzt werden. Das tut weh. Genauso verletzt es, wenn der beste Freund oder die beste Freundin sich plötzlich abwendet. Dann brauchen Kinder einmal mehr liebevolles Verständnis. Auch wenn Sie den Freund oder die Freundin nicht ersetzen können: Nehmen Sie an den Nöten Ihres Kindes Anteil und hören Sie ihm zu. Für Ihr Kind ist die Freundschaft oder deren Verlust extrem wichtig. Vielleicht fragen Sie sich auch: »Was kann ich dafür tun, dass mein Kind Freunde findet und nicht zum Außenseiter wird? Welche Eigenschaften sind es denn, die ein Kind beliebt oder unbeliebt werden lassen?«

Natürlich gibt es auf diese Fragen keine allgemein gültigen Antworten, höchstens Tendenzen, die von Erzieherinnen immer wieder beobachtet werden. Zweifellos haben aber ein umsorgender Erziehungsstil und ein freundliches Erziehungsklima innerhalb der Familie förderliche Auswirkungen auf die Beziehungs- und Freundschaftsfähigkeit von Kindern. Selbstbewusstsein vermittelt sich über Körperbewusstsein. Fühlen sich Kinder nicht wohl in ihrer Haut, spüren andere Kinder das sehr genau. Manche Kinder – seien sie zu klein, zu groß, zu dick oder zu dünn – können schnell zum Opfer werden. Auch wenn Kinder keinen Standpunkt oder eigene Meinung haben, können sie schneller von andern Kindern übergangen werden.

Muss ich mein Kind vor Streitereien bewahren?

Aber auch das Gegenteil kann der Fall sein: Kinder können von Gleichaltrigen auch abgelehnt werden, wenn sie zu selbstbezogen, bestimmend und unsozial sind. Eltern sollten Streitereien aber auch nicht zu ernst nehmen. Sie entstehen scheinbar aus heiterem Himmel und sind meist von kurzer Dauer. Und für Kinder gilt dasselbe wie für Erwachsene: Wo Menschen zusammenleben, gibt es nicht nur Freundschaft, sondern auch Konflikte und Reibereien. Und das ist auch gut so. Erziehungswissenschaftler und Psychologen sind sich einig, dass Konflikte ein wichtiges Lernfeld für Kinder sind und bei der Entwicklung ihrer sozialen Kompetenz eine entscheidende Rolle spielen. Deshalb sollten Eltern auch gar nicht erst versuchen, Kinder vor Streitereien zu bewahren. Besser Sie unterstützen Ihr Kind dabei, einen Konflikt konstruktiv zu lösen. Ziel sollte es sein, dass Kinder eine Meinungsverschiedenheit austragen können, ohne Gewalt anzuwenden oder ständig nachzugeben. Die Autoren einer Studie des Deutschen Jugendinstitutes München (DJI) empfehlen Erziehen-

> **Am Rande**
> **ÜBER NACHT**
> Vielleicht äußert Ihr Kind jetzt den Wunsch, einmal bei der Freundin oder dem Freund zu übernachten. Diese Erfahrung bedeutet einen enormen Schritt in seiner Entwicklung und ist auch für Sie nicht einfach, da Sie Ihr Kind über Nacht jemand anderem anvertrauen müssen. Auch wenn es Ihnen schwerfällt: Unterstützen Sie den Wunsch Ihres Kindes nach mehr Selbständigkeit!

EXPERTENTIPP

Drei-Minuten-Streit

Die Studie des Deutschen Jugendinstitutes München (DJI) zeigt auch, dass ein durchschnittlicher Streit bei Kindergartenkindern höchstens drei Minuten dauert. Die DJI-Wissenschaftler fanden heraus, dass Freundschaft und Streit einander nicht ausschließen. Im Gegenteil: »Kinder, die sozial sehr aktiv sind und freundschaftliche Kontakte pflegen, sind zumeist auch diejenigen, die häufiger als andere in Streitigkeiten verwickelt sind«, heißt es in der Studie.

den, sich bei Konflikten »aktiv zurückzuhalten«. Das bedeutet einerseits, dass sich Erwachsene nicht voreilig einmischen. Kinder müssen Gelegenheit haben, ihre eigenen Lösungen zu finden und sie auch umzusetzen. Andererseits bedeutet aktive Zurückhaltung, für die Kinder präsent zu sein und ihnen zu signalisieren: Ich trau euch etwas zu, probiert es aus. Wenn ihr aber meine Hilfe braucht, bin ich für euch da. »Die vordringliche Aufgabe von Erziehenden ist es«, so die DJI-Autoren, »Gesprächsvermittler zu sein. Der Kommunikationsstil ist entscheidend, nicht die Frage, wer recht hat oder der Schuldige ist.«

Knigge für Anfänger

Wieso darf ich nicht mogeln?

Sobald sich Kinder in andere hineinversetzen können, entwickeln sie auch die Erkenntnis, dass andere ihnen nicht alles erzählen, was sie denken oder wissen und auch mal etwas Unwahres erzählen, um sich einen Vorteil zu verschaffen oder einer Strafe zu entgehen. Und beim Spiel wird hemmungslos und ohne schlechtes Gewissen gemogelt, um zu gewinnen. Eltern werden beim Memory oder »Mensch ärgere dich nicht«-Spiel nach Strich und Faden abgezockt. Doch keine Angst, dieses Verhalten ist altersgemäß und deutet nicht auf einen fehlenden Gerechtigkeitssinn oder schlechten Charakter hin. Es ist vielmehr ein ganz normaler Entwicklungsschritt auf dem Weg zur emotionalen und sozialen Reife. Lassen Sie sich ruhig und gelassen beschummeln, denn auch diese Phase wird irgendwann beendet sein. Ihr Kind wird dann nach Regeln spielen, weil es mit anderen Kindern spielen möchte, die es wiederum genauso beschummeln wollen. Kinder einigen sich meist recht schnell und verständigen sich ohne Hilfe von außen auf die Spielregeln.

Muss man immer die Wahrheit sagen?

Es ist für Kinder nicht leicht zu verstehen, wie sie mit der Wahrheit umgehen sollen. Einerseits gilt Lügen als großer Fehler, andererseits erleben sie täglich, wie Erwachsene zu Notlügen greifen. Sie müssen erst lernen, dass ein Unterschied besteht zwischen lügen, um jemanden zu täuschen, und lügen, um den anderen nicht zu verletzen. Ihr Kind wird Sie jetzt genau beobachten, ob Sie sich selbst auch an die Regeln halten. Ein »Du darfst nie lügen« wirkt ziemlich unglaubwürdig, wenn die Mutter ständig kleine »Notlügen« benutzt und sich selber nicht an gegebene Versprechen hält. Besser sie erklärt ihrem Kind die Grundlagen des Miteinanders und wann Notlügen erlaubt sind. Kinder lernen erst allmählich, dass oft geschwindelt wird, um anderen Peinlichkeit und Scham zu ersparen, und dass Ehrlichkeit und Höflichkeit nicht immer übereinstimmen. Ihr Kind kann jetzt verstehen, dass Wahrheit verletzend wirken kann. »Mami, die Tante da ist aber fett« entspricht zwar augenscheinlich der Wahrheit, die so deutlich ausgesprochene Aussage aber nicht der Höflichkeit. Das versteht Ihr Kind jetzt schon gut. Haben Sie selbst geschwindelt oder sich einer Notlüge bedient, erklären Sie Ihrem Kind, warum. Je nach Situation ist die Wahrheit für andere Menschen unangenehm oder unangemessen. Lügen aus Höflichkeit ist etwas anderes, als jemanden zu hintergehen!

Am Rande

LÜGEN HABEN KURZE BEINE

Unser großer Sohn, den mein Mann nach dem Tod seiner ersten Frau mit in unsere Ehe brachte, hatte von sich aus ein tiefes Verständnis von Wahrheit und Ehre. Er ersparte sich und uns auch jede kleine Kinderlüge – mit dem Ergebnis, dass wir wussten, dass wir uns auf ihn hundertprozentig verlassen konnten. Er hatte nie gelogen und würde nie lügen – kein Zweifel! Sein leuchtendes Beispiel halte ich nun den kleinen Geschwistern vor. Einfach nie lügen, dann wird man auch nie irgendeinem Zweifel ausgesetzt!

9. SEMESTER / 49–54 Monate

EXPERTENTIPP

Vertrauen schenken

Schenken Sie Ihrem Kind Vertrauen. Gerade kleinere Kinder schwindeln oft nur aus reinem Wunschdenken und Fantasie. Jeder macht mal einen Fehler. Schiebt aber ein Kind immer die Schuld auf andere, ist es möglich, dass seine Eltern zu streng auf kleine Vergehen reagieren. Wer Vertrauen hat, muss nicht lügen. Ihr Kind muss wissen, dass Sie immer zu ihm halten – auch, wenn es einmal gelogen hat. Geben Sie ihm die Gewissheit, dass Sie es lieben.

Ist Höflichkeit ein alter Zopf?

Sobald ein Kind in der Lage ist, sein eigenes Handeln selbstkritisch zu hinterfragen und zu werten, können Sie es mit ersten Höflichkeitsregeln und moralischen Werten wie Rücksichtnahme, Toleranz und Verzeihen vertraut machen. Ihr Kind will jetzt wissen, wie es sich verhalten soll, wie es Gut und Böse unterscheiden kann, und braucht Sie dafür als moralisches Vorbild. Versuchen Sie, ihm Ihre eigenen Werte und Welteinstellungen zu vermitteln, denn so sind und bleiben Sie authentisch und glaubhaft. Wenn Sie Ihrem Kind etwas verbieten, was Sie gleich darauf selber machen, verlieren Sie Ihre Glaubwürdigkeit und langfristig auch Respekt und Vertrauen. Jede Familie muss ihre eigenen Regeln für das Zusammenleben aufstellen, mit denen die Familienmitglieder untereinander harmonisch leben können. Denn so individuell wie Ihr Kind sind auch Ihre eigenen Lebensumstände und Werte. Sie erziehen Ihr Kind schließlich nicht für die Nachbarn oder Verwandten, sondern Sie erziehen Ihr Kind zu einem verlässlichen Mitglied Ihrer engsten Familie, das sich dank der früh gelernten Wertvorstellungen auch gut in die allgemeine Gesellschaft integrieren kann. Neben anerkannten Werten helfen auch gutes Benehmen und Höflichkeit Ihrem Kind, außerhalb der Familie akzeptiert und respektiert zu werden.

Wie lautet das Zauberwort?

Eine typische Situation an der Wursttheke: Das Kind bekommt ein Stück Wurst geschenkt, greift begeistert danach und steckt es sofort in den Mund. Die Mutter wartet auf das »Zauberwort«. Keine Reaktion beim Kind, das genüsslich kaut. Die Mutter fragt das Kind genervt: »Und was sagt man da?« Vielleicht quetscht ihr Kind jetzt ein »Danke« hervor, wenn sie Pech hat, fragt es: »Kann ich noch ein Stück haben?«

Gutes Benehmen und Höflichkeit kommen nie aus der Mode. Ohne sie funktioniert unsere Gesellschaft nicht. Höflichkeit ist ganz eng mit Rücksichtnahme, Toleranz und Mitgefühl verbunden. Das sind positive Eigenschaften, die einen hohen sozialen Stellenwert haben. Ein respektvoller Umgang untereinander wirkt sich positiv auf die ganze Gruppe aus. Wenn Ihr Kind die Grundregeln der »guten Manieren« beherrscht, wird es selbstsicherer und sympathisch auftreten können, da es von seiner Umwelt viel positive Resonanz auf sein Verhalten erhält. Kennt ein Kind die sozialen Spielregeln des Miteinander und kann es sie auch anwenden, wird es besser mit Konflikten umgehen und sie entschärfen können. Schon dreijährige Kinder beherrschen gegenseitige Rücksichtnahme. Kinder verhalten sich in der Regel so, wie sie es vorgelebt bekommen. In einer Familie, in der gegenseitiger Respekt und Toleranz nicht nur gepredigt, sondern auch vorgelebt werden, entwickeln sich die Kinder ganz von selbst zu rücksichtvollen Menschen. Denn nicht zuletzt verhält man sich so, wie man selbst auch behandelt werden will. Oder mit einer alten Erziehungsregel gesagt: Was du nicht willst, das man dir tu, das füge keinem anderen zu!

9. SEMESTER / 49–54 Monate

Zu den guten Manieren gehören folgende Basics:

Die Zauberwörter »Danke« und »Bitte«. Auch wenn es für Sie manchmal mühsam ist, Ihr Kind immer wieder auf diese kleinen Wörter hinzuweisen: »Danke« und »Bitte« sind einfach wichtig für zwischenmenschliche Beziehungen. Sobald ein Kind spürt, was es erreicht, wenn es diese Zauberwörter in seinen Sprachschatz aufnimmt, wird es sie bald automatisch anwenden.

Eine freundliche Begrüßung, bei der man sich in die Augen schaut. Ob man sich heute noch zwingend die Hand reicht, ist Ansichtssache. In bestimmten Situationen, zum Beispiel bei Menschen, die man längere Zeit nicht gesehen hat oder denen man besonderen Respekt entgegenbringen will, ist der gute alte Handschlag sicherlich nicht verkehrt.

Um Entschuldigung bitten, wenn man jemandem wehgetan hat. Es zeugt von Stärke und Einsicht, wenn man seine Handlung reflektiert, ernsthaft bereut und wiedergutmachen will. Ein »Es tut mir leid« ist so einfach, kommt aber trotzdem manchem Menschen schwer über die Lippen.

Zuhören und Ausredenlassen. Natürlich fällt es Kindern noch schwer, ihre Erlebnisse zurückzuhalten. Trotzdem sollten Sie Ihrem Kind erklären, wie wichtig gegenseitiges Zuhören ist. Ihr Kind hat eine andere Zeitwahrnehmung als Sie. Wundern Sie sich deshalb nicht, wenn es behauptet, es habe jetzt mindestens genauso lange zugehört wie Sie gesprochen haben. Seien Sie nicht kleinlich. Es kommt auf das Prinzip und nicht auf die Minute an. Spaßeshalber können Sie ja im Gespräch mal eine Stoppuhr neben sich stellen.

Tischmanieren. Zu einem gepflegtem Essen gehören Tischregeln, die Ihr Kind jetzt schon leicht einhalten kann. Kinder können mit vier Jahren am Tisch sitzen

---

EXPERTENTIPP

Vorbild zählt

Verhalten Sie sich vorbildlich. Ihr Kind kann nur die Manieren lernen und anwenden, die Sie ihm vorleben. Konzentrieren Sie sich dabei auf die wichtigsten Regeln. Vermeiden Sie es, Ihr Kind in der Öffentlichkeit bloßzustellen. Geschickter ist es, eine peinliche Situation zu übergehen. Anschließend lässt sich in Ruhe über ein unerwünschtes Verhalten sprechen. Dabei ist ein Hinweis immer besser als ein Vorwurf. »Die Frau im Supermarkt, die du mit dem Wagen angefahren hast, hätte sich sicherlich gefreut, wenn du dich entschuldigt hättest! Dieses Mal habe ich es für dich gemacht, vielleicht denkst du das nächste Mal selbst daran?«

bleiben, bis alle gegessen haben. Das fällt leichter, wenn Sie Ihr Kind mit in das Gespräch einbeziehen. Das Ausmalen von Mandalas oder Malbüchern hilft, Wartezeiten zu überbrücken. Schmatzen, Schlürfen und Kauen mit offenem Mund sind tabu. Gut erzogene Kinder wissen auch, dass man die Ellbogen nicht aufstützt und sich nicht auf dem Stuhl herumflegelt.

Sagen, Märchen und Erinnerungen

Gibt es den Osterhasen wirklich?

Langsam, aber stetig verschiebt sich die Fähigkeit Ihres Kindes, bestimmte Zusammenhänge zu verstehen, von der magischen auf die rationale Ebene. Es bleibt nach wie vor neugierig, was Sie an der unermüdlichen Wer-Wie-Was- und Warum-Fragerei merken. Jetzt stellt es aber vermehrt die Erklärungen aus der magischen Phase selbst in Frage und bemerkt unlogische Konsequenzen. »Wie kann der Nikolaus überall auf der Welt gleichzeitig sein?« oder »Woher hat der Osterhase eigentlich die vielen Eier und wie verteilt er die alle alleine?« Überhaupt ist es sich nicht mehr sicher, was es glauben soll. »Und wenn es den Nikolaus doch gibt? Sicherheitshalber stelle ich mal meine Schuhe vor die Tür.« Ihr Kind lässt die Erklärungsversuche der magischen Phase Stück für Stück fallen und orientiert sich zunehmend an der Logik der Erwachsenen. Dieses ambivalente Verhalten kann bei sensiblen Kindern zu Verunsicherungen führen. Die Vierjährigen verlassen jetzt die Welt der Märchen mit ihren leicht nachvollziehbaren Konsequenzen, mit genauen Vorgaben von Gut und Böse, von Belohnung und Bestrafung, und begeben sich in eine neue

> **Am Rande**
> ### ERINNERN SIE SICH?
> Können Sie sich noch an frühe Kindheitserlebnisse erinnern? Zum Beispiel an die Tränen der Enttäuschung, weil Ihre Mutter mit Ihnen zu spät zum Turnfest gekommen war und bei Ihrer Ankunft gerade die Gasballons mit den Teilnehmerkarten aufstiegen? Oder an den grünen Schlafanzug, den Tante Hilde gekauft hatte und der immer fürchterlich gekratzt hat?

9. SEMESTER / 49–54 Monate

EXPERTENTIPP
Realität und Fiktion
Fernsehen lässt Ihr Kind die Welt zweidimensional erleben. Die Grenzen zwischen Realität und Fiktion verschwimmen und sind nicht immer sauber zu trennen. In der magischen Endphase können plötzlich Ängste auftreten: »Kann die böse Hexe wirklich nicht aus dem Fernseher springen? Beißt mich der Dinosaurier vielleicht doch, wenn ich zu dicht vor dem Fernseher sitze?« Solche Ängste sorgen für Verwirrung und im schlimmsten Fall für schlaflose Nächte.

Welt, die sie in vielen Bereichen noch nicht ganz logisch erfassen können. In dieser neuen Welt sind die Grenzen stärker verwischt, wird das Böse nicht immer bestraft und das Gute nicht immer belohnt, gibt es Schattierungen und Nuancen. Kurz gesagt: Vierjährige gehen einen großen Schritt in die reale Welt der Erwachsenen.

Weißt du noch?
So wie die kognitiven Fähigkeiten zunehmen, steigt jetzt auch die Leistungsstärke des Langzeitgedächtnisses. Einzelne Handlungsabläufe oder Momentaufnahmen, die für Ihr Kind sehr wichtig sind oder die intensiv erlebt werden, speichert es jetzt schon langfristig ab und wird sich auch noch Jahre später an diese Situationen erinnern. Das können auch ganz normale Alltagssituationen oder -erlebnisse sein, die nach Jahren plötzlich wieder ganz präsent sein können.

Neben diesem Langzeitspeicher kann Ihr Kind jetzt auch Regeln erfassen, anwenden und dauerhaft abspeichern. Es beherrscht komplizierte Handlungsabläufe, beispielsweise bei einem Kartenspiel und hält sich an die erlernten Regeln.

Die Sendung mit der Maus

Ist Fernsehen erlaubt?
Unser Zeitalter ist zweifellos stark medial geprägt. Ob der steigende Fernsehkonsum auf Kinder einen negativen Einfluss hat, darüber streiten sich schon lange Me-

dienforscher, Erzieher und nicht zuletzt auch Eltern. Einigkeit herrscht darin, den TV-Konsum altersgemäß zeitlich zu beschränken und die Programmwahl festzulegen. Pauschal lässt sich sagen: Je jünger die Kinder sind, desto weniger und selektiver sollten sie fernsehen dürfen. Es geht dabei nicht nur um die Dauer, sondern vor allem auch darum, welche Sendungen Kinder jetzt schauen dürfen und wie Sie den TV-Konsum reglementieren können.

Bieten Sie Ihrem Kind sinnvolle und attraktive Alternativen an, dann wird die Kiste schnell uninteressant. Am besten ist es natürlich, wenn sich Eltern selbst mit ihrem Kind beschäftigen, gemeinsam etwas unternehmen. Denn eins steht fest: Ein Kind, das tobt, ein Bild malt oder draußen spielt, ist garantiert ausgeglichener und fröhlicher als ein Kind, das in dieser Zeit regungslos auf den Bildschirm schaut. Trotzdem ist Fernsehen nicht aus dem täglichen Leben wegzudenken. Wir leben in einer Mediengesellschaft; das weltweite Kommunikationsnetz, Internet und Computer werden unser Leben zunehmend beeinflussen. Einkäufe werden schon heute zum großen Teil über das Internet erledigt, Reisen werden gebucht und eben auch Medieninhalte transportiert und wahrgenommen. Wir können und sollten unseren Kindern diese Welt eröffnen.

Wichtig ist aber ein verantwortungsbewusster Umgang mit den neuen Medien, der frühzeitig gelernt werden sollte. Wer für ein angemessenes Ausgleichsprogramm sorgt, kann seine Kinder durchaus ausgewählte Sendungen sehen lassen. Noch besser ist es natürlich, wenn Sie sich gemeinsam eine Sendung anschauen, um später über den Inhalt sprechen zu können. Das hilft Ihrem Kind, die

9. SEMESTER / 49–54 Monate

schnellen Bilder zu verarbeiten. Außerdem geben Sie durch Ihre körperliche Präsenz Sicherheit. Ganz wichtig ist es, dass zwischen Fernsehen und Zubettgehen eine Zeitspanne liegt, in der das Kind spielen und die Filminhalte verarbeiten kann.

Die Aktion Jugendschutz, Landesarbeitsstelle Bayern e.V. empfiehlt folgenden TV-Maximalkonsum:

Vorschulkinder: 30 Minuten täglich
Kinder 6–8 Jahre: weniger als 1 Stunde täglich
Kinder 9–10 Jahre: weniger als 1,5 Stunden täglich

10. Semester / 55–60 Monate

»Es lebe der Sport«

Ihr Kind ist jetzt – kurz vor seinem fünften Geburtstag – in Hochform. Nicht nur geistig, sondern auch körperlich ist es topfit und scheint keinen Ausschaltknopf zu besitzen. Es verfügt über schier unbegrenzte Energien. Vorbei die Zeit, als es beim Spaziergang Ihre sichere Hand gebraucht hat! Jetzt balanciert es über jedes noch so wackelige Gerüst, über jeden Baumstamm und jedes Mäuerchen. Es hüpft auf einem Bein oder spielt motorische Geschicklichkeitsspiele. Ihr Kind beherrscht das Ballfangen und vor allem auch gezieltes Schießen. Jungen und Mädchen spielen mit Begeisterung Fußball. Am besten bündeln Sie jetzt die Energien Ihres Kindes und schicken es in einen Sport- oder Turnverein.

10. SEMESTER / 55–60 Monate

Liebt Ihr Kind es auch, sich zu bewegen, zu schaukeln, klettern, rutschen oder toben? Und kann es davon nicht genug bekommen? Dieser Energieausbruch, diese Freude an der Bewegung kann in uns durchaus den Wunsch wachsen lassen, einfach wieder unbegrenzt Energie zu haben, wieder Kind zu sein. Zu rennen und zu toben, ohne darüber nachzudenken, sich aus Lust an der Bewegung sportlich zu betätigen. Vielleicht lassen Sie sich von Ihrem Kind mitreißen, auch selber wieder etwas aktiver zu werden? Lassen Sie sich auf das Abenteuer ein! Also: Schuhe aus und mit dem Kind barfuß durch das flache Flussbett laufen! Spüren Sie die unterschiedlichen Materialien unter Ihren Füßen? Die Begeisterung eines Kindes wird Sie anstecken! Für solche Sinneserlebnisse sind wir nie zu alt, eher zu bequem, zu unspontan oder vielleicht auch ganz einfach nur zu erwachsen.

Bewegung: Immer höher, schneller, ausdauernder

Welcher Sport passt zu meinem Kind?

Laufen, Rennen, Springen: Beweist Ihr Kind darin jetzt unglaubliche Ausdauer und Sicherheit? Prima, dann ist Ihr Kind altersgerecht entwickelt. Am Ende des fünften Lebensjahres beherrschen Kinder die meisten Bewegungsabläufe flüssig und souverän. Auf dem Spielplatz zeigen sie eine unermüdliche Begeisterung beim Rutschen, Klettern und Schaukeln. Auch der Gleichgewichtssinn ist jetzt schon sehr gut entwickelt. Ihr Kind sollte jetzt mindestens zehn Sekunden lang auf einem Bein stehen oder hüpfen, rückwärtslaufen und auf einer

»Es lebe der Sport«

Linie balancieren können. Die große motorische Entwicklung vom Säugling zum Kind ist jetzt größtenteils abgeschlossen. Damit ist die Zeit gekommen, Ihr Kind individuell nach seinen Interessen, seiner Geschicklichkeit oder Begabung zu fördern. Lassen Sie Ihr Kind verschiedene Sportarten ausprobieren, um herauszufinden, wo seine Interessen liegen. Aber nehmen Sie jetzt noch keine Spezialisierung vor. Sport muss in diesem Alter spielerisch bleiben und sollte nicht unter dem Leistungsaspekt stehen. Sonst verliert Ihr Kind ganz schnell die Lust an der Bewegung. Für die motorische Gesamtentwicklung Ihres Kindes bieten sich vor allem Trainingseinheiten an, die den gesamten Bewegungsablauf stärken und trainieren. Lassen Sie Ihr Kind in verschiedene Sportrichtungen wie Kinderturnen, Kindertanz oder Ballspielarten hineinschnuppern.

Warum brauchen Kinder jetzt so viel Bewegung?

Während des Wachstums werden die Grundsteine für Muskelaufbau, Koordination und motorische Fähigkeiten gelegt. Daher braucht Ihr Kind in dieser Zeit vielfältige körperliche Reize. Der natürliche Bewegungsdrang Ihres Kindes, seine Freude am Klettern, Toben und Rennen, unterstützt es dabei, funktionstüchtige und leistungsfähige Organe auszubilden, ein leistungsstarkes Muskel-, Skelett- und Nervensystem aufzubauen und langfristig zu stärken. Die Festigkeit und Dichte der Knochen sowie die Belastbarkeit und Elastizität der Bänder entwickeln sich vor allem durch moderate und abwechslungsreiche Bewegung. Motorische Fähigkeiten wie Kraft, Geschicklichkeit, Beweglichkeit und Ausdauer können sich nur durch Bewegungsimpulse entwickeln. Gleichgewicht und

EXPERTENTIPP
Hören mit dem Bauch

Kreativer Kindertanz fördert spielerisch das Rhythmusgefühl, die Körperkoordination und Kreativität. In kleinen Gruppen lernen die Jungen und Mädchen, sich nach der Musik von Kinderliedern kontrolliert zu bewegen, und zwar mit allen Sinnen. Sie schleichen leise wie zarte Elfen auf Zehenspitzen, stampfen als Elefantenherde durch den Raum oder spüren Töne, indem sie sich auf den Boden legen und die Augen schließen. So hören sie den dunklen Klang einer Trommel bis tief in den Bauch hinein. »Hören mit dem Bauch« fasziniert Kinder dabei ganz besonders.

10. SEMESTER / 55–60 Monate

EXPERTENTIPP

Sport hilft beim Rechnen

Der enge Zusammenhang zwischen körperlicher und kognitiver Entwicklung wurde in mehreren Studien eindeutig belegt. So konnte die mathematische Fähigkeit einer ersten Grundschulklasse signifikant erhöht werden, wenn sich die Klasse vor dem Unterricht sportlich betätigte. Dabei wurde vor allem Wert auf Koordinationsübungen gelegt wie Rückwärtslaufen, auf einem Bein hüpfen oder im Stehen mit den Armen eine Acht in die Luft malen.

Reaktionsfähigkeit lassen sich am besten durch Übung trainieren. Wenn Ihr Kind von klein auf seinen natürlichen Bewegungsdrang ausleben kann, entwickelt es sich auch auf der kognitiven Ebene weiter. Denn es ist wissenschaftlich belegt, dass ein Zusammenhang zwischen körperlicher Bewegung und der geistigen, psychisch-emotionalen und sozialen Entwicklung besteht. Mit der Koordinierung von Armen und Beinen, dem Erlernen bestimmter Bewegungsabläufe und der Hand-Auge-Koordination werden auch die Gehirnregionen gestärkt, die für kognitive Fähigkeiten zuständig sind. Damit spielen auch die linke und rechte Gehirnhälfte besser zusammen.

Wie lernt ein Kind, Risiken richtig einzuschätzen?

Ihr Kind ist von Natur aus neugierig, abenteuerlustig und erfahrungshungrig. Es hat ein gutes Gespür dafür, was es sich selber schon zutrauen kann. Ist der oberste Ast zu hoch? Von wie weit oben kann ich springen? Der selbst erprobte Erfahrungsschatz hilft Ihrem Kind, sich selbst und bestimmte Situationen richtig einzuschätzen. So lernt es zu erkennen, wo seine Grenzen liegen. Egal wie spielerisch Klettern und Springen auch aussehen, für die motorische Entwicklung Ihres Kindes ist ein solches Bewegungstraining unerlässlich. Aber die natürliche Lust an der reinen Bewegung steht für Ihr Kind als Motivation an erster Stelle. Und von der Bewegung kann es gar nicht genug bekommen. Im Gegensatz zu Erwachsenen, die weniger Bewegung brauchen, sollten Kinder täglich etwa zwei bis drei Stunden körperlich aktiv sein, um sich optimal zu entwickeln. Die vielfälti-

gen motorischen Fähigkeiten, die Ihr Kind beim Hüpfen, Klettern, Rutschen, Kriechen, Schaukeln und Rennen erlernt und trainiert, befähigen es zudem, auf selbst erlebte Erfahrungen zurückzugreifen. Dieser Erfahrungsschatz bildet den Grundstock für die Entwicklung von Risikobewusstsein und lebensnotwendiger Urteilsfähigkeit, um eine Situation richtig einschätzen zu können.

Alles Kopfsache: Wissensdurst

Jetzt schon Lesen und Schreiben lernen?
Mit festem Griff benutzt Ihr Kind jetzt begeistert seine Buntstifte und malt damit mehr oder weniger schöne Bilder. Achten Sie darauf, dass es den Stift von Anfang an richtig hält, dann fällt ihm später in der Schule das Schreibenlernen leichter. Wenn sich ein Kind erst mal angewöhnt hat, den Stift mit der ganzen Faust zu umfassen, wird es sich dies nur schwer wieder abgewöhnen. Für Malanfänger eignen sich vor allem dickere Buntstifte, möglichst mit drei Seiten und Rutschstoppnoppen. Neben darstellenden Bildern versuchen die meisten Kinder jetzt auch schon, Buchstaben nachzubilden und abzumalen. Besonderen Stolz ruft natürlich der eigene Name hervor. Wundern Sie sich nicht, wenn Ihr Kind die ersten Buchstaben und Zahlen spiegelverkehrt zeichnet, das ist eine ganz normale Entwicklung. Übung macht den Meister. Sie können jetzt mit Ihrem Kind schon erste Buchstabenspiele spielen. Oder Sie lassen es im Alltag bestimmte Buchstaben suchen, zum Beispiel auf der Milchpackung oder der Schokolade. Dabei erklären Sie Ihrem Kind die einzelnen Buchstaben. Vielleicht versucht Ihr Kind jetzt auch schon, einige Buchstaben im Bilderbuch zu lesen. Wie auch immer Sie Ihr

10. SEMESTER / 55–60 Monate

EXPERTENTIPP

Wissensdurst

Kinder sind jetzt so lernbegierig wie noch nie. Sie saugen die Informationen förmlich in sich auf. In einer Lernstudie wurde einmal nachgewiesen, dass Kleinkinder sich bis zu 200 verschiedene Dinge an einem Tag merken können. Der Hirn- und Lernforscher Manfred Spitzer beschreibt sogar, wie Kleinkinder sich abwenden, wenn sie bekannte Informationen erfahren und wie sie sich Neuem interessiert zuwenden.

Kind in seiner wissbegierigen Phase unterstützen möchten: Respektieren Sie seine Entwicklung. Kein Kind muss lesen können, wenn es eingeschult wird, manche Kinder können es schon ziemlich gut, andere kennen noch keinen einzigen Buchstaben. Und trotzdem lernen alle Kinder in der ersten Klasse ohne Probleme das Lesen und Schreiben. In vielen Kindergärten werden in Vorschulkursen die ersten Grundlagen für das Lesen und Schreiben gelegt. Dort werden die Kinder mit ersten Schreibübungen sanft ans Schreiben und Lesen herangeführt.

Links oder rechts: Gibt es eine schöne Hand?

Wer sein Kind aufmerksam beobachtet, wird schon früh entdecken, dass es eine Hand bevorzugt, um Stifte oder die Schere zu halten. Mit welcher Hand putzt es sich die Zähne? Welche Hand fädelt die Perlen, welche hält den Faden? Mit welcher Hand schneidet es Papier aus? Es ist die linke Hand? Kein Problem. Linkshändigkeit ist weder ein Handikap noch ein Zeichen von mangelnder Intelligenz oder Geschicklichkeit. Und es gibt auch keine »schöne« Hand, wie die rechte Hand früher bezeichnet wurde, um ein linkshändiges Kind umzuerziehen. Das ist zum Glück vorbei. Heute schreiben Linkshänder ganz selbstverständlich mit links und Rechtshänder eben mit rechts. Hirnforscher gehen davon aus, dass die bevorzugte Verwendung einer Seite angeboren ist. Unser Gehirn besteht aus zwei Gehirnlappen. Die Aufgaben, für

die das Gehirn zuständig ist, liegen in verschiedenen Arealen des Großhirnes. Vereinfacht kann man sagen, dass die linke Hirnhälfte die rechte Körperseite steuert und für die Bereiche des logischen Denkens, des mathematischen Verständnisses und der Sprachfähigkeit zuständig ist. Die rechte Hirnhälfte steuert die linke Körperhälfte und ist für die Bereiche des kreativen Denkens, Orientierung im Raum, Gefühle und Empfindungen sowie Fantasie und Intuition zuständig. Einer dieser Gehirnhälften kommt in der Regel eine dominantere Stellung zu. Diese Aufteilung ist schon bei der Geburt festgelegt und damit auch, welche Hirnhälfte für die Steuerung der Handmotorik zuständig ist. Wenn nun diese natürliche Dominanz einer Gehirnhälfte durch die erzwungene Verwendung der anderen Hälfte gestört wird, kann das zu Dauerstress im Gehirn führen. Die dominante Hälfte ist unterfordert und will mehr »arbeiten«, die schwächere Hälfte ist überfordert und gestresst. Diese Störung des natürlichen Zustands kann zu einer Art »Kompetenzstreit« zwischen den Hirnhälften führen; mit gravierenden Folgen wie Konzentrationsschwierigkeiten, Gedächtnisstörungen und Sprachproblemen. Wenn Sie eine Linkshändigkeit bei Ihrem Kind feststellen, sollten Sie mit der Erzieherin sprechen. Es gibt gute Trainingsmöglichkeiten für das Erlernen verschiedener Tätigkeiten. Dann ist Ihr Kind für die Schule entsprechend vorbereitet und schafft den Start »mit links«.

Wie lernt mein Kind, eine Schleife zu binden?

Ihr Kind kommt stolz mit seiner ersten selbstgebundenen Schleife aus dem Kindergarten nach Hause. Glückwunsch! Das ist ein echtes Meisterwerk, das Sie gebührend würdigen sollten. Denn eine Schleife zu binden, ist

Am Rande
FUSSBALL
Was wäre ich froh gewesen, wenn mein Sohn im Kindergarten mehr ans Schreiben und Malen herangeführt worden wäre. Typisch Junge zog er es in seinem »Bewegungskindergarten« monatelang vor, Fußball zu spielen oder Holzlatten und alte Reifen zu verzahnen. Als Linkshänder tat er sich von Anfang sehr schwer, einen Stift zu führen. Sobald ich das erkannt hatte, setzte ich mich mehrmals täglich mit ihm hin und ließ ihn auf dem Papier »arbeiten«. Bis heute zieht er das Fußballspiel vor ...

10. SEMESTER / 55–60 Monate

EXPERTENTIPP

Umgepolt

Etwa 20 Prozent der Bevölkerung wird statistisch als Linkshänder geführt. Wissenschaftler gehen aber davon aus, dass es viel mehr Linkshänder gibt. Sie glauben, dass die anderen bewusst oder unbewusst »umerzogen« wurden.

EXPERTENTIPP

Schuhe binden

Kinder zwischen fünf und acht Jahren entwickeln ihre Augen-Hand-Koordination, manche früher, andere später. Diese Fähigkeit wird auch zum Binden von Schuhen gebraucht. Mit dem Auftauchen der praktischen Klett-Verschlüsse haben aber viele Kinder das Schuhebinden erst gar nicht gelernt. Spätestens im Sportunterricht aber brauchen Schulkinder schnürbare Sportschuhe für einen festen Halt, und der Sportlehrer hat garantiert keine Zeit, 32 Paar Schuhe zu binden.

für Ihr Kindergartenkind eine motorische Höchstleistung. Dazu gehört nicht nur eine gewisse Fingerfertigkeit, sondern auch eine gute Augen-Hand-Koordination, mit der viele kleine Kinder Schwierigkeiten haben. Kein Problem, wenn Ihr Kind den Bogen noch nicht raus hat, die meisten Kinder bewältigen diese Herausforderung spielend bis zum Schuleintritt. Allerdings nur mit spielerischem Training, anders können es auch die Kleinen nicht lernen. Das heißt zunächst mal: Weg mit dem Klettverschluss am Schuh! Kaufen Sie lieber Schuhe zum Binden und helfen Sie Ihrem Kind beim Erlernen der schwierigen Schnürsenkel-Koordinierung. Demonstrieren Sie den Schnürsenkeltrick an seinem eigenen Schuh. Das klappt am besten, wenn Sie sich hinter oder neben seinen Schuh stellen. Wenn Sie die Schleife an Ihrem eigenen Schuh vorführen, sieht Ihr Kind die Schleife seitenverkehrt. Schwieriger wird die Übung für Linkshänder. Sie müssen spiegelverkehrt binden. Am besten setzen Sie sich gegenüber und zeigen die Schleife. Bestehen Sie nicht auf Ihrer Methode. Kinder entwickeln oft ganz eigene Methoden, um die Schleife zu binden. Nicht demoralisieren, sondern auch kleine Erfolge loben, selbst wenn die Schleife schnell wieder aufgeht!

Sicher auf der Straße

Wie kommt mein Kind gut zum Ziel?

Erwachsene verfügen über einen gewissen Erfahrungswert im Straßenverkehr und lassen sich manchmal dazu hinreißen, Vorsicht und Regeln außer Acht zu lassen und schnell noch über die rote Fußgängerampel zu huschen. Das sollten sie aber **nie** in Anwesenheit von Kindern tun. Kinder können die Geschwindigkeit von heranfahrenden Autos oder Motorrädern noch nicht einschätzen und müssen sich konsequent und ohne Ausnahme an die Regeln halten. Deshalb gilt für alle Erwachsenen: Sind Kinder in der Nähe, heißt Rot grundsätzlich Stopp! Und darauf darf man andere freundlich, aber bestimmt, durchaus hinweisen, wenn sie sich nicht an diese Regel halten. Erwachsene müssen Vorbilder im Straßenverkehr sein. Und das gilt nicht nur für Eltern. Je mehr sich der Aktionsradius Ihres Kindes erweitert, desto wichtiger ist es, auf den Straßenverkehr zu achten. Machen Sie Ihr Kind so früh wie möglich verkehrssicher, indem Sie schon rechtzeitig mit dem Training beginnen. Und vergessen Sie nie: Sie sind Vorbild und sollten nur bei grüner Ampel über die Straße gehen. Versuchen Sie sich auch beim Autofahren korrekt zu verhalten. Erklären Sie Ihrem Kind das Verhalten der anderen Teilnehmer und reagieren Sie bei Fehlern mit Verständnis. »Der Mann hat mir zwar die Vorfahrt genommen, aber ich konnte ja noch gut bremsen, vielleicht muss er ganz eilig wohin und hat deshalb nicht gebremst.« Durch dieses »partnerschaftliche« und rücksichtsvolle Verhalten schärfen Sie auch seine Sinne dafür, dass sich nicht immer alle Teilnehmer wirklich korrekt verhalten und man mit den Fehlern der anderen rechnen muss.

> Am Rande
>
> **BABY-KRAM**
>
> **Bei uns gab es eine Zauberformel, mit der wir die geliebten Klettverschlüsse verbannt haben. Sie hieß: »Klettverschlüsse sind was für Babys!« Und welches große Kind will schon ein Baby sein? Meine Kinder waren entrüstet und wollten dann unbedingt das Schleifenbinden lernen.**

1. Erklären Sie Ihrem Kind, wie es sicher die Straße überqueren soll und lassen Sie es sich anschließend von Ihrem Kind erklären. So können Sie prüfen, ob Ihr Kind Ihre Erklärungen verstanden hat.
2. Machen Sie mit Ihrem Kind eine »Trockenübung«: Am Bordstein stehen bleiben, nach links schauen, dann nach rechts und erneut nach links und dann einen kleinen Schritt andeuten.

EXPERTENTIPP
Wege markieren

Gehen Sie möglichst viele Strecken mit Ihrem Kind zu Fuß. Suchen Sie mit ihm gemeinsam den idealen Weg zum Bäcker, zu Freunden und zum Kindergarten. Wenn Sie wollen, können Sie diesen Weg markieren. Ein kleiner Aufkleber oder Kreidefleck an der Laterne, an der Sie die Straße überqueren wollen, ein kleiner Kreidepfeil auf dem Boden, um den Weg zu markieren. Trainieren Sie den Weg möglichst oft, damit Ihr Kind Wege sicher beherrscht.

3. Anschließend nehmen Sie Ihr Kind an die Hand und gehen gemeinsam über die Straße.
4. Dann lassen Sie Ihr Kind die Trockenübung alleine vorführen.
5. Lassen Sie Ihr Kind alleine über die Straße gehen (natürlich nur bei kaum befahrenen Straßen) und beobachten Sie, ob es alles richtig macht.
6. Nicht vergessen! Loben Sie anschließend Ihr Kind.
7. Suchen Sie den Weg, den Sie mit Ihrem Kind zum Kindergarten oder Einkaufen gehen möchten, nicht unter dem Aspekt der Weglänge, sondern nach dem Sicherheitsaspekt aus. Nehmen Sie kleine Umwege über Fußgängerampeln oder Zebrastreifen in Kauf. Sehen Sie sie als Chance, ein paar Schritte Bewegung zu haben.
8. Laufen Sie auf der verkehrsabgewandten Seite des Bürgersteigs und bleiben vor Garagenausfahrten kurz stehen. Erklären Sie Ihrem Kind, dass hier schnell mal ein Auto rückwärts herauskommen kann.
9. Ein Zebrastreifen muss immer mit größter Vorsicht betreten werden. Nicht alle Autofahrer halten an, wenn ein Kind am Rand steht! Warten Sie beim Zebrastreifen so lange, bis Sie Blickkontakt mit dem Autofahrer haben und die Reifen wirklich stillstehen. Vorsicht auch bei Ampeln mit Rechtsabbiegerspur. Fußgänger und vor allem kleine Menschen können vom Rechtsabbieger leicht übersehen werden. Auch wenn Sie Grün haben: Schauen Sie unbedingt nach links und rechts und gehen Sie dann erst zügig über die Straße. Wenn die Ampelphase während der Überquerung auf Rot springt, sind Kinder leicht verunsichert. Und wollen stehen bleiben oder zurücklaufen. Bringen Sie ihm bei, dann nicht zu zaudern, sondern rasch die Straße zu überqueren. Noch besser: Ihr

Kind hebt beim Überqueren der Straße die Hand, das macht es optisch etwas größer, und es ist damit besser für den Autofahren zu sehen.
10. Gehen Sie nicht zwischen parkenden Autos oder an unübersichtlichen Stellen über die Straße, sondern suchen Sie gut einsehbare Plätze.

Der fünfte Geburtstag
Hurra, ich bin bald 5!

Wie feiern wir am besten?

Und wieder steht ein Geburtstag vor der Tür. Ihr Kind wird jetzt fünf Jahre alt und verliert zunehmend die kleinkindlichen Attitüden. Es wird selbständiger und möchte auch so behandelt werden. Und was heißt das für seinen Geburtstag? Jetzt stehen »echte« Spiele und Herausforderungen an. Planen Sie gemeinsam mit Ihrem Kind die Art und Reihenfolge der Spiele und Aktivitäten. Fünfjährige sind kleine Energiebündel, die Ballspiele im Park oder Sackhüpfen auf der Wiese lieben. Ein Picknick gehört dazu. Vielleicht wünscht es sich ja auch ein besonderes Ereignis wie einen gemeinsamen Besuch im Zoo oder Aquarium oder einen Ausflug ins naturkundliche Museum inklusive Dinosaurierführung? Das Geburtstagskind und seine Besucher haben inzwischen auch die motorische Fähigkeit, gemeinschaftlich zu basteln oder zu spielen. Ein paar Spielideen mit Erfolgsgarantie:

Flaschendrehen

Alle Kinder sitzen zusammen im Kreis. Das Geburtstagskind darf als Erstes die Flasche drehen. Das Kind, auf das die Flasche zeigt, darf dem Geburtstagskind sein

10. SEMESTER / 55–60 Monate

Geschenk geben, das sofort ausgepackt wird. Das Kind, das sein Geschenk übergeben hat, darf jetzt die Flasche drehen, und setzt sich danach ein Stück zurück, da es ja schon dran war. Das Spiel endet, wenn jedes Kind sein Geschenk an das Geburtstagskind abgegeben hat.

Giftige Smarties

Zehn Smarties (bitte nicht mehr!) werden im Kreis auf den Boden gelegt. Ein Kind geht kurz nach draußen. Währenddessen entscheiden die anderen Kinder, welches der Smarties giftig ist. Das Kind darf wieder reinkommen und so lange von den Smarties essen, bis es das »giftige« aufnimmt. Dann brüllen alle Kinder »GIFTIG« und das nächste Kind ist dran. Das Spiel funktioniert natürlich auch mit Gummibärchen.

Wattefußball

Aus Watte wird eine kleine Kugel geformt. Zwei Teams bilden, jedes Team stellt sich auf eine Tischseite. Die Wattekugel kommt in die Mitte und dann wird gepustet. Das Team, das es schafft, die Kugel über den Tischrand des anderen Teams zu pusten, hat gewonnen.

Schokokuss-Wettessen

Jedes Kind bekommt einen Schokokuss auf seinen Teller und muss ihn aufessen, ohne die Hände zu benutzen. Wer als Erster fertig ist, bekommt als Schokokönig eine Krone auf sein Haupt.

Obstsalat

Alle Kinder setzen sich auf Stühlen im Kreis, nur ein Kind bleibt ohne Stuhl und stellt sich in die Mitte. Jedes Kind bekommt nun eine Frucht (Bananen,

Äpfel, Orangen) zugeteilt. Das Kind in der Mitte ruft eine Frucht auf und alle Kinder mit dieser Obstsorte müssen aufstehen und so schnell wie möglich auf einen anderen Platz flitzen. Auch das Kind in der Mitte muss sich schnell einen Platz suchen. Wer keinen gefunden hat, steht als Nächster in der Mitte, um das Obst aufzurufen. Man kann auch »Obstsalat« rufen, dann müssen alle Kinder aufspringen und sich einen neuen Platz suchen. Vielleicht wollen Sie anschließend gemeinsam aus dem »Spielzeug« Obst einen leckeren Obstsalat schnippeln? Keinesfalls sollte Essbares in den Mülleimer wandern.

Süße Luftballons

Kleine Süßigkeiten in Luftballons stecken, dann aufblasen und aufhängen. Die Kinder dürfen sich nacheinander einen Ballon aussuchen. Um an die Süßigkeiten zu kommen, müssen sie ihn mit einem Stab, an dem eine Nadel befestigt ist, aufstechen. Nach dem großen Knall regnet es Süßigkeiten.

Gummistiefelweitwurf

Ein Spiel für draußen, das gute Laune macht und für alle Altersstufen geeignet ist. Einfach einen Gummistiefel von einer Linie aus werfen. Zu einfach? Von wegen! Probieren Sie es mal aus.

Hörspiele

Beim Geräuscheraten macht ein Kind hinter einem Versteck verschiedene Geräusche vor (Löffel zusammenschlagen, Papier zerreißen, Reißverschluss auf und zu). Die anderen müssen die Geräusche erraten. Für ein Klangmemory benötigt man viele kleine leere Dosen

10. SEMESTER / 55–60 Monate

> **Am Rande**
> ### GEBURTSTAGE
> Die Geburtstagsfeste in diesen »jungen« Jahren meiner Kinder waren immer kleine Höhepunkte, auf die sich die Kinder lange freuten. Den fünften Geburtstag konnte man auch noch klassisch begehen: mit Topfschlagen, der »Reise nach Jerusalem« und »Blinde Kuh«-Spielen. Es waren die Kinderspiele, die ich aus meiner eigenen Kindheit kannte, die auch den Fünfjährigen von heute Spaß machen. Und als »Moderatorin« baute ich eine kleine Vorlesepause ein, damit die Kinder einmal auch zur Ruhe kamen.

oder Behälter (Filmdöschen). Jeweils zwei davon werden mit dem gleichen Material gefüllt (Reis, Sand, Kiesel, Papierkugeln, Bohnen, Büroklammern). Wie beim normalen Memory müssen die Mitspieler die zusammengehörenden Paare suchen.

Welche Geschenke eignen sich für Fünfjährige?

* Rollschuhe, Inlineskates
* Fahrrad
* Springseil
* Gummitwist
* Hula-Hoop-Reifen
* Kinderpost
* Xylophon, Flöte, Harmonika
* Bügelperlchen, Stecksysteme, magnetische Stäbe, Hämmerchenspiel
* Vorschul-PC-Spiele
* Bilderbücher, Hörspielkassetten, Kassettenrekorder
* Erste Buchstaben- und Rechenspiele, Puzzles, Spielfiguren

11. Semester / 61–66 Monate

»Das alles kann ich schon«

Ihr Kind ist jetzt fünf Jahre alt geworden und tritt mit großen Schritten in die letzte Phase der frühkindlichen Entwicklung ein. Genießen Sie sein letztes spielerisches Kindergartenjahr. Ihr Kind möchte jetzt ständig zeigen, wie selbständig es ist und was es alles kann. Schließlich gehört es ja zu der privilegierten Gruppe der »Großen« im Kindergarten und kann den Erwachsenen schon tüchtig helfen. Staubsaugen, Besteck einräumen, Zimmer aufräumen – das alles kann es jetzt schon ganz allein. Binden Sie Ihr Kind in Ihren Alltag ein, das fördert seine Selbständigkeit und trainiert seine kognitiven und motorischen Fähigkeiten.

So ganz langsam sollten Sie sich mit dem Gedanken vertraut machen, dass Ihr Kind gerade seine Kindergartenzeit beendet und sich auf den Schulbesuch vorbereitet. Diese Übergangsphase wird von einer ganzen Reihe psychischer und körperlicher Veränderungen begleitet. Der erste Milchzahn kann ausfallen und durch einen »echten« Zahn ersetzt werden. Oft ist dieser erste Zahnverlust ein ganz einschneidendes Erlebnis für Sie und Ihr Kind. Für Sie ist der Zahn in der Hand der deutliche Beweis für den Abschied aus der Kleinkinderzeit, für Ihr Kind ist sein Verlust gleichzeitig unheimlich und spannend. Sie können ihm diesen Verlust durch einen Besuch der Zahnfee versüßen, indem Sie den ausgefallenen Zahn durch ein kleines Geschenk ersetzen. Oder Sie schenken ihm eine hübsche Zahndose, in der es die ersten Milchzähne aufbewahren kann.

Was wird bei der U9 untersucht?

Zwischen dem 60. und 64. Lebensmonat, also etwa ab dem fünften Geburtstag, findet die U9 beim Kinderarzt statt. Bei dieser sehr gründlichen Vorsorgeuntersuchung richtet Ihr Kinderarzt sein Hauptaugenmerk auf den Entwicklungsstand der Grob- und Feinmotorik, der Sprache, Koordinations- und Konzentrationsfähigkeit vor allem auch in Hinblick auf den bevorstehenden Schulstart. Wie ist der intellektuelle, emotionale und soziale Entwicklungsstand einzuordnen? Sind bestimmte Fördermaßnahmen nötig? Die Entscheidung, ob Ihr Kind schulreif ist oder nicht, kann Ihnen der Arzt zwar nicht abnehmen, aber seine Einschätzung hilft Ihnen bei Ihrer Entscheidungsfindung. Zudem untersucht Ihr Kinderarzt die Organe und ihre Funktionstüchtigkeit und testet das

Hör- und Sehvermögen. Eine Urinprobe liefert Erkenntnisse über mögliche Nierenerkrankungen, Diabetes oder bestimmte Infektionen.

Bist du aber groß geworden!

Was ist nur los mit meinem Kind?

Die bisher kindlichen Körper- und Gesichtsproportionen verändern sich insgesamt. Das Gesicht entfernt sich immer mehr vom niedlichen Kindchenschema. Zudem wirken Fünfjährige tatsächlich weniger kindlich, sondern bereits eher wie kleine Erwachsene. Aber nicht nur äußerlich verlieren sie jetzt ihren frühkindlichen Charme und das Attribut der »Niedlichkeit«. Auch ihre kreative Fantasie verliert sich zunehmend. Die Fähigkeit, fantasievoll zu spielen, zu malen und zu erzählen, tritt zugunsten eines wachsenden Realitätssinns zurück. Das Kind entwickelt einen wacheren Sinn für logische Denkansätze und die Wirklichkeit. Die magische Phase begleitet Kinder jetzt nur noch parallel und verschwindet immer mehr aus ihrem Denken. Reste lassen sich eher mit Aberglauben vergleichen, den manche Erwachsenen trotz besseren Wissens nicht ganz ablegen können. Da auch emotionale Gefühlswallungen jetzt besser kontrolliert werden können, empfinden wir die Kinder eher »nüchtern« und eventuell sogar »berechnend«. Fragt ein zweijähriges Kind mit großen Augen nach einem weiteren Lolli, wirkt das putzig. Ein fünfjähriges Kind dagegen gilt als unerzogen, wenn es unverblümt Süßes verlangt.

Was passiert in der Übergangsphase?

Mit dem fünften Geburtstag haben Eltern das sie beruhigende Gefühl, dass ihr Kind jetzt »aus dem Gröbsten«

EXPERTENTIPP

Kleine Erwachsene
Das sogenannte Kindchenschema bezeichnet körperliche Merkmale wie große Augen, kleine Nase, hohe Stirn. Es löst bei anderen Kindern wie auch bei Erwachsenen intuitiv fürsorgliche Zuneigung aus und hemmt gleichzeitig aggressive Impulse. Die Körperproportionen von Vorschulkindern nähern sich denen von Erwachsenen deutlich an.

heraus ist. Magische Phase, Bettnässen, Schlafprobleme, Trotzphase – alles schon lange abgehakt – und dann? Parallel zum körperlichen Wandel vollziehen sich auch tiefgreifende seelische Veränderungen. Und diese führen zu emotionalen Reaktionen, mit denen Sie eigentlich gar nicht mehr gerechnet haben. In dieser Übergangsphase ist der psychische Zustand der Kinder häufig labil, sie sind leicht reizbar und körperlich unruhig. Zudem können sie unter starken Stimmungsschwankungen leiden, die sich manchmal explosionsartig entladen. »Vernünftigen« Argumenten, die sie vorher akzeptiert haben, sind sie jetzt nicht mehr zugänglich. Ihr Kind langweilt sich häufig und weiß nichts mehr mit sich anzufangen, es möchte »bespielt« werden. Gleichzeitig verstärkt es jetzt seine Bemühungen, aktiv Kontakt zu gleichaltrigen Kindern aufzunehmen. Jedes Kind verarbeitet diesen Entwicklungsschub und die bevorstehende Veränderung seines Tagesablaufs auf ganz eigene Art. Manche Kinder sind in dieser Zeit wesentlich anfälliger für Krankheiten und möchten nicht mehr gerne in den Kindergarten gehen, sondern lieber zu Hause bei der Mutter bleiben.

Ein Kind mit fünf Jahren spürt die große Veränderung, die im Raum steht und reagiert darauf mit Unsicherheit und Verlustängsten. In dieser Phase kann es sogar wieder zum Einnässen kommen, obwohl es schon längere Zeit »trocken« war. Oder es hat Probleme alleine einzuschlafen und zögert das abendliche Schlafritual immer weiter hinaus. Andere Kinder können mit Essstörungen oder Appetitlosigkeit reagieren oder in Kleinkindattitüden zurückfallen. Das äußert sich dann in verstärkten Trotzphasen oder im Versuch, wieder klein zu sein.

Ihr Kind befindet sich jetzt in der schwierigen Übergangsphase zwischen Klein- und Großkind, die einer Art Mini-Pubertät ähnelt. Hin- und hergerissen zwischen dem Wunsch, schon selbständig und »erwachsen« zu sein und gleichzeitig dem Verlangen, sich in den vertrauten Arm der Mutter zu flüchten und umsorgt zu werden, strebt Ihr Kind gleichzeitig nach mehr Eigenständigkeit, Selbständigkeit, Liebe und Geborgenheit in der Familie. Trennungsängste treten bei Kindern immer dann auf, wenn sie sich wieder ein Stück aus ihrer engen Bindung lösen und zum eigenen Individuum heranwachsen. Die Übergangszeit zwischen Kindergarten und Schule ist so ein Reifeprozess, bei dem gleichzeitig auch eine Lösungsphase von den engsten Bezugspersonen stattfindet. Die psychischen Veränderungen und Empfindlichkeiten Ihres Kindes sind Ausdruck eines Reifungsprozesses, den es für die Entwicklung seiner eigenen Identität benötigt. Versuchen Sie daher, es bei diesem schwierigen Balanceakt zu unterstützen, und reagieren Sie mit Verständnis, Liebe und Gelassenheit auf seine Situation.

Hilfe, mein Kind ist anstrengend

Gibt es eine zweite Trotzphase?

Völlig verblüfft stellen manche Eltern fest, dass ihr Kind, das in der gefürchteten »Trotzphase« eigentlich ganz umgänglich war, jetzt auf einmal zum Rumpelstilzchen mutiert. Gibt es etwa noch eine weitere Trotzphase? Glücklicherweise nicht. Ihr Kind lebt jetzt starke Gefühlsschwankungen und innere Zerrissenheit aus, die symptomatisch für die Übergangsphase sind und

11. SEMESTER / 61–66 Monate

Ausdruck seiner körperlichen und psychischen Reifung. Gerade in dieser Zeit, in der bei Ihnen endlose Diskussionen und Quengeleien an der Tagesordnung sind, ist es umso wichtiger, Ruhe zu bewahren und gelassen zu bleiben. Leichter gesagt als getan, wenn das Kind eine geschlagene Stunde lang herumbrüllt und sich nicht anziehen lassen will. Doch mit den folgenden Sofortmaßnahmen wird es Ihnen gelingen, geduldig zu bleiben und sich nicht provozieren zu lassen. Versuchen Sie, sich die Notfallhilfen einzuprägen, damit Sie sich an sie erinnern, wenn Sie das nächste Mal kurz davor sind, zu explodieren und Ihr Kind anzubrüllen.

* Zählen Sie langsam und ruhig rückwärts von zehn abwärts. Diese wenigen Sekunden reichen, damit Sie kurz durchatmen können, um sich dadurch wieder unter Kontrolle zu bringen. Sie können dafür auch den Raum verlassen oder sich auf das »stille Örtchen« zurückziehen. Dort können Sie Ihre Wut ungestört wegatmen. So lapidar dieser Rat klingt: Er wirkt.
* Lassen Sie nicht zu, dass sich Emotionen aufstauen und potenzieren. Oftmals ist es der letzte »Tropfen«, der das Fass zum Überlaufen bringt. Lassen Sie rechtzeitig Dampf ab. Ihr Kind wird nicht verstehen, warum Sie es plötzlich anbrüllen, wenn es eine »Kleinigkeit« anstellt, die es vorher immer ungestraft machen durfte. Für Sie hat sich aber ein Frust nach dem anderen angestaut, unbewusst und unsichtbar für die Außenwelt. Dieser Frust, der oft aus falsch verstandener Opferbereitschaft entsteht, frisst sich so lange in Ihre Seele, bis er sich dann völlig unerwartet, meist an unpassender Stelle und kaum noch zu kontrollieren, entlädt. Warten Sie nicht ab, bis es so weit ist. Spre-

chen Sie unbedingt sofort mit Ihrem Kind, wenn Sie das Chaos im Kinderzimmer stört oder Sie Rücksichtnahme von ihm erwarten, wenn Sie müde und erschöpft sind. Seien Sie nicht endlos tolerant und lassen Sie nicht alles durchgehen. Das hält kein Mensch aus, auch Sie nicht. Ihr Kind kann eine Explosion bei Ihnen nur verhindern, wenn es genau weiß, was Sie eigentlich im Moment gerade stört. Sagen Sie Ihrem Kind gleich, dass es jetzt sofort aufräumen soll, und werfen Sie es ihm nicht drei Stunden später bei einer anderen Gelegenheit an den Kopf. Kinder können Kausalitäten und den Zusammenhang von Ursache und Wirkung nur verstehen, wenn sie zeitnah erfolgen. Geben Sie Ihrem Kind knappe, geradlinige Anweisungen. Kein »Könntest du vielleicht, oder es wäre schön, wenn du vielleicht …«, sondern »Du setzt dich jetzt bitte auf den Stuhl« oder »Räum jetzt die Bauklötze in die Kiste«. Klare Ansagen erleichtern Ihrem Kind die Erledigung der Aufgabe.

* Wenn Ihr Kind Sie so in Rage gebracht hat, dass Sie schon unwillkürlich die Hand heben, sollten Sie Ihre Wut auf ein Sofakissen oder notfalls an der Tischplatte auslassen. Ein lauter Knall auf dem Tisch lässt Ihr Kind zusammenzucken und Sie erwartungsvoll ansehen, jetzt können Sie Ihre Wut erklären. Körperliche Gewalt gegen Ihr Kind ist absolut tabu. Auch der sogenannte »Klaps« zeigt nur Ihre Ohnmacht gegenüber Ihrem Kind und verstärkt zudem den emotionalen Stress auf beiden Seiten.

Wer nicht hören will, muss fühlen?

Dass Ohrfeigen, Klapse oder Schläge kein Erziehungsmittel sind, wissen die meisten Eltern. Dennoch kann es passieren, dass einem die Hand ausrutscht. Kinder, die

EXPERTENTIPP

Gewaltfreie Erziehung

So sagt es der Gesetzgeber: Kinder haben ein Recht auf gewaltfreie Erziehung. Körperliche Bestrafungen, seelische Verletzungen und andere entwürdigende Maßnahmen sind unzulässig. (Bürgerliches Gesetzbuch, Buch 4 – Familienrecht (§§ 1297–1921), Abschnitt 2 – Verwandtschaft (§§ 1589–1772), Titel 5 – Elterliche Sorge (§§ 1626–1698b))

geschlagen werden, legen sich ein »dickes Fell« zu. Sie werden trotzig, sinnen auf Rache oder lassen ihre Wut an Schwächeren aus. Schläge sind eine Demütigung für ein Kind und ein Armutszeugnis für die Erwachsenen. Trotzdem gibt es Situationen, die Eltern alle guten Vorsätze vergessen lassen. Wie sollten Sie sich verhalten, wenn Ihnen trotz bester Vorsätze die Hand ausgerutscht ist? Ohne Wenn und Aber: Wenn Sie Ihr Kind geschlagen haben, dann sollten Sie sich auf jeden Fall bei ihm entschuldigen. »Entschuldigung, meine Nerven sind durchgegangen. Ich war wütend, dass du dich nicht anziehen lassen wolltest. Aber ich habe dich trotzdem lieb.« Gerade der letzte Satz ist ganz wichtig, damit Ihr Kind weiß, dass Sie sein Verhalten kritisieren, es als Person aber nicht in Frage gestellt haben. Manchmal hilft es, sich die Situation hinterher noch mal in Ruhe anzusehen und gedanklich durchzuspielen, was man in solchen Momenten tun könnte, um rechtzeitig die »Reißleine« zu ziehen. Dass Eltern erst gar nicht die Hand ausrutscht, dafür setzt sich auch der Deutsche Kinderschutzbund (DKSB) ein. Hier können Eltern in Seminaren lernen zu verhindern, dass sie überhaupt erst in solche eskalierende Situationen kommen. »Kinder brauchen Liebe, keine Hiebe« oder »Mein Kind ist unschlagbar« heißen diese Kurse und Broschüren. In einer Broschüre des DKSB steht: »Schlagen ist eine Kurzschlusshandlung, zu der es in Drucksituationen kommt. Sie verbauen sich damit aber den Weg, mit Ihren Kindern gut auszukommen.« Und weiter: »Mit Strafen, wie zum Beispiel Klapsen oder Einsperren, können Sie erst mal eine Unartigkeit unterbrechen und Ihrem Ärger freien Lauf lassen. Richtiges Verhalten bringen Sie Ihrem Kind damit aber nicht bei.«

Wie bleibe ich cool und gelassen?

Doch was tun, wenn man doch mal die Beherrschung verloren hat und das Kind angeschrien hat. Trösten? Ignorieren? Schmollen? Nein. Versuchen Sie direkt danach, mit Ihrem Kind zu sprechen und ihm Ihre Wut zu erklären. Versuchen Sie, ihm zu erklären, warum Sie so wütend waren. Nehmen Sie Ihr Kind in den Arm und bitten es um Verzeihung, allerdings nur für das »Ausrasten«, nicht für die Wut an sich. Wenn Ihr Kind etwas angestellt hat, das diese Wut ausgelöst hat, dann muss das jetzt zur Sprache kommen und Konsequenzen haben. Erklären Sie ihm in ruhigen Worten Ihre Sicht der Lage: dass Sie es nicht anschreien wollten, aber sich beispielsweise über den Ungehorsam sehr geärgert haben. Es ist wichtig, dass Sie Ihre Gefühle nicht verbergen, damit Ihr Kind diese kennenlernt. Anschließend ist es zwingend, sich zu versöhnen, zu kuscheln und zu schmusen. Stehen Sie zu Ihren Gefühlen und schlucken Sie nicht alles um »des lieben Friedens« willen. Keine Angst: Sie verlieren nicht die Liebe Ihres Kindes, wenn Sie Paroli bieten, sondern erlangen Respekt und Souveränität. Wenn Sie in der Lage sind, auch bei Kleinigkeiten zu Ihren Gefühlen zu stehen, profitieren Sie nicht nur selber davon, sondern auch Ihre ganze Familie und insbesondere auch Ihre Partnerschaft.

> **Am Rande**
> **VERZEIHEN ÜBEN**
> Das gegenseitige Verzeihen ist ein ganz bedeutsamer Bestandteil eines harmonischen Familienlebens. Sprechen Sie aus, was Ihnen nicht passt und zwar dann, wenn es angebracht ist und nicht erst Stunden später. Und nach einer ernst gemeinten Entschuldigung sollte wieder Ruhe und Frieden in der Familie einkehren.

Wohin mit der großen Wut?

Oft ist der Anlass scheinbar vollkommen nichtig: Die Socke sitzt schief, das Essen liegt in einem Haufen auf dem Teller statt in getrennten Portionen, Sie schenken Ihrem Kind Apfelsaft ein, obwohl es eigentlich Brause wollte. Solche »Nichtigkeiten« können reichen, um Ihr Kind förmlich explodieren zu lassen. Auch wenn es sich aus Frust jetzt nicht mehr unbedingt auf den Boden

schmeißt, wird es trotzdem Wege finden, diesen rauszulassen. Okay, aber bitte nicht auf Kosten Ihrer Geduld oder Ihrer Nerven. Zumal sich die Wut Ihres kleinen Zornnickels sicherlich nicht gegen Sie richtet, sondern in der Regel gegen sich selber oder gegen die Situation. Akzeptieren Sie seinen Ärger, aber nicht den Wutausbruch oder körperliche Attacken wie Beißen, Treten oder Schlagen. Lassen Sie Ihr Kind sich in seinem Zimmer oder an einem anderen Ort »abkühlen«. Danach sprechen Sie dann mit ihm über seinen Wutanfall. Versuchen Sie, Ihrem Kind zu erklären, dass es Sachen gibt, die einen wütend machen können, dass man aber diese Wut überwinden muss und dass man gemeinsam Lösungen finden kann. Lassen Sie keinen Zweifel aufkommen, dass es mit Wut- oder Trotzanfällen seine Ziele nicht erreicht. Nehmen Sie Ihr Kind immer wieder mal in den Arm und hören Sie ihm aufmerksam zu. So können Sie schon früh spüren, wenn sich ein Gewitter anbahnt und mit ihm über seine schlechte Laune sprechen, bevor ihm die Wut die Kehle zuschnürt. Und belohnen Sie verbale Konfliktlösungen mit viel Lob. Generell gilt: Positive, erwünschte Handlungen durch Lob bestärken, negative, unerwünschte Handlungen und Reaktionen weniger beachten.

Ist mein Kind muttertaub?

Sie reden, Sie mahnen, Sie schmeicheln, Sie drohen. Und was passiert? Nichts. Viele Eltern sind ratlos, weil ihre Kinder trotz ständiger Ermahnungen nicht auf sie hören wollen. »Muttertaub« nennen das die Pädagogen. Kommt Ihnen folgende Situation bekannt vor? Ihr Kind hat seine Auto-Rennstrecke quer durch die ganze Wohnung gebaut und räumt die Spielzeugautos trotz vieler Aufforderungen nicht auf, obwohl Sie staubsau-

gen wollen. In Ihrer Wut drohen Sie an: »Wenn du nicht aufräumst, schmeiße ich alle Sachen in den Müll.« Doch Ihrem Kind scheint das egal zu sein. »Macht sie ja doch nicht«, denkt es sich vielleicht. Ermahnungen und Belehrungen helfen in dieser Situation kaum. Selbst Drohungen prallen am Kind spurlos ab. Zudem reden viele Eltern unentwegt auf ihre Kinder ein, handeln aber zu wenig. Um dieser »akustischen Dauerberieselung« zu entgehen, schalten die Kleinen ihre Ohren auf Durchzug. Mit Erfolg: Letztlich räumt man dann doch die Spielzeugautos selbst ins Regal. Mit der fatalen Folge, dass Ihr Kind daraus lernt, dass es nur lang genug bockig sein muss, um Erfolg zu haben und keinerlei Regress zu erwarten hat, wenn es nicht gehorcht.

Wie bringe ich mein Kind zum Zuhören?

Ganz einfach: Weniger reden, mehr handeln! Und nur Konsequenzen androhen, die Sie auch durchsetzen können und wollen. Zum Beispiel: Wenn Sie Ihrem Kind androhen, dass Sie die kleinen Autos im Müll verschwinden lassen, werden Sie vielleicht selbst Ihre Probleme damit haben, das teure Spielzeug einfach so zu entsorgen. Besser: Sie kündigen an, dass Sie die Autos »aus dem Verkehr ziehen«. Auch das wird Ihr Kind treffen, ist aber für Sie leichter durchzusetzen. Oder Sie drohen Ihrer Tochter folgende Konsequenz für ihre Bockigkeit an: »Wenn du dich jetzt nicht anziehst, musst du im Schlafanzug zum Kindergarten.« Spätestens wenn Sie Ihre schreiende Tochter im rosa Frotteeanzug bei der Erzieherin abliefern, wird sich Ihr Kind gründlich überlegen, ob es diesen Kampf noch einmal riskiert. Je knapper die Ansage ist und je klarer die Konsequenz, desto leichter fällt es Ihrem Kind, sich an die Regel zu halten.

Am Rande

MUTTERTAUB

Tatsächlich habe ich Anlass, darüber nachzudenken, dass auch mein Sohn muttertaub ist. Wenn es ans Aufräumen geht, lässt er sich sehr bitten, jegliche Aufträge werden erst nach mehrfacher Aufforderung erfüllt. Ich bin immer erstaunt zu hören, dass er sich offenbar ganz anders verhält, wenn er bei seinen kleinen Freunden zu Besuch ist. Beim Abholen höre ich immer wieder: »Der ist doch prima – hört und tut alles, was man ihm sagt!« Warum nur nicht bei mir?

11. SEMESTER / 61–66 Monate

Gute Kommunikation

Sind Mütter-Sprüche unsterblich?

Haben Sie sich auch schon dabei ertappt, dass Ihnen einer jener gefürchteten Mütter-Sprüche über die Lippen kommt, wie »Setz dich nicht so nah an den Fernseher, sonst bekommst du viereckige Augen«, oder »Sprich nicht mit vollem Mund«? Ein komisches Gefühl, wenn man plötzlich merkt, dass man nun schleichend zu einer »echten« Mutter geworden ist. So manche Erinnerung an die eigene Kindheit und die eigenen Eltern ist dann wieder präsent. Waren unsere Eltern auch so wie ich jetzt bin? Diese Neuorientierung kann auch dazu führen, dass man seine Eltern und ihre Leistung in ganz neuem Licht sieht. Nutzen Sie diese Gedanken, um zu überlegen, was Ihnen Ihre Eltern an wertvollen Erinnerungen mitgegeben haben. Meist sind es gar nicht die spektakulären Ausflüge oder materielle Geschenke, sondern ganz alltägliche Erinnerungen, die uns unser Leben lang begleiten. Das kann das verführerisch duftende Plätzchenbacken sein, wenn die ersten Schneeflocken vom Himmel fallen oder das gemeinsame Modellflugzeugbauen mit dem Großvater. Diese ganz besonderen Kindheitserinnerungen können wir auch unseren Kindern schenken. Überlegen Sie sich, woran Ihr Kind sich eines Tages zurückerinnern wird. Und dann fragen Sie sich, ob Sie ihm genügend von diesen Glücksmomenten geben.

Wie spreche ich mit meinem Kind?

Kommunikationstrainer wissen um die Wirkung der richtigen Worte. Von ihnen lassen sich ein paar Tricks übernehmen, die auch im Kinderzimmer Wirkung zeigen.

Mit der Drohung »Entweder du ziehst jetzt die Jacke

an, oder wir bleiben den ganzen Tag zu Hause«, schaden Sie nur sich selbst. Ihr Kind will ja genau dieses erreichen, nämlich die frische Luft vermeiden und im Kinderzimmer abhängen. Versuchen Sie's mal so: »Willst du lieber die blaue Jacke oder den roten Anorak anziehen?«

Die meisten Ermahnungen beginnen mit »Du«. Das ist nicht nur in der Kommunikation mit Kindern so. Dabei machen »Ich-Botschaften« das Leben viel leichter. Sie sind sozusagen die Schmiere im Kommunikationsgetriebe. »Ich möchte, dass du dich sofort anziehst, sonst kann ich dich nicht mehr pünktlich zum Kindergeburtstag bringen« ist ganz bestimmt wirkungsvoller als »Zieh dich an, sonst bleibst Du hier«.

Vermeiden Sie Konditionalsätze wie »Entweder ... oder« und »Wenn nicht ... dann«. Ihr Kind fühlt sich davon nur unter Druck gesetzt. Und Druck erzeugt bekanntlich Gegendruck. Ihr Kind wird sich vielleicht mit einem Wutanfall wehren. Besser: Sie appellieren an seine Einsicht. »Ich weiß, dass du keine Lust hast, deine Autos aufzuräumen, aber ich kann das leider auch nicht machen, weil ich noch staubsaugen muss.« Das ist bestimmt wirkungsvoller. Außerdem: Das Selbstwertgefühl des Kindes wird nicht in Mitleidenschaft gezogen, es kann »das Gesicht wahren«.

EXPERTENTIPP

Auf Augenhöhe

Beim Gespräch mit Kindern spielt auch die unterschiedliche Körpergröße eine Rolle. Für ein intensives Gespräch mit ihrem Kind sollten sich die Eltern auf Augenhöhe begeben. Das heißt: Sie setzen sich neben Ihr Kind oder gehen in die Hocke. Und: Kleinkinder, die von Erwachsenen hinter sich hergezogen werden, können kaum zuhören.

11. SEMESTER / 61–66 Monate

Hilfe zur Selbständigkeit

Fördern – ja, aber wie?

Unbestritten gilt: Fördern – je früher, desto besser. Bereits im Säuglingsalter unterstützt die spielerische Förderung die Entwicklung der körperlichen und kognitiven Fähigkeiten. Nie wieder erleben Menschen einen so großen Entwicklungsschub wie in den ersten Jahren. Eine sinnvolle Förderung optimiert die Fähigkeiten Ihres Kindes und hilft ihm, Sprachverzögerungen oder motorische Schwächen frühzeitig auszugleichen. Doch fördern Eltern ihr Kind wirklich immer in den Bereichen, von denen es in seiner Entwicklung profitiert, oder werden manche Kinder hauptsächlich auf dem Gebiet gefördert, das ihre Eltern interessant und wichtig finden? Oder werden manche Kinder aus reinem Aktionismus in jegliche Richtung gefördert, um das Gewissen ihrer Eltern zu beruhigen, dass sie nichts versäumen? Ein Fußballprofi meldet sein Kind natürlich schon mit drei Jahren bei den Fußballzwergen an, ein Tennisspieler im Kindertennis. Vielleicht wären diese Kinder aber auch gute Handballer oder Musiker geworden. Natürlich ist es unmöglich, jedem Kind jegliche Förderung zu erteilen, dennoch sollten die Eltern bei ihrer Vorauswahl die Wünsche, Stärken und Interessen ihrer Kinder akzeptieren. Fördern Sie die Stärken Ihres Kindes, das gibt ihm schnell Erfolgserlebnisse und Selbstvertrauen. Um Ihr Kind richtig zu fördern, müssen Sie es aber erst einmal richtig einschätzen können. Es hat wenig Sinn, ein motorisch noch ungeschicktes Kind mit einem Golf- oder Tenniskurs zu (über)fördern. Frust und Lustlosigkeit sind dann programmiert. Es wird den Ball wiederholt nicht treffen und vom Trainer irgendwann nur noch zum Bälle-Sammeln eingeteilt werden. Gut gemeint ist eben nicht im-

EXPERTENTIPP

Talente fördern

Die moderne Psychologie geht davon aus, dass Begabung und Können bis zu einem gewissen Grad durch das Angebot von Lerninhalten bestimmt werden. Jedes Kind kann beispielsweise Malen lernen, wenn es ausreichend unterrichtet wird. Es wird die verschiedenen Maltechniken kennenlernen und anwenden können. Ob es aber wirklich »gut« malen kann, entscheidet dann doch letztlich das angeborene Talent. Auf der anderen Seite verkümmern auch angeborene Talente und Fähigkeiten, wenn sie nicht trainiert werden.

mer gut gemacht. Statt das Kind zu fördern, verliert es dann noch an Selbstbewusstsein und Selbstvertrauen und wird frustriert. Bieten Sie ihm vielleicht lieber ein Koordinationstraining an, das seine Schwächen ausgleicht und es motorisch unterstützt und stärkt. Ein Jahr später haben sich dann seine motorischen Fähigkeiten und die Hand-Augen-Koordination deutlich verbessert. Dann wird Ihr Kind auch in einem Tenniskurs von Anfang an mehr Spaß und Erfolgserlebnisse erfahren.

Ein Terminkalender für Fünfjährige?

Viele Eltern scheuen weder Kosten noch Mühen, wenn es darum geht, ihr Kind optimal zu fördern. Malkurse, Ballettunterricht, Fußballtraining, Englischunterricht: Manche Fünfjährige haben einen volleren Terminkalender als berufstätige Erwachsene. Die Vielzahl der Aktivitäten führt jedoch nicht unbedingt zu einer Potenzierung der Stärken oder Fähigkeiten des Kindes. Denn dem Wunsch der Eltern nach optimaler Förderung wird so das Wertvollste geopfert, das Kindergartenkinder haben: ihre Zeit für sich! Zeit, um einfach nur selbstvergessen zu spielen, Zeit zum Träumen, zum Forschen und Entdecken. Manchmal werden nur die kognitiven Fähigkeiten stimuliert und die emotionalen und sozialen Bedürfnisse des Kindes vernachlässigt. Denn eine optimale Förderung bezieht auch die kleinen unscheinbaren Dinge des Alltags mit ein, die Ihr Kind ohne großes Aufheben weiterbringen, wie beispielsweise das Marmeladenglas selbst zu öffnen, sich ein Glas Milch alleine einzuschenken oder das Brot selbst zu beschmieren. Lassen Sie Ihr Kind mithelfen, wo immer es geht. So lernt Ihr Kind garantiert mehr, als wenn Sie es vor eine pädagogisch wertvolle Fernsehsendung setzen,

> **Am Rande**
> **KEINE SPEZIALISIERUNG**
> Vermeiden Sie bei allen Aktivitäten, die Sie Ihrem Kind anbieten, eine zu frühe Spezialisierung. Ein Kurs zur musikalischen Früherziehung ist beispielsweise für die musische Entwicklung viel sinnvoller als die frühe Spezialisierung auf ein einzelnes Instrument.

damit Sie in dieser Zeit in Ruhe aufräumen können. Nicht jeder Tag sollte verplant werden. Lassen Sie dem Kind mindestens drei freie Nachmittage in der Woche, an denen es sich an einen ruhigen Ort zurückziehen kann, Zeit zum Spielen hat oder Verabredungen in eigener Regie treffen kann. Viele Kinder entspannen sich besonders gut bei ausgiebigem Toben oder bei einer schönen Gutenachtgeschichte. Eltern sollten ihrem Kind auch hier als Vorbild dienen und ihm zeigen, wie man Ruhe und Erholung einsetzt, um mit Anforderungen besser zurechtzukommen.

Wobei kann mir mein Kind helfen?

»Große« Kindergartenkinder freuen sich, wenn ihnen Aufgaben zugeteilt werden. Sie fühlen sich dann ernst genommen in ihrer Rolle als vollwertiges Familienmitglied. Neben der Motorik wird die soziale Kompetenz und Selbständigkeit Ihres Kindes gefördert. Sein Kindergartenkind optimal zu fördern heißt auch, dass Sie ihm im Alltag spielerisch Möglichkeiten bieten, sich weiterzuentwickeln, und sich ihm zuzuwenden. Leichte Hausarbeit fördert die grob- und feinmotorischen Fähigkeiten Ihres Kindes und stärkt seine Sozialkompetenz, wenn es für bestimmte Bereiche im Haus für die Familie Verantwortung übernimmt. Betrachten Sie daher jede Hilfe, die von Ihrem Kind kommt, als Training zur Selbständigkeit. Das bedeutet aber auch, dass Sie Ihr Kind nicht mit Aufträgen überhäufen oder als Putzhilfe betrachten. Im Haushalt gibt es viele Möglichkeiten zur Mithilfe für Ihr Kind. Ein paar Beispiele: beim Wäschezusammenlegen helfen, Socken sortieren, Unterhöschen auf einen Stapel legen, Handtücher falten, Besteck in die Schublade einsortieren, Blumen gießen, Paprika und Gurke schneiden, kleine Einkäufe erledi-

---

Am Rande
QUALITÄTSZEIT
Als berufstätige Mutter hatte ich oft ein schlechtes Gewissen, weil ich weniger Zeit für meine Kinder habe. Inzwischen weiß ich, dass es nicht darauf ankommt, wie viele Stunden ich für meine Kinder aufbringe, sondern wie ich die Zeit mit ihnen nutze. Pädagogen sprechen deshalb von Qualitätszeit. Ein kurzes intensives Gespräch, bei dem Sie genau zuhören, das gemeinsame Betrachten eines Bilderbuchs, das gemeinsame Erforschen eines Stückchens Natur, das alles kann Qualitätszeit sein, aber auch eine gemeinsame Mahlzeit mit einem guten »Tischgespräch« gehört dazu.

gen, zum Briefkasten gehen und Post einwerfen, den Tisch decken, benutzte Wäsche in den Wäschekorb bringen, Getränke auf den Tisch stellen.

Fördern kommt von Fordern und das bedeutet, altersgerechte Aufgaben zu stellen, für deren Erfüllung sich das Kind auch mal anstrengen muss. Für die optimale Förderung gibt es allerdings kein Patentrezept, sie richtet sich nach der Persönlichkeit Ihres Kindes. Wenn Sie Ihr Kind mit viel Liebe und Einfühlungsvermögen beobachten und begleiten, werden Sie erkennen, wo seine individuellen Entfaltungsmöglichkeiten sind. Sprechen Sie bei der anstehenden U9 auch mit Ihrem Kinderarzt über dieses Thema. Er kann die Stärken und Schwächen Ihres Kindes gut einschätzen und Ihnen zu bestimmten Förderungsmöglichkeiten raten.

Ich hätte so gern ein Tier

Welches Tier passt zu meinem Kind?

Wenn Kinder sich ein Haustier wünschen, sind nicht alle Eltern begeistert. Für ihre Skepsis gibt es durchaus Gründe. Sie rechnen ganz realistisch von vornherein damit, dass sie selbst das Tier versorgen müssen. Kinder mit fünf Jahren sind überfordert, wenn sie allein die Verantwortung für ein Haustier übernehmen sollen. Sie sind noch nicht fähig, regelmäßig und zuverlässig an das Füttern und Sauberhalten eines Tieres zu denken. Andererseits: Tiere können Kindern viel geben. Viele Kinder bauen eine sehr enge Beziehung zu dem Tier auf. Sie lernen, Verantwortung zu übernehmen. Tiere zeigen Kindern durch ihr Verhalten, wo Grenzen liegen. Kinder haben in ihrem Tier einen Freund, dem man alles anvertrauen kann. Tiere erwidern offen Liebe und Zuneigung.

11. SEMESTER / 61–66 Monate

Die tierischen Eigenarten und Bedürfnisse muss man kleinen Kindern behutsam erklären: Warum die Katze faucht oder der Hund knurrt, wieso der Hamster flüchtet vor all den Zärtlichkeiten oder der Wellensittich in Panik gerät angesichts der Kinderhand, die sich nähert, kann ein fünfjähriges Kind noch nicht ohne Erklärung verstehen.

Welches Tier in welchem Alter?

Ab dem fünften und sechsten Lebensjahr sind Kleintiere wie Meerschweinchen (bitte Paarhaltung, da sich ein Meerschweinchen schnell sehr einsam fühlt) oder Zwergkaninchen geeignete Tiere. Sie sind leicht zu halten und gewöhnen sich schnell an Menschen. Gar nicht geeignet sind dagegen Hamster. Sie sind nachtaktiv und möchten tagsüber schlafen. Für sie ist es eine Quälerei, wenn sie zum Spielen aufgeweckt werden. Katzen und Hunde sind Tiere für die ganze Familie. Kleine Katzen haben einen ausgeprägten Spieltrieb und sind sehr verschmust. Katzen sind eigenwillig und fordern Respekt. Hunde sind ideale Spielkameraden. Sie müssen allerdings mehrmals täglich Gassi geführt werden. Informieren Sie sich genau, welche Hunderasse Sie wählen. Wenn Sie einen Hund oder eine Katze neu anschaffen wollen, ist jetzt Ihr Kind im richtigen Alter dafür. Für einen größeren Hund sollte sein kindlicher Begleiter aber wenigstens zehn Jahre alt sein.

> **EXPERTENTIPP**
>
> **Familienkonferenz**
> Unabhängig von der Art des Tieres, das Sie sich anschaffen möchten, sollten Sie zuerst eine Art Familienkonferenz abhalten, bei der alle positiven und negativen Aspekte auf den Tisch kommen. Dabei geht es um ganz handfeste Fragen wie: »Haben wir genügend Platz, wer kümmert sich um Sauberkeit und Pflege und wie hoch wird die finanzielle Belastung durch Futter, Zubehör und Tierarztrechnungen sein?«

Was ist vorab zu bedenken, wenn ein Tier in die Familie kommen soll?

Zu oft landen sogenannte Geburtstagsgeschenke, Oster-Hasen oder Weihnachts-Mäuse, wieder im Tierheim. Eine Qual für das Tier. Eine große Enttäuschung für Ihr Kind. Machen Sie aus einem Tier kein Überraschungsgeschenk. Besprechen Sie vorab mit Ihrem Kind das Für und Wider. Bedenken sollten Sie: 1. Was steht im Mietvertrag? Ist zum Beispiel Hundehaltung erlaubt? Bietet die Wohnung oder das Haus ausreichend Platz? Tiere, auch Kleintiere, brauchen Auslauf und Spielmöglichkeiten. 2. Hat Ihr Kind und haben Sie genügend Zeit für ein Tier? Hier geht es nicht nur ums Füttern und Käfigreinigen, sondern um echte Spielstunden und Anregungen durch den Menschen, egal ob für einen Wellensittich (bitte paarweise halten, da sie sonst vereinsamen) oder eine Katze. 3. Wie steht es um die Kosten? Futter, Pflege, Haftpflicht-Versicherung, Impfungen und tierärztliche Betreuung und Behandlung belasten das Familienbudget. Wenn Sie zu all dem Ja sagen können, dann kann eine Entscheidung für ein Tier auch ein Ja zu einer wunderbaren Erfahrung und Bereicherung werden.

Sind Tiere Spielgefährten?

Achtung: Tiere sind Lebewesen und kein Spielzeug und auch keine Spielgefährten. Tiere haben artgemäße Bedürfnisse, die Kinder weder kennen noch alleine erfüllen können. Sie sollten Ihrem Kind deshalb nur ein Tier schenken, wenn auch Sie an diesem Tier Interesse haben. Letztendlich sind Sie dafür verantwortlich, ob ein Tier sich wohlfühlt, ob es gesund ist und ob es richtig gepflegt und gefüttert wird. Nur Sie erkennen erste Krankheitsanzeichen oder ob sich im Verhalten eines Tieres etwas ändert. Tiere sind eigenständige Wesen,

EXPERTENTIPP
Baby mit Hund

Gewöhnen Sie Ihren Hund langsam an Ihr Baby. Lassen Sie ihn an der benutzten Windel des Babys riechen. Belohnen Sie ihn mit Futterspielen. Gehen Sie mit Hund und Baby spazieren, lassen Sie ihn am Baby schnuppern, belohnen und loben Sie ihn. Im Krabbelalter sind Hundedecke, Hundeknochen und Futterplatz des Hundes für Ihr Baby verboten.
Auch muss Ihr Hund einen Rückzugsplatz haben, der für Ihr Kind tabu ist. Schon Kinder im Alter von zwei Jahren lernen, dass man den Hund beim Fressen nicht stört und er Ruhephasen braucht. Und vor allem, dass ein Tier kein Spielzeug ist. In keiner Situation sollte Ihr Kind mit dem Hund allein gelassen werden. Diese Regeln gelten auch für Großeltern mit Hund.

11. SEMESTER / 61–66 Monate

EXPERTENTIPP

Von Tieren lernen

Professor Dr. Giselher Guttmann und Dr. Michaela Zemanek vom Psychologischen Institut der Universität Wien haben in einer Studie festgestellt, dass Kinder, die gemeinsam mit einem Tier aufwachsen, Fähigkeiten wie Rücksichtnahme, Hilfsbereitschaft und Verantwortungsgefühl schneller und besser entwickeln als andere. Erhöhte Kontaktfreudigkeit und leichtere Eingliederung in die Gemeinschaft gehören ebenso zu den positiven Auswirkungen des Zusammenlebens mit Tieren wie die bessere Bewältigung von Schulproblemen.

die Fürsorge, Aufmerksamkeit und Liebe brauchen von der ganzen Familie, denn sie sind, wie Meerschweinchen, Hund oder Katze, Familienmitglieder, die auch Zeit und Geld kosten. Tiere haben von Ihrem Kind unabhängige Bedürfnisse, auch wenn sie im Leben Ihrer Kinder einen wichtigen Platz einnehmen.

Kommt ein Tier ins Haus, erhalten Sie gleichzeitig ein neues Familienmitglied. Für die Versorgung und Pflege dieses kleinen Schützlings ist die ganze Familie zuständig. Wenn Sie sich für ein Tier entscheiden, heißt das »mit Haut und Haar«. Das Tier mag Ihrem Kind »gehören«, aber die Pflege und Fürsorge obliegt der ganzen Familie. Gehen Sie mit gutem Beispiel voran, aber nehmen Sie Ihrem Kind nicht alle unangenehmen Pflichten ab. Wenn Sie jedoch von Anfang an Ablehnung zeigen und mit dem Argument: »Es war dein Wunsch, du wolltest doch ein Tier, also kümmer dich auch darum« das Tier ignorieren und ablehnen, verliert Ihr Kind schnell die Lust an dem neuen Freund. Verteilen Sie lieber die Aufgaben gerecht auf alle Schultern, fordern dann die Einhaltung konsequent ein und behandeln das Tier liebevoll und verantwortungsbewusst. Ihr Kind wird dann dieses Verhalten nachahmen.

12. Semester / 67–72 Monate

»Auf dem Weg zur Schule«

Mit diesem Semester nehmen Sie und Ihr Kind Abschied. Sie nehmen Abschied von der Eltern-Uni, die Sie jetzt fast sechs Jahre besucht und mit einem symbolischen Diplom abgeschlossen haben. Aber auch für die meisten Kinder heißt es jetzt Abschied nehmen. Sie wechseln vom Kindergarten in die Schule. Eine aufregende Zeit, in der sich freudige Erwartungen und vielleicht Ängste vor der Veränderung abwechseln. Wie bereite ich mein Kind am besten auf den Schulstart vor? Ist es wirklich schon fit für die Schule oder würde es mehr von einem weiteren Jahr im Kindergarten profitieren? Unterfordere ich es dort oder überfordere ich es in der Schule? Diese Fragen werden Sie in den nächsten Monaten immer wieder beschäftigen.

12. SEMESTER / 67–72 Monate

Kommt es Ihnen auch so vor, als wenn es erst gestern war? Sie erinnern sich bestimmt noch genau an die Anspannung, die der erste Kindergartentag mit sich gebracht hat. Fast drei Jahre sind seitdem vergangen und Ihr Kind gehört inzwischen zu den »großen« Kindergartenkindern. Routiniert und selbstverständlich meistert es seinen Kindergartenalltag und bewegt sich sicher in bekanntem Terrain. Doch wird sich dieser vertraute Zustand bald ändern. Mit dem Verlassen des Kindergartens lässt Ihr Kind auch seine »frühe« Kindheit hinter sich. Im Kindergarten wird es jetzt auf die Anforderungen der Schule vorbereitet. Es lernt, sich in Gruppen einzufügen und mit den anderen Kindern gemeinsame Ziele zu verfolgen. Es wird zum Team-Player, wie das im Arbeitsleben heute heißt. Moralische Prinzipien wie Gleichheit, Gerechtigkeit und das Einhalten von gemeinsam aufgestellten Regeln bekommen eine größere Bedeutung. Die ersten Erfolge beim Lösen der Vorschulaufgaben bestärken Ihr Kind in seinem Wunsch, bald zur Schule zu gehen. Ihr Kind will jetzt zeigen, was es alles schon kann. Seine ausgeprägte Neugier und sein großes Interesse an seiner Umwelt kann der Kindergarten nicht mehr lange befriedigen.

Die Schule ruft

Brauchen wir eine andere Vorschule?

Die Vorschule ist bei uns keine offizielle Einrichtung mit einem festgelegten Bildungsplan, sondern wird von Bundesland zu Bundesland und von Kindergarten zu Kindergarten unterschiedlich gehandhabt. Gemeinhin versteht man darunter eine Art Vorstufe, die auf die

Grundschule vorbereiten soll. Die Kindergärten haben zwar einen Bildungsauftrag, für die pädagogischen Inhalte gibt es aber keine allgemein verbindlichen Lehrpläne. Sie liegen im Ermessen der jeweiligen Einrichtung. Das bedeutet: Jeder Kindergarten kann die Vorschule gestalten, wie es sein Träger will und wie es die Erzieherinnen bewältigen können. Nicht immer sind die Voraussetzungen dafür optimal. Spätestens seit dem schlechten Abschneiden deutscher Schüler in der internationalen PISA-Studie wird deshalb auch über die vorschulische Bildung im Kindergarten heftig diskutiert. Bildungsexperten sehen das schlechte Abschneiden der deutschen Schüler nämlich auch darin begründet, dass zu spät begonnen wird, Grundlagen für erfolgreiches Lernen zu legen. In Wissenschaft, Forschung und Politik wird die Forderung nach frühkindlicher Förderung unüberhörbar. Erkenntnisse der Lernforschung zeigen nämlich, dass Kinder im Vorschulalter besonders lernfähig und lernwillig sind. Sie wollen ihre Welt entdecken und verstehen. Ihren Wissensdurst und die Kapazitäten sollte man nicht ungenutzt lassen. In Deutschland schaut man inzwischen gern nach Finnland. Finnland hat eines der erfolgreichsten Bildungssysteme weltweit. Was also machen die Finnen besser als andere Nationen?

In Finnland wird traditionell großer Wert auf die frühe Bildung der Kinder gelegt. Das setzt aber auch eine hohe Qualifikation des pädagogischen Personals voraus. In Finnland hat die Qualifikation sämtlicher Fachkräfte und Pädagogen im Kindergarten- und Vorschulbereich höchste Priorität im Bildungswesen. Eine frühe Förderung und Bildung bedeutet allerdings nicht automatisch eine frühere Einschulung. Eher im Gegenteil: Finnische Kinder werden erst relativ spät einge-

EXPERTENTIPP

Soziale Herkunft

In der Bundesrepublik hängt der Bildungserfolg stärker als in anderen Ländern von der sozialen Herkunft ab. Schüler, die zu Hause keine Förderung erhalten, lernen weniger. Die Regelschule scheint nicht in der Lage zu sein, diesen Nachteil auszugleichen. Möglicherweise ist die Ganztagsschule dafür besser geeignet. Jedenfalls zeigt die PISA-Studie, dass Länder, in denen die Ganztagsschule die Regel ist, auf diesem Gebiet besser abgeschnitten haben.

12. SEMESTER / 67–72 Monate

EXPERTENTIPP
Zu spät in die Schule?
In der aktuellen Bildungsdiskussion wird auch argumentiert, dass Kinder in Deutschland zu spät in die Schule kämen. Als leuchtende Beispiele werden dann Schulsysteme anderer Staaten angeführt, in denen die Kinder mit vier oder fünf Jahren eingeschult werden. Doch diese Beispiele halten einem genauen Vergleich nicht stand, weil in diesen Schulen zum Start die Fähigkeiten angesprochen werden, um deren Entwicklung sich in Deutschland der Kindergarten kümmert.

schult, und zwar im Durchschnitt mit sieben Jahren. Bei uns liegt der Durchschnitt bei 6,7 Jahren

Ist mein Kind schon fit für die Schule?
Der Übergang zum Schulkind beginnt während der Kindergartenzeit und endet während des ersten oder zweiten Schuljahres. Eltern sollten ihrem Kind dabei helfen, seine neue Identität als Schulkind zu finden und zu entwickeln. Mit großen Schritten kommt jetzt dieser neue Lebensabschnitt auf Sie und Ihr Kind zu. Und vielleicht fragen Sie sich: Soll mein Kind mit fünf, sechs oder sieben Jahren in die Schule? Das hängt vom Einschulungsstichtag ab, in den meisten Bundesländern ist dieser am 30. Juni. Kinder, die nach dem Einschulungsstichtag geboren wurden, können im neuen Schuljahr eingeschult werden – müssen aber nicht. Ob Sie Ihr Kind vorzeitig einschulen oder ihm noch ein Jahr im Kindergarten gönnen sollen, ist schwer zu sagen. Woran können Sie sich orientieren? Ist das kalendarische Alter des Kindes entscheidend? Oder sind es seine kognitiven Fähigkeiten? Es gibt Hinweise, die über die Schuleignung Ihres Kindes Auskunft geben können. Ein Schulkind muss die nötigen körperlichen, geistigen und sprachlichen sowie emotionalen und sozialen Voraussetzungen mitbringen, um nicht von Anfang an den Spaß am Lernen zu verlieren. Denn die ersten Lern- und Schulerfahrungen prägen die gesamte Schullaufbahn – oft leider auch negativ. Viele Kinder lehnen Schule und schulisches Lernen dauerhaft ab, weil sie sich am Anfang überfordert gefühlt haben. Andererseits sind viele zurückgestellte Kinder in ihrem letzten Kindergartenjahr deutlich unterfordert. Sie langweilen sich, weil ihre frühe Bildungs-

bereitschaft im Kindergarten nicht mehr befriedigt wird. So kommt es in den Grundschulen zu eigenartigen Konstellationen: Zurückgestellte Kinder sind an ihrem ersten Schultag vielleicht schon weit über sieben Jahre alt und treffen auf Kinder, die erst im Laufe des ersten Schuljahres ihren sechsten Geburtstag feiern werden. Auch wenn letztlich die Schulleitung über Zurückstellungen und vorzeitige Einschulungen entscheidet, die Vorentscheidung treffen die Eltern. Sie müssen einen gut begründeten Antrag einreichen und verantworten. Bei der Entscheidung für eine frühzeitige Einschulung oder eine Zurückstellung können Ihnen Gespräche mit dem Kinderarzt, den Erziehern des Kindergartens, der Schule und natürlich mit der eigenen Familie helfen. Bedenken bei einer geplanten vorzeitigen Einschulung sollten Sie haben, wenn Ihr Kind zum Beispiel

* noch sehr klein ist und insgesamt sehr kindlich wirkt,
* kaum einen Ranzen mit Inhalt allein tragen kann,
* eine starke Neigung zu Allergien oder Infektionskrankheiten hatte oder noch hat,
* durch eine längere Krankheit oder einen Unfall eine Ausfallzeit erlitten hat,
* nach dem Kindergarten müde und erschöpft wirkt und vielleicht noch unbedingt einen Mittagsschlaf braucht,
* Probleme in der grobmotorischen Koordination (Radfahren, Balancieren, Klettern) oder in der feinmotorischen Koordination (Ausmalen und Ausschneiden, Basteln) hat.

Früher oder später einschulen?

Schule mit fünf liegt absolut im Trend. Immer mehr Eltern wollen ihre Kinder so früh wie möglich fördern. Ob immer zu ihrem Nutzen, ist allerdings fraglich. Die Zahl

---

Am Rande

FRÜHREIFE MÄDCHEN

Eine Schulpsychologin hat mir mal erklärt, dass man bei einem Mädchen eher an eine vorzeitige Einschulung denken kann als bei einem gleichaltrigen Jungen. Die meisten Mädchen hätten zwischen fünf und sieben Jahren in jeder Hinsicht einen deutlichen Entwicklungsvorsprung vor den Jungen. Erst bei den 14- bis 15-Jährigen sei wieder etwa ein Gleichstand der Entwicklung erreicht. Das stimmt nach meinen Erfahrungen: Meine Tochter wäre mit knapp sechs Jahren reif für die Schule gewesen und wurde als »Kann-Kind« nicht genommen. Mein Sohn hingegen musste mit sechs Jahren und wenigen Monaten seine Schulzeit beginnen, obwohl wir ihm gerne noch mehr Entwicklungszeit gegönnt hätten.

12. SEMESTER / 67–72 Monate

EXPERTENTIPP

Kann-Kinder

Als Kann-Kinder bezeichnet man Kinder, die nach einem bestimmten Stichtag ihren sechsten Geburtstag feiern. In den meisten Bundesländern ist der 30. Juni der Stichtag. Wer vor diesem Stichtag sein sechstes Lebensjahr vollendet hat, muss im folgenden Schuljahr eingeschult werden und gilt als Muss-Kind. Wer nach diesem Stichtag geboren wurde, kann eingeschult werden. Die Einschulung ist in diesem Fall freiwillig, daher die Bezeichnung »Kann-Kind«. Der Einschulungsdurchschnitt liegt momentan bei 6,7 Jahren.

derer, die vor dem sechsten Geburtstag in die Schulen geschickt werden, hat sich in den letzten Jahren fast verdreifacht: Bis Mitte der Neunzigerjahre waren es nur 2,5 Prozent, 2006 lag die Quote der Frühstarter bereits bei 7,3 Prozent. Gleichzeitig lassen immer weniger Eltern ihre Kinder ein Jahr zurückstellen. Woran liegt das und dient diese Entwicklung den Kindern? Trend hin oder her: Ältere Schulanfänger sind in den Anfangsjahren eindeutig im Vorteil. Der Wissenschaftler Patrick Puhani vom Institut für Arbeitsökonomik an der Uni Hannover ist in einer Studie zu dem Ergebnis gekommen: »Kinder, die mit ungefähr sieben Jahren eingeschult werden, sind erfolgreicher.« Sie schnitten am Ende ihrer Grundschulzeit bei Tests besser ab und waren ihren jüngeren Klassenkameraden im Leseverständnis deutlich überlegen. Und: Die älteren Schüler schafften öfter den Sprung aufs Gymnasium.

Schulreife

Was muss ein Schulkind können?

Still sitzen, konzentriert zuhören, selbständig arbeiten: Die Schulzeit bringt viel Neues für ein Kind. Das ist spannend und aufregend, aber auch anstrengend. Bei der Schulreife achten die Pädagogen auf folgende Aspekte:

✱ Kann Ihr Kind mindestens eine halbe Stunde lang ohne Probleme still sitzen und konzentriert mitarbeiten?

✱ Kann Ihr Kind seine Bewegungen vernünftig koordinieren?

✱ Lässt sich Ihr Kind motivieren und ist es bereit, sich anzustrengen?

- Spricht es grammatikalisch korrekt und deutlich?
- Kann es sich einfache Sachverhalte merken und wiedergeben?
- Kann Ihr Kind mit der Schere umgehen, Stifte korrekt festhalten, einfache Formen, Buchstaben und Zahlen nachmalen und ein Bild ausmalen, ohne über den Rand zu kritzeln?
- Kann es einer Geschichte folgen, sie verstehen und anschließend sinngemäß nacherzählen?
- Kann es einfache Arbeitsaufträge verstehen und selbstständig ausführen?
- Kann es Laute wie B, P oder U und O sicher unterscheiden?
- Braucht es noch eine enge Bezugsperson oder kann es sich auf unbekannte Personen einstellen und sich problemlos mehrere Stunden von den Eltern entfernen?
- Kann es Enttäuschungen und Frust aushalten und eigene Wünsche zurückstellen?
- Kann es sich alleine an- und ausziehen und selbständig zur Toilette gehen?
- Akzeptiert es soziale Regeln wie Zuhören und Ausreden lassen?

EXPERTENTIPP

Schuleignung

Pädagogen und Kinderpsychologen sind sich einig, dass sich die jüngsten Kinder in der Grundschule viel schwerer tun als die älteren. Eine These, die von vielen Untersuchungen gestützt wird. So kam eine aktuelle Studie zu dem Ergebnis, dass vorzeitig eingeschulte Kinder bis zum Ende der zehnten Klasse fast doppelt so häufig sitzen bleiben wie regulär eingeschulte Kinder.

Was passiert bei der Schuleingangsuntersuchung?

Noch vor Schulbeginn bekommen Sie eine schriftliche Einladung zur Schuleingangsuntersuchung (SEU). Diese soll klären, ob Ihr Kind den Anforderungen der Schule schon gewachsen ist. Die Untersuchung wird meist im Gesundheitsamt oder in der zuständigen Grundschule durchgeführt. Dabei stellt der Schularzt fest, ob Ihr Kind aus ärztlicher Sicht »schulreif« ist. Ihre Angaben und die Ergebnisse des Tests werden vertraulich behandelt

12. SEMESTER / 67–72 Monate

und nicht an die Schule weitergeleitet. Denn auch der Schularzt unterliegt der ärztlichen Schweigepflicht. Der Schularzt überprüft den körperlichen und kognitiven Entwicklungsstand Ihres Kindes, testet seine Seh- und Hörfähigkeiten, lässt Ihr Kind auf einem Bein hüpfen, einen Ball fangen und auf einer Linie balancieren. Er prüft die Sprachkompetenz, indem er sich eine Bildergeschichte erzählen lässt. Kann Ihr Kind einen Menschen zeichnen und eine Figur ausmalen? Erfasst es verbale Aufgabenstellungen? Kann es sich selber an- und ausziehen? Hält es im Gespräch Augenkontakt und hört konzentriert zu? Im Anschluss an diese Untersuchung spricht der Schularzt mit Ihnen über seine Beobachtungen.

Das hilft: Fördern und vorbereiten

**Auf die Plätze, fertig, los!
Wie verläuft der Endspurt bis zur Schule?**

Gegen Ende des fünften Lebensjahres verfügt Ihr Kind bereits über die Fähigkeit zur Reflexion, die ihm ermöglicht, aus Erfolg und Misserfolg Konsequenzen zu ziehen. Die spontane Leistungsbereitschaft resultiert aus der realistischen Selbsteinschätzung seiner eigenen Leistungsfähigkeit. Anders gesagt: Ihr Kind wählt jetzt eher Aufgaben aus, die seinen Fähigkeiten entsprechen und dadurch zum schnellen Erfolg führen. Manche Kinder bemühen sich mit großer Ausdauer, diese Aufgaben zu bewältigen, und stürzen sich mit Begeisterung auf unbekannte Herausforderungen. Andere Kinder wiederum gehen auf Nummer sicher und eventuellen Misserfolgen lieber aus dem Weg, indem sie auf einem leicht erreichbaren Niveau verharren und nur ungern an ihre eigene Leistungsgrenze gehen. Sie beschäftigen sich lieber mit leichten Puzzles, mit wenig Teilen, die sie rasch zusammenfügen können, als mit einem schwereren Bild, das viele Teile enthält und damit mühsamer zu bewältigen ist.

Beim »schulbereiten« Kind entwickelt sich immer stärker das Bedürfnis, zu einer Gruppe gleichaltriger Kinder zu gehören. Sechsjährige Kinder wollen aktiv am Gruppenleben teilhaben, sie wollen dazugehören und gern »Amtsträger« sein. Deshalb sind in der Schule die »Ämter« des Tafelwischers, Hefteausteilers oder Blumengießers bei den Kindern so beliebt und werden mit großer Begeisterung freiwillig erledigt. Neben den sozialen Kompetenzen spielt der kognitive Entwicklungsstand Ihres Kindes eine bedeutende Rolle. Der Grundwortschatz eines Schulanfängers umfasst durchschnittlich 2500 Wörter. Das Zählen gelingt schon bis etwa zehn oder gar bis 20, das Rechnen bis fünf. Eine gut ausgebildete Graphomotorik befähigt das Kind, Linien nachzufahren und nicht über den Rand zu zeichnen.

Im Vorschulalter sind die Kinder nur zu einer interessensgeleiteten Konzentration fähig. In der Schule wird jedoch von ihnen erwartet, dass sie auch Aufgaben erledigen, die keinen Spiel- oder Spaßcharakter haben. Und noch ein wichtiger Entwicklungsschritt muss erfolgen. Mit etwa sechs Jahren bildet sich erstmals ein Alpha-Rhythmus im Gehirn aus, durch den willkürliche Entspannung möglich wird. Konzentriertes Arbeiten und somit gute Leistungen sind nur dann möglich, wenn sich gleichzeitig auch die Fähigkeit entwickelt hat, sich nach der Konzentrationsphase gezielt entspannen und ausruhen zu können.

> Am Rande
>
> ## REALISTISCH BLEIBEN
>
> Machen Sie Ihr Kind nicht »heiß« auf die Schule, solange die Entscheidung für oder gegen Einschulung noch in der Schwebe ist. Die Enttäuschung ist sonst zu groß. Ihr Kind wird sich möglicherweise als Versager fühlen, wenn es zurückgestellt wird. Vermitteln Sie bitte auch kein falsches Bild von der Schule. Genauso wie jedes Drohen mit dem kommenden Schulbesuch (»Da wirst du endlich lernen, den Mund zu halten!«) strikt verboten ist, sollten Sie die Schule auch nicht euphorisch hochjubeln (»Das ist die schönste Zeit deines Lebens!«). Sonst wecken Sie unrealistische Erwartungen!

Wie kann ich mein Kind zu Hause fördern?

Selbständigkeit

Die beste Methode, Ihr Kind fit für die Schule zu machen, ist, es an Ihrem Alltag teilnehmen zu lassen und es am Haushalt, an der Gartenarbeit, dem Einkaufen und Autowaschen zu beteiligen. Dieses »Hometraining« fördert die Grob- und Feinmotorik und damit die geistigen Fähigkeiten. Wenn Sie Ihr Kind bei der Essenszubereitung mithelfen lassen, stimuliert das die Sinne wie den Tast-, Geruchs-, Geschmackssinn. Geben Sie ihm ein eigenes Messer und eine gut zu bewältigende Aufgabe wie die Paprika oder Gurke für den Salat zu schneiden. Damit lassen Sie Ihr Kind nicht nur an Ihrer Arbeit teilhaben und vermitteln ihm das Gefühl schon groß zu sein, sondern Sie können sich auch noch nebenbei mit ihm über seinen Tag unterhalten. Betrauen Sie es mit kleinen Aufgaben wie beispielsweise zum nahe gelegenen Bäcker zu gehen und einzukaufen. Lassen Sie es sein Kindergartenbrot selber schmieren, so steigt nebenbei auch noch die Wahrscheinlichkeit, dass es aufgegessen und nicht getauscht oder gar weggeworfen wird.

Feinmotorik

Spielen, Malen und Basteln bereiten aufs Schreiben vor. Eine ausgebildete Feinmotorik gehört zu den wichtigen Voraussetzungen für das Erlernen der Schrift. Mit der Zeit wächst die Geschicklichkeit Ihres Kindes. Es kann immer besser mit Stiften und Schere umgehen, je mehr es Gelegenheit hatte, dies zu trainieren. Denn die Feinmotorik ist reine Übungssache. Knöpfe zu- und aufknöpfen, einer Linie entlang schneiden, Bilder ausmalen, Perlen auffädeln – um diese feinmotorischen Fähigkeiten zu erlernen, ist Übung nötig und die Fähigkeit der Hand-Augen-Koordination. Denn Ihr Kind kann die Linie nur gerade ausschneiden, wenn es mit den Augen der Linie auch folgen kann, die die Hand gerade schneidet. Wenn Ihr eigentlich geschicktes Kind partout keine Linie ausschneiden kann oder immer über den Rand malt, könnte auch eine Sehschwäche vorliegen. Am besten lassen Sie dann die Sehfähigkeit Ihres Kindes beim Arzt überprüfen.

Konzentration
In der Schule wird schon früh Aufmerksamkeit und Konzentration verlangt. Doch vielen Kindern fällt es schwer, sich auf nur eine Sache zu konzentrieren. Sie stehen oftmals hilflos einer Sinnesüberflutung gegenüber. Natürlich hilft die Ermahnung »Jetzt konzentrier dich endlich« nicht weiter, wenn dabei gleichzeitig der Fernseher oder CD-Player laufen. Ermuntern Sie es lieber zur Konzentration, indem Sie seine Neugierde und seinen Wissensdurst zu wecken versuchen. Loben Sie es, wenn es sich für etwas interessiert, und ermuntern Sie es zu einem erneuten Versuch, wenn etwas schiefgeht. Konzentration ist nicht nur eine Leistung des Gehirns, sondern auch der anderen Sinne, die Ihr Kind erst mal bündeln muss, um sich voll und ganz in eine einzige Sache vertiefen zu können.

Sprache
Ihr Kind ist in der Schule von Anfang an auf seine Sprachkenntnisse angewiesen. Nur so kann es konzentriert zuhören, Fragen stellen und auf Fragen antworten, Schreiben und Lesen lernen. Immer mehr Pädagogen klagen aber heute über die zunehmende Sprachschwä-

12. SEMESTER / 67–72 Monate

che bei Schulanfängern. Im Laufe der letzten Jahre hat sich vor allem die Qualität der Sprache signifikant verschlechtert. Wissenschaftler machen zum einen den erhöhten Medienkonsum und die dadurch bedingte Passivität der Kinder verantwortlich und zum anderen die fehlende Konversation in den Familien und unter den Kindern. Anstelle von Freundschaften und freiem Spiel steht häufig das Fernsehgerät oder die Spielkonsole an erster Stelle im Leben eines Kindes. Die Kinder tauschen sich dadurch untereinander immer weniger aus. Zudem reduziert sich die Sprache mit kurzen Sätzen auf ihren reinen Informationsinhalt. Bei Kindern kann diese Sprachhemmung in der Familie zu Sprachverzögerungen führen. Sie sprechen undeutlich, vertauschen Laute, sprechen Wörter falsch aus und betonen sie an den falschen Stellen. Auch haben viele Kinder Probleme, Inhalte zu verstehen und sinnvoll einzuordnen. Die effektivste Förderung der sprachlichen Entwicklung ist die familiäre Kommunikation.

Wie trainiere ich das Sprachverständnis meines Kindes?

Konzentrieren Sie sich beim Essen auf die Gespräche untereinander. TV und Radio sind beim Essen tabu, sie stören jedes Gespräch. Fragen Sie Ihr Kind nach seinen Kindergartenerlebnissen und lassen Sie sich die Geschichte, die es gehört hat, nacherzählen. Berichten Sie selber von Ihren Tageserlebnissen. Hören Sie sich gegenseitig zu und lassen Sie Ihrem Kind Zeit, seine manchmal langatmigen Erlebnisse in Ruhe zu erzählen. Dazu gehört aber auch, dass es auch mal ruhig sein und den anderen zuhören muss. Unterhalten Sie sich bei jeder Gelegenheit mit Ihrem Kind, beispielsweise beim Aufräumen, Autofahren oder dem gemeinsamen Sockensortieren. Sprechen Sie über Ihre Gefühle und verwenden Sie dazu detaillierte Beschreibungen und lange Satzstrukturen. Lesen Sie abends ein Kapitel einer Gutenachtgeschichte vor und lassen Sie Ihr Kind die Geschichte »weiterspinnen«. Spielen Sie das »Auf-unter-neben«-Spiel, indem Sie sich gegenseitig Befehle geben. »Setz dich neben das Sofa«, »Setz dich unter das Kissen«. Schwieriger wird's dann, wenn Sie die Befehle kombinieren und Ihr Kind mehrere Befehle gleichzeitig ausführen muss. »Stell dich auf ein Bein, das Kissen unter den Arm, die Hand an die Nase.« Das trainiert das Sprachverständnis, stärkt die Konzentration, das Gedächtnis und sogar die Motorik. Und außerdem macht es riesigen Spaß.

Einkaufsliste für die Schule

Wann ist es endlich so weit?

Die Spannung steigt, die Einschulung rückt immer näher. Viele Grundschulen bieten in Zusammenarbeit mit dem Kindergarten einen »Schnuppertag« an, bei dem die Vorschüler am Unterricht der ersten Klasse teilnehmen. Dies ist eine gute Gelegenheit, um Ängste abzubauen. Ganz ungezwungen lernen die Beinahe-Schüler das Gebäude, ihre Mitschüler und die Lehrkräfte kennen. Die Listen für die Materialien, die sie in der ersten Zeit benötigen, werden an einem Vor-Elternabend verteilt, an dem die Eltern auch schon die Lehrer ihrer Kinder kennenlernen. Danach können Sie in aller Ruhe mit Ihrem stolzen »Bald-Erstklässler« zum Einkaufen gehen. Anschließend wird jedes Teil mit Namen beschriftet. Kinder, die schon selbst ihren Namen schreiben können, werden diese »Arbeit« gern selbst übernehmen.

12. SEMESTER / 67–72 Monate

Was braucht mein Kind für die Einschulung?

Natürlich braucht Ihr Kind zur Einschulung einen Schulranzen und eine Schultüte, mit der ihm der Schulstart versüßt werden soll. Versüßt heißt jetzt aber nicht, dass Sie die Tüte bis zum Rand voll Süßigkeiten packen, im Gegenteil. Füllen Sie die Tüte mit Utensilien, die es auch in der Schule gebrauchen kann. Eine Brotdose, eine Trinkflasche, neue Buntstifte, ein lustiger Stempel, Aufkleber. Achten Sie beim Befüllen auch auf das Gewicht. Manche Kinder können ihre Schultüte fast nicht tragen und so manches selbstgebastelte Kunstwerk ist unter der schweren Füllung schon entzweigegangen. Die Schultüte wird Ihr Kind sein Leben lang an den aufregenden Tag der Einschulung erinnern, schließlich ist sie auf jedem Einschulungsfoto zu sehen. Stolz hält Ihr Kind dann seine Tüte fest im Arm, voller Erwartungen und Hoffnungen. Daher sollten Sie die Schultüte mit Bedacht auswählen oder sogar erwägen, sie liebevoll selbst zu gestalten.

Welcher Schulranzen ist der richtige?

Auch die Wahl des richtigen Schulranzens ist wichtig. Wenn die Großeltern ihrem Enkelkind gerne den Ranzen zum Geburtstag schenken möchten, sollten Sie vorher mit Ihrem Kind das Modell aussuchen und anprobieren. Schließlich muss Ihr Kind den Ranzen tagtäglich zur Schule tragen. Treffen Sie ein Abkommen mit Ihrem Kind: Sie entscheiden über das Modell, dafür darf Ihr Kind das Muster aussuchen. Die meisten auf dem Markt angebotenen Modelle sind von guter Qualität. Die Stiftung Warentest und Elternzeitschriften veröffentlichen regelmäßig aktuelle Testergebnisse. Lassen Sie Ihr Kind die verschiedenen Ranzen unbedingt probetragen, öffnen und schließen.

»Auf dem Weg zur Schule«

* Die früher üblichen Lederranzen im Querformat sind ausgestorben. Heute gibt es hauptsächlich Modelle im Hochformat. Diese Form ist dem kindlichen Rücken besser angepasst und hält das Gewicht näher am Körper.
* Breite Riemen verteilen das Gewicht gleichmäßiger als schmale, sie sollten gepolstert und leicht verstellbar sein. Die Auflagefläche des Rückenteils sollte ergonomisch geformt sein und sich der natürlichen Rückenform Ihres Kindes anpassen.
* Der Ranzen sollte sicher auf dem Boden stehen bleiben, manche Modelle fallen leicht um.
* Verzichten Sie auf überflüssige Extras und reduzieren Sie das Gewicht. Der Ranzen sollte leer leicht sein.
* Der Ranzen wird immer auf dem Rücken, möglichst eng am Körper getragen, um Rückenschäden zu vermeiden.
* Achten Sie auf Reflektoren und Leuchtstreifen.

Meist bekommen Sie vom Lehrer eine lange Materialliste für die Einschulung. Halten Sie sich genau an diese Liste und achten Sie beim Kauf vor allem auf gute Qualität und ökologische Verträglichkeit der Produkte. Vermeiden Sie parfümierte oder aromatisierte Produkte. Ihr Kind verliert die Lust am Malen, wenn die Buntstifte immer abbrechen, die Filzstifte schmieren oder auslaufen oder das Lineal gleich durchbricht. Diese Erstausstattung ist nicht billig. Vielleicht wollen Sie einen Teil der Anschaffungen auf die Geburtstagswunschliste für Großeltern und Verwandte setzen?

12. SEMESTER / 67–72 Monate

Umbruchphasen: Neue Ängste

Am Rande
WELTUNTERGANG
Meine Tochter fragte mich immer mal wieder, was passiere, wenn die Welt untergehe. Irgendwie kam sie von dem Gedanken nicht los. Ich habe versucht, ihr Ängste in dieser Richtung zu nehmen, indem ich solche »Untergangsszenarien« als unrealistisch beschrieb. Die Erde existiere seit Millionen von Jahren und »so Gott will«, wird sie auch nicht untergehen – und wenn, dann solle das so sein, und dann werde es gut sein. In Anlehnung an den mehrbändigen Roman *Harry Potter*, den sie später las, nahm sie diese Erklärung auch an.

Was tun gegen die Angst?

Kinder durchlaufen typische Angstphasen. Besonders stark sind diese in Umbruchphasen des Lebens, also bei Eintritt in den Kindergarten oder die Schule. Zwei- bis Dreijährige fürchten sich vor großen Tieren, mit vier Jahren haben sie Angst vor Dunkelheit und Tod. Bei Fünfjährigen werden die Ängste realistisch. Sie wissen heute viel mehr von der Welt als ihre Eltern im gleichen Alter und nehmen regen Anteil an dem, was um sie herum geschieht. Berichte aus Kriegsgebieten, Reportagen über Umweltkatastrophen, Fotos von hungernden Kindern, Filme von Attentaten sind über Fernsehen, Radio, Computer und Zeitungen immer und überall verfügbar. Solche Nachrichten lösen diffuse und realistische Ängste in Kindern aus. So mag das eine Kind Angst haben, dass »ein Flugzeug auf das Haus stürzt«, ein anderes fürchtet sich, entführt und in einen Keller eingesperrt zu werden. Ereignisse aus aller Welt kommen tagtäglich ins Haus und sind selbst für Erwachsene nicht leicht zu vermitteln und zu verarbeiten. Für Kinder wirken sie umso beängstigender. Natürlich können Sie Ihr Kind nicht völlig vor angstauslösenden Nachrichten schützen. Aber Sie können ihm helfen, diese Ängste zu verarbeiten.

Wie gebe ich meinem Kind Sicherheit?

Ganz wichtig: Lassen Sie Ihr Kind nicht mit seinen Ängsten allein. Die beste Unterstützung für Kinder sind zuverlässige Eltern, auf die sie sich jederzeit verlassen können. Und sorgen Sie dafür, dass der Fernseher nicht pausenlos läuft. Achten Sie auf die Altersangaben bei den Programmen. Auch wenn ein Film gar nicht brutal wirkt, können die schnellen Schnitte Kinder überfordern. Kinder brauchen Gelegenheit und Ansprechpartner, um ihre Ängste zu verarbeiten. Hören Sie immer gut zu, wenn Ihr Kind von seinen Ängsten spricht, nehmen Sie es ernst und zeigen Sie Lösungen auf. Und verschieben Sie das Gespräch nicht auf später, weil Sie jetzt keine Zeit dafür haben. Sätze wie »Denk einfach nicht dran!« oder »So etwas verstehst du noch nicht!« oder »Du brauchst gar keine Angst zu haben!« helfen nicht weiter. Denn die Angst bleibt ja, auch wenn jemand sagt, dass man sie nicht zu haben braucht. Eine gute Erste-Hilfe-Maßnahme ist dagegen Körperkontakt, eine liebevolle Umarmung und die Erlaubnis, im elterlichen Bett schlafen zu dürfen, bis die Angst vorbei ist, beruhigen sie wieder. In den Armen der Eltern finden sie Trost und Geborgenheit. Erwachsene können Kindern auch Auswege aus der Angst zeigen. Zum Beispiel können Sie sich in einer Umweltgruppe (gibt es auch für Kinder) engagieren und zu Hause konsequent Müll vermeiden (das gilt natürlich auch für Spielzeugschrott). Oder Sie übernehmen eine Patenschaft für ein Kind in einem Entwicklungsland. Dann bekommt die Not ein Gesicht und die Hilfe wird konkret erlebbar. Das zeigt den Kindern: Wir sind nicht allein. Wir können etwas tun.

> **EXPERTENTIPP**
>
> **Umbruchzeiten**
>
> Ängste bei Kindern treten verstärkt in Zeiten eines entwicklungsbedingten Umbruchs auf. Das kann der Eintritt in den Kindergarten, der Schulbeginn oder die Pubertät sein. Die Veränderungen verunsichern die Kinder, nehmen ihnen ein Stück vertrautes Leben und konfrontieren sie mit Neuem. Je nach Charakter kann ein Kind leichter damit umgehen als ein anderes.

Der sechste Geburtstag
Hurra, ich bin bald 6!

Wie feiern wir den sechsten Geburtstag am besten?

Dieser Geburtstag ist etwas ganz Besonderes. Es ist die letzte Geburtstagsfeier Ihres Kindergartenkindes. Und Ihr Schulkind in spe fühlt sich jetzt schon richtig groß. Vielleicht wollen Sie deshalb auch schon mal ein paar Spiele anbieten, die auf die Schule vorbereiten, indem sie Gedächtnis, Geschicklichkeit, Sinneswahrnehmung und Teamgeist schulen?

Aber was noch wichtiger ist: Sie sollen Spaß machen.

Geschenke-Memory

Sie brauchen: Viele kleine Überraschungen für die Kinder: Buntstifte, Radiergummis, Spitzer, Kugelschreiber, Süßigkeiten, davon jeweils immer zwei gleiche. Nun verteilen Sie den einen Teil der Überraschungen auf dem Boden, den anderen Teil legen Sie unter Pappteller oder Servietten. Alternativ können Sie die Sachen auch in einen kleinen Sack stecken, in den die Kinder dann eine Hand stecken und ihre Überraschung erfühlen sollen. Wer zwei gleiche findet, der darf seine Überraschung behalten.

Zeitungs-Scrabble

Die Kinder schneiden die Buchstaben aus großen Überschriften von Zeitungen aus. Die Buchstaben kommen in die Mitte der Spielfläche. Wer kann damit seinen Namen legen? Und wer kennt noch andere Wörter? Jedes neue Wort ergibt einen Punkt. Wer die meisten Punkte zusammenbekommt, gewinnt. Das Spiel kann natürlich auch noch weitergeführt werden: Die Kinder kleben ihre Na-

---

Am Rande

RITUALE GEBEN SICHERHEIT

Kinder lieben Rituale, denn an ihnen können sie sich orientieren. Sie vermitteln ihnen Sicherheit und entschärfen Angstsituationen. Das kann die Gutenachtgeschichte vor dem Schlafengehen, ein Gespräch über den zu Ende gehenden Tag mit den vielfältigen Ereignissen (»Was war heute besonders schön?«) oder auch ein Abendgebet sein. Gläubige Menschen tun sich mit ihren Ängsten leichter, weil sie auf einen Beschützer vertrauen und ihn um Hilfe bitten können.

men auf ein Plakat, das dann als Gästeliste und als Erinnerung für den Gastgeber dient.

Wattebausch-Rennen

Sie brauchen: Watte, Allzweckcreme, zwei Schüsseln und eine Stoppuhr. Die Teilnehmer bilden Paare. Beim ersten Paar bekommt jeder der beiden Spieler einen Tupfer Creme auf die Nasenspitze. In einer Schüssel am Startplatz liegen ein paar Wattebäusche. Die andere Schüssel steht leer am Ende der Laufstrecke. Auf »Los« nimmt das erste Kind einen Wattebausch und setzt ihn sich auf die Nasenspitze, wo er auf dem Cremetupfer gut haftet. Jetzt wird der Bausch Nase an Nase ohne Hände oder Hilfsmittel an das nächste Kind weitergegeben. Sobald der Spielpartner den Bausch sicher auf seiner Nase hat, rennt er zu der leeren Schüssel am Ziel und versucht, den Bausch in die Schüssel abzuschütteln. Auch dazu dürfen weder Hände noch andere Hilfsmittel benutzt werden. Falls der Bausch neben die Schüssel fällt, muss er mit der Nase aufgenommen werden und das Abschütteln geht von vorne los. Gewonnen hat das Paar, das am Ende der Zeit die meisten Wattebäusche in der Schüssel am Ziel hat. Tipp: Für jeden neuen Wattebausch dürfen sich die Kinder erneut Creme auf die Nasenspitze tupfen.

Schreibende Füße

Wenn Sie den Kindergeburtstag im Garten feiern, lassen Sie die Kinder doch mit den Füßen malen. Hier ist dann Teamwork angesagt. Legen Sie große weiße Blätter aus. Die Kinder bemalen die Unterseiten ihrer Füße mit Fingerfarben und laufen dann auf dem Papier herum. Muster können entstehen oder auch richtige Bilder. Man kann auch gemeinsam ein Bild »malen«, zum Beispiel einen Schmetterling. Oder jedes Kind versucht, mit dem großen Zeh seinen Namen zu schreiben.

Ohrenwackeln

Sind die Kinder zu wild, kann man sie mit diesem Spiel etwas zur Ruhe bringen. Alle Kinder legen sich rücklings auf den Boden. Und sollten regungslos liegen bleiben. Ein Erwachsener ist der Ansager. Er sagt an, welchen Körperteil die Kinder bewegen sollen. Zum Beispiel: den rechten Arm heben, mit dem kleinen Finger wippen, die Zehen anziehen, die Nase kräuseln, die Zunge rausstrecken. Schafft es vielleicht sogar einer, mit den Ohren zu wackeln? Egal, auf jeden Fall macht das Spiel viel Spaß. Wer hat als Erster gelacht?

Händeknoten

Alle Kinder stellen sich im Kreis auf, strecken die Hände in die Mitte des Kreises und schließen die Augen. Jede Hand muss sich eine andere Hand suchen und halten. Wenn alle Hände vergeben sind, werden die Augen geöffnet. Nun müssen die Kinder versuchen, den entstandenen Händeknopf zu entwirren, ohne eine Hand loszulassen. Am Ende muss wieder ein Kreis entstehen. Manche Kinder stehen dann verkehrt rum, aber das ist erlaubt.

Hindernislauf

Wir brauchen dazu: Zwei Stühle, vier Schälchen mit Wasser, zwei Bindfäden, zwei Töpfe und zwei Bälle, etwas Platz zum Laufen. Bauen Sie die Laufstrecke so auf: nebeneinander die Stühle, darauf den Bindfaden, in zwei Metern Entfernung die Schälchen mit Wasser, wieder etwas entfernt den Ball mit dem Topf, wieder etwas entfernt die Start- und Ziellinie. Es werden zwei Gruppen gebildet, die in zwei Reihen hinter der Startlinie stehen. Bei »Los« laufen die beiden Gruppen-Ersten zu den Wasserschälchen und müssen das Wasser von einem in das andere gießen, ohne etwas zu verschütten. Abstellen und zum Stuhl laufen. Den Bindfaden nehmen, sich hinsetzen, eine Schleife daraus binden, Schleife auf dem Stuhl ablegen, untendurch klettern, Schleife wieder aufziehen, zum Topf laufen, Ball rausnehmen und hinlegen, Topf auf den Stuhl tragen, zurücklaufen und den Ball in den Topf werfen, Topf mit Ball wieder an die Stelle stellen, im Ziel den Nächsten abklatschen. Die Aufgaben können je nach Alter angepasst werden. Ziel: Die Gruppe, die zuerst die Strecke bewältigt hat, hat gewonnen.

Endlos-Geschichte
Mit diesem Spiel lässt sich die Kreativität der Kleinen herauslocken. Die Kinder setzen sich in einen Kreis. Sie beginnen mit »Es war einmal«. Nun fügt jedes Kind einen passenden Satz ein. So entsteht eine einmalige, meist sehr fantasievolle Geschichte. Falls Sie einen Kassettenrecorder mit Aufnahmefunktion haben, können Sie die Geschichte aufnehmen und später vervielfältigen. Jedes Kind bekommt dann eine Erinnerung, die sicherlich noch gerne und oft angehört wird.

Armer schwarzer Kater
Ein Klassiker unter den Kinderspielen. Alle Kinder sitzen im Kreis. Ein Kind verlässt seinen Stuhl und krabbelt als armer schwarzer Kater auf allen vieren im Kreis herum. Dort sucht sich der Kater ein Kind aus und setzt sich vor seine Füße. Nun ruft der Kater so jämmerlich und kläglich wie möglich »Miau«. Das Kind muss nun antworten:

12. SEMESTER / 67–72 Monate

Am Rande
EHRENGAST
Zum sechsten Geburtstag meiner Tochter wünschte sie sich, dass auch ihre Lieblings-Erzieherin aus dem Kindergarten dabei sein sollte. Die nahm die Einladung zum Glück an und half mir dann wunderbar, das Fest mit den mittlerweile doch anspruchsvollen Kindern zu begehen. Sie brachte als Geschenk einen Stapel bunter Bastelpappe, aus der die Kinder den Nachmittag über Clowns bastelten, die sie dann stolz mit nach Hause nahmen. Somit war die Zeit sinnvoll gestaltet und Kinder und Gastgeber-Mutter glücklich!

»Du armer schwarzer Kater«, dabei streichelt es ihm sanft übers Haar. Dreimal darf der Kater »Miau« rufen, und dreimal muss das Kind antworten. Muss es dabei lachen, wird es selbst zum armen Kater. Konnte es ernst bleiben, versucht der arme Kater sein Glück beim nächsten Kind.

Eisschnelllauf
Ein Spiel für draußen. Dazu braucht man zwei Eiswürfel und eine Laufstrecke mit Start und Ziel. Die Kinder bilden zwei Gruppen. Jede Gruppe bekommt einen Eiswürfel. Damit rennt der Erste jeder Gruppe zum Ziel, schlägt dort an und läuft zurück. Nun bekommt der Nächste den Eiswürfel in die Hand gedrückt und rennt los. Welche Gruppe schafft die meisten Läufe, bevor der Eiswürfel schmilzt? Auf der Laufstrecke können noch kleine Hindernisse eingebaut werden. Das macht das Spiel noch interessanter.

Welche Geschenke eignen sich für Sechsjährige?
* Schulranzen, Schulutensilien
* Neue Möbel oder Dekorationen für das Kinderzimmer
* Schreibtisch und Schreibtischstuhl
* Roller oder Fahrrad
* Erstlesebücher
* Rechen- und Buchstabenspiele
* Spielfiguren und Konstruktionsspielzeug (Lego und Playmobil)
* Stofftier, Puppe und Puppenzubehör
* Verkleidungsartikel

Impfen? Ja, bitte!
Warum sollte ich mein Kind impfen lassen?

Kaum ein Thema wird so kontrovers diskutiert wie das Thema Impfen. Impfgegner und Impfbefürworter liefern sich dabei heiße Argumentationsschlachten. Die einen halten die Impfung für lebensnotwendig und fehlende Impfung für grob fahrlässig; sie argumentieren mit schwerwiegenden Komplikationen wie Gehirnhautentzündung oder sogar einem möglicherweise tödlichen Verlauf der Krankheit. Die Impfgegner sind der Meinung, dass ein Kind mehr davon profitiert, wenn es die Krankheit auf natürliche Weise durchmacht und so sein Immunsystem trainiert.

Die Schrecken der Vergangenheit mit unzähligen Todesopfern gerade bei Kleinkindern sind glücklicherweise heutzutage weitgehend aus der Welt geschafft. Das ist vor allem der konsequenten Durchimpfung der Bevölkerung zu verdanken. Einige Erkrankungen sind zwar seltener geworden, ganz ausgerottet sind sie jedoch nicht. Tetanus-Erreger befinden sich nach wie vor auf der ganzen Welt im Erdboden. Andere Erreger, die bei uns nahezu ausgerottet waren, werden immer wieder aus anderen Ländern nach Deutschland eingeschleppt. Reisen bis in die letzten Winkel der Welt und Einfuhrgüter aus aller Herren Länder tragen dazu entscheidend bei. Gegen manche Viruserkrankungen ist

die Medizin auch heute noch weitgehend machtlos. Das nach wie vor besonders in Afrika grassierende Aids-Virus führt uns diese Tatsache erschreckend deutlich vor Augen. Gegen eine Masern-Enzephalitis, Mumps-Meningitis oder Wundstarrkrampf gibt es immer noch keine Medikamente, die die Erkrankung stoppen oder gar heilen könnten.

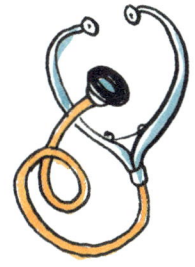

Diphtherie- und Polioerreger können jederzeit wieder von Urlaubsheimkehrern, Geschäftsreisenden oder Einwanderern eingeschleppt werden. Daher müssen auch Erwachsene lebenslang ihren Impfschutz immer wieder auffrischen lassen.

Laut Angaben des Robert-Koch-Institutes in Berlin liegt die Impfrate in Deutschland deutlich unter dem europäischen und amerikanischen Durchschnitt. Die Entscheidung, ob und wogegen Sie Ihr Kind impfen lassen, liegt allein bei Ihnen, es gibt in Deutschland keine Impfpflicht. Aber für Ihre Entscheidung tragen Sie auch die Verantwortung. Ihr Kinderarzt wird Ihnen raten, sich an den empfohlenen Impfplan zu halten – zwingen kann Sie aber keiner. Wenn Sie sich gegen das Impfen entscheiden, sollten Sie sich aber darüber im Klaren sein, dass Sie nicht nur Ihr Kind einem erhöhten Risiko aussetzen, an einer Infektion zu erkranken und eventuell lebensgefährliche Komplikationen zu erleiden, sondern auch andere Kinder durch Ansteckung gefährden. Würden sich alle Kinder impfen lassen, könnte man weltweit einige ansteckende Kinderkrankheiten nahezu ausrotten, wie es bei dem Pockenerreger bereits geglückt ist. Argumente wie langfristige Nebenwirkungen oder gar das Auslösen von Autismus, Krebs oder Diabetes durch Zusatzstoffe im Impfserum lassen sich wissenschaftlich nicht halten.

> **Am Rande**
>
> **IMPFMÜDIGKEIT**
> Die Freiheit, sich gegen eine Impfung des Kindes zu entscheiden, ist im Prinzip ein Luxus, den sich Eltern nur leisten können, weil sich unzählige Eltern vor ihnen entschieden haben, ihre Kinder zu impfen und damit zur Ausrottung der Erreger beizutragen. In meinen Augen ist es unverantwortlich, wenn sich Eltern damit nicht einmal befassen. Ich finde die zunehmende Impfskepsis sehr bedenklich.

Was passiert eigentlich beim Impfen?

Beim Impfen werden tote oder in ihrer Lebenskraft (Virilität) abgeschwächte Erreger (ohne Ansteckungsgefahr) oder deren chemische Nachbildungen (Imitate) in den Körper injiziert. Im Blut bildet der Körper gegen diesen vermeintlichen »Feind« Antikörper, vernichtet ihn und lagert die Konstruktionspläne der spezifischen Antikörper in den Gedächtniszellen des Immunsystems, in der Milz und den Mandeln, ein. Kommt der so »trainierte« Organismus im Laufe seines Lebens erneut mit diesem Erreger in Kontakt, kann er sofort die Baupläne aktivieren und mit der Produktion der spezifischen Antikörper beginnen. Die Folge: Die Infektion wird gestoppt, bevor Krankheitssymptome ausbrechen, da die Erreger sofort vernichtet werden und sich nicht vermehren können. Die Impfung verursacht aus diesem Grund häufig leichte »Impfreaktionen«. Ihr Kind fühlt sich eventuell in den Tagen nach der Impfung angeschlagen, müde und schlapp oder reagiert mit leichtem Fieber sowie eventuell mit Hautjucken. Dies sind jedoch vollkommen normale Reaktionen auf die Stimulierung des Immunsystems und keine »echten« Impfkomplikationen, die nur extrem selten auftreten. Sie sollten daher kein großes Programm mit Ihrem Kind für diese Zeit planen, sondern ihm Ruhe gönnen.

Wogegen sollte man impfen?

Diphtherie

Gegen diese oft tödlich verlaufende Halsentzündung, die man früher als »Würgeengel der Kinder« gefürchtet hat, wird bereits ab dem dritten Monat eine Impfung empfohlen, obwohl die Krankheit bei uns inzwischen recht selten geworden ist. In anderen Ländern, vor allem den ehemaligen Ostblockstaaten, ist sie jedoch noch weit verbreitet und kann daher wieder eingeschleppt werden. In der Regel wird die Diphtherieimpfung in Form eines Sechsfach-Kombinations-Impfstoffs (Diphtherie, Tetanus, Hib, Keuchhusten, Polio, Hepatitis B) verabreicht. Bei Einzel- oder Dreifachimpfungen wird zur Grundimmunisierung zweimal im Abstand von sechs Wochen ein Serum injiziert und die dritte Spritze etwa sechs bis zwölf Monate nach der ersten Impfung gegeben.

Hib (Haemophilus influenza Typ b)

Hib-Bakterien verursachen bei Erwachsenen normalerweise eine Grippe oder Mittelohrentzündung. Bei ungeschützten Kindern, die sich zwischen dem sechsten und 24. Monat mit dem verbreiteten Erreger anstecken, bricht die Krankheit jedoch besonders stark aus und kann zu Hirnhautentzündung (Meningitis), Kehlkopfentzündung (Epiglottitis) und Gelenkschäden führen. Eine Hirnhautentzündung kann bleibende geistige Behinderungen nach sich ziehen. Bei fast einem Drittel der Erkrankten muss mit Komplikationen wie Sprachstörungen, Hörstörungen und Krampfanfällen gerechnet werden.

Wird der Impfstoff als Einzeldosis und nicht im Rahmen der Mehrfachimpfung gegeben, erfolgen zwei

Injektionen im Abstand von sechs Wochen und eine nach etwa einem halben Jahr. Normalerweise impft man ältere Kinder ab fünf Jahren nicht mehr gegen Hib, da die Erkrankung in diesem Alter keine lebensbedrohlichen Komplikationen mehr auslöst. Aus diesem Grund braucht auch bei Erwachsenen Hib nicht aufgefrischt zu werden.

Hepatitis B

Diese viral indizierte Leberentzündung (Gelbsucht), an der sich im Jahr schätzungsweise 50 000 Menschen in Deutschland anstecken, kann chronisch verlaufen und zu Leberversagen oder Leberkrebs führen. Etwa jeder 50. Erkrankte stirbt an den Folgen dieser Krankheit. Da es nach wie vor keine Heilung für Hepatitis B gibt, ist Vorbeugung die beste Verteidigung. Dieser Virus wird nicht nur durch infiziertes Blut, sondern auch durch andere Körperflüssigkeiten übertragen. Da es viele symptomfreie Virusträger gibt, kann es schon beim normalen sozialen Kontakt mit ihnen in Kindergärten, Krabbelgruppen oder Schulhöfen zu einer Ansteckung kommen. Bei Säuglingen oder Kleinkindern, die sich mit diesem Virus anstecken, kann die Leberentzündung tödlich verlaufen. Aus diesem Grund wurde der Impfstoff mit in das Kombinationspräparat aufgenommen. Der vollständige Impfschutz sollte jedoch vor dem Beginn der Geschlechtsreife erreicht sein, da der Erreger vor allem beim Geschlechtsverkehr übertragen wird. Eine generelle Auffrischimpfung wird derzeit nicht empfohlen.

Keuchhusten (Pertussis)

Anfang des 20. Jahrhunderts starben in Deutschland noch jährlich mehr als 20 000 Kinder an dieser Infektion. Durch die Impfung sind die Erkrankungszahlen

---

EXPERTENTIPP

Mehrfach-Impfstoffe

Mit Hilfe der neuen Sechsfach-Impfstoffe werden bei der Grundimmunisierung nur noch vier statt 24 Injektionen benötigt, das erspart dem Kind Schmerzen und wird von den meisten Kindern besser vertragen. Die Sechsfach-Impfung wird dreimal im Abstand von mindestens vier Wochen wiederholt. Nach etwa sechs bis zwölf Monaten wird die vierte Spritze gegeben. Nach fünf Jahren wird nur noch Diphtherie und Tetanus in Kombination mit Pertussis aufgefrischt. Diese Zweier-Kombination sollten auch Erwachsene alle zehn Jahre erneuern.

stark zurückgegangen. Entwarnung kann jedoch noch nicht gegeben werden, da die Krankheit immer mal wieder in Wellen auftritt. Die höchst ansteckenden Bakterien verbreiten sich rasch durch Niesen und Husten. Der in den Siebzigerjahren in Verruf geratene Impfstoff wird inzwischen von allen Kindern so gut vertragen, dass er im Rahmen der Kombinationsimpfung mit verabreicht werden kann. Keuchhusten ist für Kinder eine sehr belastende Atemwegserkrankung, bei der es in seltenen Fällen zu Komplikationen wie Lungen- oder Gehirnhautentzündung mit bleibenden Schädigungen kommen kann. Ungeschützte Säuglinge, die sich an Keuchhusten anstecken, können im schlimmsten Fall so stark erkranken, dass es aufgrund des Sauerstoffmangels während der Hustenanfälle zu nachhaltigen Schädigungen oder sogar zu einem Atemstillstand kommen kann. Die modernen Impfstoffe enthalten nur noch einen spezifischen Teil des Virus und nicht mehr den gesamten Erreger. Der Impfstoff ist Bestandteil des Sechsfach-Impfstoffs. Die Einzelimpfung gibt es nicht mehr. Die Auffrischungsimpfung sollte zwischen dem fünften und sechsten Lebensjahr – am besten zeitgleich mit der U9 – sowie im Alter von neun bis 17 Jahren im Rahmen der neuen J1 beziehungsweise J2 erfolgen.

Kinderlähmung (Polio)

Kinderlähmung ist trotz des irreführenden Namens auch für Erwachsene lebenslang gefährlich. Eine Auffrischung wird aus diesem Grund alle zehn Jahre empfohlen, da der die Kinderlähmung auslösende Erreger weltweit noch verbreitet ist. Es gibt drei Typen von Polioviren, denen eines gemeinsam ist: Sie befallen die Nerven und zerstören ihre Funktion. Die schreckliche Folge: Lähmung der Gliedmaßen oder der Atemmuskulatur. Noch vor 40 Jahren starben jährlich rund 300 Kinder an dieser gefürchteten Krankheit. Dann besiegte die 1961 eingeführte Schluckimpfung den Wildvirus, der in Deutschland seit 20 Jahren nicht mehr aufgetreten ist. Nachteil der Schluckimpfung: Es kam in Einzelfällen durch die Impfung zu einer »Remutation« des stark abgeschwächten lebenden Erregers. Dieser erlangte im Körper seine Aggressivität zurück, wurde über den Darm ausgeschieden und führte statt zu einem Schutz zu einem Ausbruch der Infektion (sogenannte Impf-Polio). Heute wird nur noch der ansteckungsfreie Totimpfstoff verwendet, der nicht geschluckt, sondern in den Oberarm gespritzt wird. Die Weltgesundheitsbehörde (WHO) hat Europa inzwischen für poliofrei erklärt. Trotzdem kann keine Entwarnung gegeben werden, da der Erreger in einigen Ländern Afrikas und Asiens noch stark verbreitet ist. Ihr Kind wird gegen Ende des zweiten Monats mit dem Kombi-Impfstoff gegen Polio geschützt. Im Alter von neun bis 17 Jahren sollte die Impfung aufgefrischt werden. Achten Sie aber auch auf Ihren eigenen Impfschutz, vor allem, wenn Sie in durchseuchte Regionen reisen.

Tetanus (Wundstarrkrampf)

Den Sporen des Wundstarrkrampf-Erregers kann man nicht entgehen. Er sitzt im Erdreich und gelangt über kleinste Verletzungen in den Blutkreislauf, wo er größtes Unheil anrichtet. Ein Rosendorn oder Holzsplitter kann den Erreger mit ins Körperinnere schleusen und dort eine Infektion auslösen. Beim Tetanus verkrampft die Muskulatur im Gesicht, in den Gliedmaßen und der Herzmuskulatur – oft mit tödlichem Ausgang. Tetanus wird viermal im Rahmen der Sechsfach-Impfung vom Ende des zweiten Monats bis zum 14. Lebensmonat geimpft und zweimal nach je fünf Jahren wieder aufgefrischt. Anschließend muss der Impfschutz alle zehn Jahre erneut injiziert werden.

Masern

In Deutschland ist seit dem Ende der Neunzigerjahre aufgrund der Durchimpfung der Bevölkerung die Anzahl an Maserninfektionen deutlich zurückgegangen. Masern gelten aber nach wie vor nicht als harmlose Krankheit. Im Gegenteil: Weltweit sterben jährlich immer noch rund eine halbe Million Menschen an dieser Kinderkrankheit. Aufgrund der regionalen Unterschiede beim Impfen können immer wieder lokal begrenzte Masernepidemien ausbrechen. Die Zentren der Epidemie lassen sich meist auf eine Einrichtung zurückführen, von der ausgehend sich die Krankheit rasch verbreitet. Auch private Veranstaltungen, die sogenannten »Masern-Partys«, können Ursache einer neuen Ausbruchswelle sein. Dies sind Veranstaltungen, bei denen Eltern ihre Kinder bewusst dem gefährlichen und höchst ansteckenden Erreger, der durch Husten und Niesen übertragen wird, aussetzen und so eine Ansteckung provozieren. Solche Veranstaltungen erfüllen den Tatbestand der vorsätzlichen Körperverletzung und können sogar strafrechtlich verfolgt werden. Bei fünf bis zehn Prozent der erkrankten Kinder kommt es zu Komplikationen wie Lungen- oder Mittelohrentzündung. Bei etwa einem von 1000 Patienten tritt eine Hirnhautentzündung, meist mit bleibenden Schäden und tödlichem Verlauf, auf. Impfverweigerer machen sich unbewusst zu Komplizen des gefährlichen Erregers, indem sie ihm helfen, sich weiter zu vermehren.

EXPERTENTIPP

Nur geimpft in die Kita

Bevor Ihr Kind eine Krippe oder den Kindergarten besucht, sollten Sie es gegen Mumps, Masern und Röteln impfen lassen. In der Regel wird die Kombi-Impfung gegen Mumps, Masern und Röteln zwischen dem elften bis 14. Lebensmonat gegeben. Im ersten Lebensjahr besteht nämlich noch ein gewisser Impfschutz durch die Antikörper der Mutter, die während der Schwangerschaft auf das Kind übertragen wurden. Mit der Zeit lässt dieser natürliche »Nestschutz« nach, da die übertragenen Antikörper abgebaut werden. Eine Wiederholungsimpfung, die zwischen dem 15. und 23. Lebensmonat durchgeführt wird, sorgt dann für einen sicheren Schutz.

Mumps

Ebenso wie die Masernviren sind Mumpsviren höchst ansteckend. Sie werden durch Husten und Niesen übertragen. Bei etwa der Hälfte der Erkrankten kommt es zur typischen ein- oder beidseitigen Schwellung der Ohrspeicheldrüse. Bei fast jedem zehnten Kind kann infolge der Infektion eine Hirnhautentzündung auftreten. Besonders Jungen sind gefährdet. Je später das männliche Kind an Mumps erkrankt, desto größer ist die Gefahr, dass sich bei ihm durch die Infektion eine schmerzhafte Hoden- oder Nebenhodenentzündung entwickelt.

Röteln

Die hochansteckende Infektionskrankheit wird durch Tröpfcheninfektion, also durch Husten und Niesen, übertragen. Bei Röteln liegt die Gefahr nicht so sehr in der eigentlichen Krankheit, die sich mit Fieber, Lymphknotenschwellungen und den typischen roten Flecken bemerkbar macht. Für Kinder sind Röteln eher eine harmlose Kinderkrankheit. Das eigentliche Gesundheitsrisiko besteht in der Ansteckungsgefahr für ungeborene Kinder im Mutterleib. Wenn sich eine schwangere Frau in den ersten vier Monaten der Schwangerschaft mit Röteln ansteckt, können die Viren über die Plazenta auf das ungeborene Kind übertragen werden und dort zu schweren Fehlbildungen führen.

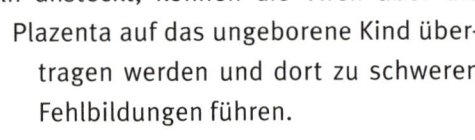

Die wichtigsten Vorsorgeuntersuchungen auf einen Blick

U1: Erstuntersuchung nach der Geburt

Bevor Ihr Kleines überhaupt die Schule des Lebens betritt, hat es schon seine erste Prüfung und wird benotet. Es ist die erste Vorsorgeuntersuchung, auch U1 genannt. Noch im Kreißsaal überprüft der Kinderarzt die Reflexe des Babys. Bei einer Hausgeburt oder ambulanten Geburt ist der Frauenarzt oder Hausarzt als Geburtshelfer für diesen Gesundheitscheck zuständig. Antwortet Ihr Baby auf bestimmte Reize mit einem entsprechenden Reflex, weiß der Arzt: Es hat die Geburt gut überstanden, sein Gehirn und sein Nervensystem arbeiten normal. Die erste Untersuchung des Neugeborenen, der sogenannte Apgar-Test, findet unmittelbar nach der Geburt statt und wird nach fünf und nach weiteren zehn Minuten wiederholt. Nach einer Art Punktesystem werden Herzfrequenz, Atmung und Reflexe sowie Muskelspannung und Hautfarbe beurteilt. Aus dem Nabel entnimmt der Arzt oder die Hebamme Nabelblut und misst dessen PH-Wert. Dieser gibt Auskunft über die Versorgung Ihres Kindes während der Geburt mit lebenswichtigem Sauerstoff. Bei der Geburt muss das Baby auf die eigene Atmung umstellen und selbständig Luft holen. Der Arzt überprüft, ob das Neugeborene all diese lebensnotwendigen Funktionen selbständig erfüllen kann.

Vorsorgeuntersuchungen

U2: Basisuntersuchung in der ersten Lebenswoche

Zwischen dem dritten und zehnten Tag, oft noch im Krankenhaus, wird der Säugling ein zweites Mal untersucht. Bei einer ambulanten Geburt kommt der Kinderarzt zu Ihnen nach Hause. Diese Neugeborenen-Basisuntersuchung soll mögliche Krankheiten (v. a. angeborene Herzfehler) ausschließen oder rechtzeitig erkennen. In vielen Geburtskliniken führt der Arzt während dieser U2 auch eine Ultraschalluntersuchung der Hüfte durch, mit der sich frühzeitig eine Hüftgelenksunreife (Hüftdysplasie) ausschließen lässt. Bei einem auffälligen Befund wird der Kinderarzt oder der Kinderorthopäde das Tragen einer »Spreizhose« anraten. Durch einen kleinen Piks in die Ferse des Kindes werden ein paar Tropfen Blut für den Guthrie-Test, ein Blutscreening, abgenommen. Diese Blutuntersuchung kann frühzeitig wichtige Hinweise auf Erkrankungen und Stoffwechselstörungen geben. Neuerdings wird zusätzlich ein frühes Hörscreening empfohlen. Auch hier gilt: Rechtzeitig erkannt und behandelt, lassen sich viele spätere Komplikationen vermeiden.

U3: Früherkennungsuntersuchung in der vierten bis sechsten Lebenswoche

Nach etwa einem Monat überprüft der Kinderarzt zum ersten Mal die altersgerechte Entwicklung Ihres Kindes. Kopfumfang, Länge und Gewicht werden nun bei jeder der folgenden Vorsorgeuntersuchungen gemessen und in das gelbe Vorsorgeheft eingetragen. Im Mittelpunkt stehen bei der U3 das körperliche Gedeihen, die Entwicklung der Reflexe und des Muskeltonus sowie die Körperhaltung (der Arzt achtet dabei insbesondere auf die asymmetrischen Körperlagen) und der Blickkontakt. Einige der angeborenen Reflexe verlieren sich nun

schon langsam, wie der Greifreflex, der sich jetzt in aktives Greifen umwandelt. Der Arzt kann sich anhand dieser Fähigkeiten einen Eindruck von der Entwicklung des Nervensystems machen. Er prüft, ob die Kinder eine Bewegung im Raum mit den Augen verfolgen und den Kopf selbständig heben können, wenn sie auf dem Bauch liegen. Bei einer auffälligen Körpersymmetrie oder Kopfschiefhaltung kann der Kinderarzt bei dieser oder der nächsten Vorsorgeuntersuchung eine spezielle krankengymnastische Übungsbehandlung verordnen. Bei der U3 wird auch spätestens die Ultraschalluntersuchung der Hüfte durchgeführt oder der Erstbefund kontrolliert.

U4: Sprechen Sie mit Ihrem Kinderarzt (dritter bis vierter Lebensmonat)

Spätestens zwischen dem dritten und vierten Monat, bei der U4, haben Eltern die Gelegenheit mit ihrem Kinderarzt über die ganz alltäglichen Erfahrungen mit ihrem Baby zu sprechen wie Schlafen, Schreien oder Stillen, und sich Rat einzuholen. Bei dieser Untersuchung wird der Arzt erneut das allgemeine Gedeihen, die Sinne, Reflexe und die körperlichen Entwicklungen Ihres Babys beurteilen: Lächelt es zurück, wenn es angelächelt wird? Verfolgt es bereits bewegliche Dinge mit den Augen? Reagiert Ihr Kind auf Geräusche oder wendet es gar seinen Kopf zu der Geräuschquelle hin? Kann sich das Kind schon abstützen und seinen Kopf selbständig halten? Wie reagiert es bei Lageänderungen (z. B. Schwebehaltung)? Bei nicht gestillten Kindern kann über die Einführung von erster Beikost (erst ab dem vierten bis fünften Monat, zunächst Karotte, Kürbis mit Reis) gesprochen werden.

U5: Überprüfung der allgemeinen Entwicklung (sechster bis siebter Lebensmonat)

Auch das zweite Halbjahr beginnt mit einer Vorsorgeuntersuchung, der U5, die zwischen dem sechsten und siebten Monat stattfindet. Ihr Kind hat jetzt schon große Fortschritte gemacht und sich zum aktiven Baby gemausert. Die meisten Babys können sich schon ganz gut von der Rückenlage in die Bauch- oder Seitenlage drehen und den Kopf aus dieser Position heben. Der Kinderarzt wird Ihnen bei der U5 gezielte Fragen stellen und Tests durchführen, die zeigen, ob sich Ihr Baby altersgerecht entwickelt. Teilen Sie ihm Ihre Beobachtungen unbedingt mit, auch oder gerade wenn Sie das Gefühl haben, Ihr Kind könnte noch Defizite haben. Es geht nicht darum, vor dem Arzt zu glänzen, sondern darum, Ihr Kind optimal und vor allem rechtzeitig zu fördern. Kinder entwickeln sich unterschiedlich schnell. Er kann Ihr Kind aufgrund seiner Beobachtungen gut beurteilen und bei fehlenden Reaktionen oder Entwicklungsverzögerungen Rat geben. Ein Schielen muss ausgeschlossen sein. Anhand einer Tabelle überprüft der Kinderarzt zudem das Wachstum und die Gewichtszunahme des Kindes. Wiegt es zu wenig für seine Größe oder zu viel? Auch in diesem frühen Alter gibt es übergewichtige Kinder, die zu viele Kalorien übers Milchfläschchen aufnehmen und vom Arzt eine Kalorienreduzierung verordnet bekommen.

U6: Jahresuntersuchung (zehnter bis zwölfter Lebensmonat)

Mit knapp einem Jahr, also zwischen dem zehnten und zwölften Monat, findet die Jahresuntersuchung statt. Ihr Arzt überprüft die motorischen Fähigkeiten Ihres Kindes. Es sollte jetzt selbständig sitzen und stehen können. Die meisten Babys können sich schon durchs

Krabbeln rasch fortbewegen und sich an Möbeln entlanghangeln oder mit Ihrer Hilfe ein paar Schritte gehen. Die feinmotorische Entwicklung befähigt Kinder, Spielzeug ineinanderzustecken und aus einer Tasse zu trinken. Das Seh- und Hörvermögen wird erneut geprüft, da es für die sprachliche Entwicklung von höchster Bedeutung ist. Kinder setzen Zwei-Silben-Wörter jetzt schon sehr treffsicher ein.

U7: Zweijahresuntersuchung (21.–24. Lebensmonat)
Zum Abschluss des zweiten Lebensjahres, also zwischen dem 21. bis spätestens 24. Monat, wird es wieder Zeit für die nächste Vorsorgeuntersuchung. Ihr Baby ist inzwischen zum Kleinkind herangewachsen. Bei der sogenannten »Zweijahresuntersuchung« steht daher besonders die kognitive Entwicklung Ihres Kindes im Mittelpunkt. Ihr Kinderarzt überprüft, ob Ihr Kind seinem Alter entsprechend weit in seiner Entwicklung ist. Eine Bewegungsstörung (Cerebralparese) sollte spätestens jetzt erkannt und behandelt werden. Kann es Zwei-Wort-Sätze sprechen? Ist es in der Lage, die Körperteile richtig zuzuordnen? Beherrscht es mindestens zwanzig verschiedene Begriffe, die sogenannten »Zwanzig-Wort-Schwelle«? Ein weiteres Augenmerk richtet der Arzt dann auf die Entwicklung des Gebisses und auf die Mundhygiene. Bei Verdacht auf Sehstörung oder bekannter Sehschwäche in der Familie kann Ihr Kind dem Augenarzt vorgestellt werden.

U7a: »Kindergartencheck« (34.–36. Lebensmonat)
Diese zusätzliche medizinische Routineuntersuchung soll zwischen dem 34. und dem 36. Lebensmonat stattfinden und die große zeitliche »Lücke« schließen, die zwischen der U7 und U8 klafft. Denn obwohl im ersten

Vorsorgeuntersuchungen

Jahr fast alle Eltern die empfohlenen Vorsorgetermine noch penibel einhalten, lässt dieses Engagement bereits nach der U7 am Ende des zweiten Jahres deutlich nach. Doch auch zwischen den zwei Terminen finden wichtige Entwicklungsschritte statt, die Hinweise auf Entwicklungs- oder Lernstörungen geben können. Kann das Kind richtig und vor allem geduldig zuhören? Hat es Probleme beim Laufen oder Dreiradfahren? Akzeptiert es Regeln und versteht Anweisungen? Kann es sich auf ein Spiel konzentrieren? Alle diese Fragen geben Hinweise auf eine altersgerechte Entwicklung. Übergewicht, Sprachstörungen und Konzentrationsschwierigkeiten können jetzt leichter erkannt werden und damit durch Therapie und Förderung ausgeglichen werden. Aber auch Allergien, die Zahn-, Mund- und Kiefergesundheit wird überprüft.

U8: Kindergartenreife (46.–48. Lebensmonat)

Bei der U8, die zwischen dem 46. und dem 48. Monat stattfindet, wird Ihr Kind erneut gründlich untersucht. Sind schon alle 20 Milchzähne da? Kann es gut hören und sehen und ist die Sprache grammatikalisch weitgehend normal? Ist die Aussprache verständlich? Wie ist die sogenannte Händigkeit, das heißt der Gebrauch der linken oder rechten Hand. Diese Frage hilft, um das Kind bei eindeutiger Linkshändigkeit entsprechend zu unterstützen. Nässt es tagsüber noch ein? Körperbau, Haltung und Feinmotorik werden eingehend überprüft, um mögliche Fehlstellungen wie Hohlkreuz, Skoliose oder Senk- und Spreizfuß rechtzeitig zu entdecken und wenn möglich zu korrigieren. Dazu darf Ihr Kind vor dem Arzt eine Solovorstellung geben, was den meisten Kindern viel Spaß macht. Auf einem Bein springen, rückwärtslaufen, Fingerspitzen zusammenführen – das sind kleine Aufträge des Kinderarztes, der aus der Durchführung wichtige Rückschlüsse auf den Stand der motorischen Entwicklung ziehen kann.

Das Informationsgespräch läuft jetzt zunehmend zwischen Arzt und Kind ab. Er fragt Ihr Kind direkt über durchgemachte Krankheiten, Selbständigkeit und motorische Fähigkeiten aus und lässt es antworten. Auf diese Weise bekommt Ihr Kind das Gefühl, ernst genommen und mit einbezogen zu werden. Jetzt heißt es daher für die Eltern: auf die Zunge beißen und den Mund halten. Denn das Gespräch gibt dem Arzt zudem wichtige Anhaltspunkte für den kognitiven und sprachlichen Entwicklungsstand Ihres Kindes und kann ganz nebenbei mögliche Sprachfehler wie Stottern, Lispeln oder Stammeln aufdecken.

U9: Auf dem Weg zur Schule (60.–64. Lebensmonat)

Zwischen dem 60. und 64. Lebensmonat, also etwa ab dem fünften Geburtstag, findet die U9 beim Kinderarzt statt. Bei dieser sehr gründlichen Vorsorgeuntersuchung richtet Ihr Kinderarzt sein Hauptaugenmerk auf den Entwicklungsstand der Grob- und Feinmotorik, der Sprache, Koordinations- und Konzentrationsfähigkeit, vor allem auch in Hinblick auf den bevorstehenden Schulstart. Wie ist der intellektuelle, emotionale und soziale Entwicklungsstand einzuordnen? Sind bestimmte Fördermaßnahmen nötig? Die Entscheidung, ob Ihr Kind bereits schulreif ist oder nicht, kann Ihnen der Arzt nicht abnehmen, aber seine Einschätzung hilft Ihnen bei Ihrer Entscheidungsfindung. Zudem untersucht Ihr Kinderarzt die Organe und ihre Funktionstüchtigkeit und testet das Hör- und Sehvermögen. Eine Urinprobe liefert Erkenntnisse über mögliche Nierenerkrankungen, Diabetes oder bestimmte Infektionen.

Nachwort

Nun haben Sie mit uns gemeinsam *Die Eltern-Uni* durchlaufen und können stolz auf das Geleistete sein. Ihr Kind oder vielleicht auch Ihre Kinder sind so weit »aus dem Gröbsten« raus und starten in den neuen Lebensabschnitt, der mit der Schule beginnt. Sie haben eine sehr spannende Zeit hinter sich und stehen wieder vor neuen Herausforderungen. Viele Mütter, mit denen ich über Glück und Sorgen rund um unsere Kinder philosophiere, meinen jedoch, dass im Rückblick diese Zeit vor dem Schulbeginn, als die Kinder noch klein und »lieb« waren, die schönste Zeit sei. So relativ sorgenfrei und von äußeren Zwängen unbelastet werden die nächsten Lebensabschnitte vielleicht nicht mehr sein.

Ich hoffe, wir konnten Ihnen mit unserer Erfahrung als Mütter, mit unseren Anregungen und Informationen eines auf den Weg mitgeben: Es gibt keinen Stein der Weisen. Man kann nicht alles richtig machen und letztlich muss jede Mutter, jeder Vater neu und individuell für sich entscheiden, was richtig ist. Hören Sie auf Ihr Bauchgefühl. Eine Erkenntnis der Eltern-Uni bleibt jedoch für alle gleich: Kein Kind ist wie das andere.

Lassen Sie mich zum Schluss dem Pendo Verlag danken, der die gelungenen Illustrationen von Tony Ross, die wichtige wissenschaftliche Beratung durch Prof. Dr. med. Stefan Eber, die Dinge, die wir »am Rande« erwähnt und in den Mittelpunkt gestellt haben wollten, so erfolgreich vereint hat. Cornelia Philipp hat als Lektorin mit kritischem Auge die Entstehung der *Eltern-Uni* begleitet und geleitet. Ihnen allen herzlichen Dank – und nicht zuletzt Ihnen, liebe Leserinnen und Leser ein großes Kompliment: Sie haben *Die Eltern-Uni* erfolgreich abgeschlossen und zwar mit Blick auf Ihr Kind – von unserer Seite aus – mit dem höchstem Lob: »Summa cum laude!«

Gundula Gause

Notizen